小林　宏　著

日本における立法と法解釈の史的研究

第一巻　古代・中世

汲古書院

『日本における立法と法解釈の史的研究』第一巻　古代・中世／目次

例　言

一、本書三巻は、第三巻所収の一篇を除き、他はすべて既発表の論文を収録したものである。その初出年代は、各巻末尾に掲載した「収載論文成稿一覧」を参照されたい。

一、本書に旧稿を収録するに際しては、必要最小限の補訂を施すに止め、内容上の大幅な変更は行なっていない。

一、旧稿の叙述を補う必要のあるときは、その末尾に「補註」「補論」を設けた。但し「追記」「附記」とあるものは旧稿に附載されたものである。

一、収録した各論文の内容に関しては、相互に微妙に齟齬する個所もあり、また重複する個所もあるが、全体としての統一はとらず、旧稿のままとした。

一、本書は便宜上、第一巻を「古代・中世」、第二巻を「近世」、第三巻を「近代」の三分冊としたが、全三巻をもって一部とするものである。

一、各論文の「註」に引用した文献の成立年代は、原則としてその文献の奥付の記載に従い、元号または西暦を記した。

日本における立法と法解釈の史的研究　第一巻　古代・中世

第一　日本律の成立に関する一考察

はじめに

最近における律令学の進展には、まことに目覚しいものがある。日本令に関する研究は、以前から先学による幾多の業績があって、今更いうまでもないが、日本律に関しても、数年前、「日本思想大系」の一巻として『律令』（岩波書店、一九七六年）が刊行されて、養老律の注釈が為され、同書に「解説」として収められた井上光貞氏の「日本律令の成立とその注釈書」の中にも、日本律の成立について少なからず触れられている。又、同書において律のテクストを校訂し、且つ律の「解題」を執筆された吉田孝氏も、近時「名例律の継受段階」と題する労作を弥永貞三先生還暦記念会編『日本古代の社会と経済　上巻』（吉川弘文館、昭和五十三年）に発表された。このように律に関する研究も、令に劣らず漸く活況を呈するに至っている。私は、たまたま右の『律令』並びに吉田氏の論考に対する書評を執筆する機会を与えられ、前者は『日本歴史』第三五三号（昭和五十二年十月）に、後者は『法制史研究29』（創文社、昭和五十五年）に夫々掲載した。しかし、何分にも紙数に制約があった為、その結論を述べたに過ぎず、それに至る説明や論証は、殆ど省かざるを得なかった。

日本律の成立をめぐる諸問題は、今日、右の両氏の外、多くの人々によって論じられており、それに関する史料は、すでに出し尽くされた感がある。殊に日本律成立の鍵ともいうべき飛鳥浄御原律の編纂、施行に関しては、従来から幾つかの学説が対立しており、この問題に決着をつける直接的な史料は、今の処、存在しない。いわば、それに関する状況証拠が若干残されているに過ぎない。その状況証拠的史料を古代国家の形成という広い視野から、如何に解釈し、如何に評価するかが今後の問題であって、その点、日本律の成立に関する研究は、まことに容易ならざるものがある。ここに私見の一端を述べて、大方の御高批を願う所以である。

一　天武紀の刑罰記事

日本律の成立過程を探究する上で、逸してはならぬ論考に井上光貞氏の「隋書倭国伝と古代刑罰」（『季刊日本思想史』創刊号、ぺりかん社、昭和五十一年）がある。この論文は、「隋書倭国伝」の刑罰記事を記紀の刑罰記事と対比させながら、中国律の全面的摂取以前の我が国の古代刑罰について洞察し、それとその後の日本律の編纂、施行に至る過程との連繫を明らかにした力作である。氏によれば、死・流・杖の三刑が七世紀初頭に行なわれたとする「隋書倭国伝」の記載は、我が国内文献の記載とも矛盾する処がないから、これらの刑は、すでに大化以前、中国律の導入によって整えられたとされる。

処で、井上氏は、「書紀」における刑罰記事を「隋書倭国伝」の刑罰記事との関連において跡づけようとされた際に、次に掲げる天武紀五年八月条の詔を基準史料として重視される。

詔曰、死刑・没官・三流、並降一等、徒罪以下、已発覚、未発覚、悉赦之、唯既配流、不在赦例、

氏は右の記事によって、「天武朝初年には、(一)(イ)死・(ハ)流・(ニ)徒罪以下という律の五刑が、諸他の律の観念とともにすでに確実に導入されている事実と、にもかかわらず、(二)五刑には該当しない、(ロ)没官なる刑罰が、この時期には五刑とならんで重視されていたことを知ることができよう」(前掲論文八頁。傍点井上氏)とされ、(一)の「死・流・徒罪以下」を唐律の五刑と対応する刑罰とし、(二)の「没官」を唐律の五刑とは対応し難い刑罰とされる。更に、氏は右の「没官」に関して、次の如く説明される。即ち、「没官とは何であるか。いま手がかりとして養老律をみると、律には、少なくとも三種の財産刑的なるものが存する。『没官』はその一つであって、賊盗律・謀反条に『凡謀反及大逆者、皆斬、父子、若家人資財田宅、並没官、(中略)祖孫兄弟、皆配遠流、(後略)』とみえている。これによると、八虐の第一の『謀反』即ち王権に対して反逆を謀り、又は第二の『大逆』即ち王の山陵や宮闕を犯した者、仮に総称して謀反を犯した者は、原則として(一)斬刑に処せられ、(二)その一族のうち父子は『没官』されて官奴婢とし、祖孫兄弟は遠流とされるのであり、(三)家人や資財田宅などの財産も『没官』されるのである」「要するに律の『没官』は、『謀反』と『大逆』、即ち王権に対する反逆罪たる謀反の場合にのみ正刑としての死刑の附加刑として科せられる財産の没収であり、それは一定範囲の親族のいわば族誅的な縁坐とあいならんで科せられるのである」(前掲論文一一頁。傍点井上氏)と述べられている。

さて、右の天武紀五年の詔に見える「没官」を井上氏の如く考えてよいであろうか。今、井上氏の掲げられた養老

賊盗律1謀反条（律の条文番号は『譯註日本律令　律本文篇』上下巻〔東京堂出版、昭和五十年〕に、令の条文番号は前掲『律令』に夫々拠る）において、没官に処せられるものの中、「若家人資財田宅並」なる文を括弧に入れて、本条を読むならば、㈠反逆者は皆斬、㈡反逆者の父子は没官、㈢反逆者の祖孫兄弟は遠流というように、可罰者の身分に応じて、夫々異なった科刑が為されていることが窺われる。このことは、次に掲げる唐賊盗律同条を見れば一層明瞭となる。

諸謀反及大逆者皆斬、父子年十六以上皆絞、十五以下及母女妻妾（本注略）祖孫兄弟姉妹、若部曲資財田宅、並没官、（中略）伯叔父兄弟之子、皆流三千里、不限籍之同異、

右の唐律では、㈠反逆者は皆斬、㈡反逆者の父、及び子で年十六以上の者は皆絞、㈢反逆者の子で十五以下の者、及び反逆者の母女妻妾、祖孫兄弟姉妹は没官、㈣反逆者の伯叔父、及び兄弟の子は皆流三千里とあって、ここでは、反逆者の親族関係の濃淡に応じて、夫々刑罰の軽重が段階的に定められている。即ち、唐律では、斬、絞、没官、流三千里というのが刑の段階であり、養老律では、縁坐の範囲を唐よりも縮小せる結果、それが斬、没官、遠流というように規定されたのである。

処で、唐名例律32彼此倶罪之贓条を見ると、それは次の如く規定されている。

諸彼此倶罪之贓、（本注・疏議略）及犯禁之物則没官、（本注・疏議略）（中略）即縁坐家口、雖已配没、罪人得免者亦免、

疏議曰、謂反逆人家口合縁坐没官、罪人於後蒙恩得免、縁坐者雖已配没、亦従放免、其奴婢同於資財、不従縁坐免法、

問曰、（中略）

答曰、謀反大逆、罪極誅夷、汚其室宅、除悪務本、罪人既不会赦、縁坐亦不合原、去取之宜、皆随罪人為法、

右の規定によれば、反逆縁坐の家口は、すでに没官されたとしても、反逆罪を犯した本人が恩赦で罪を免ぜられたならば、縁坐人も放免されることが明らかである。しかるに疏議の文を読むと、奴婢は資財と同じく扱われるから、反逆人が免ぜられても、すでに没官されておれば、ゆるされないというのである。右に掲げた唐律は、我が養老律においても、殆ど同文であるから、我が国においても、反逆者が恩赦に会って、その罪をゆるされた場合、縁坐の家口たる父子と資財田宅とは、その扱いを異にしたのである。[1] 即ち、律に現われる財産の没収は、本条から㈠彼此倶罪の贓の没官、㈡犯禁の物の没官、㈢反逆者とその同居の縁坐人の所有する資財田宅の没官の三者があるのであり、[2] これらの処分は、何れも独立して科されるものではなく、基本刑に附加される財物の没収であるから、これを附加刑ということができよう。

しかるに、反逆縁坐というのは、右の疏に「謀反大逆、罪極誅夷」とある如く、本来は再び反逆が起らぬように、その一族を悉く誅伐して、その同類を根絶するという趣旨の制であった。それが時代の進むにつれて誅伐がゆるされ、その罪は親族としての濃淡に応じて、絞、没官、流三千里というように軽減されるに至ったのである。[3] 縁坐刑が反逆罪に対して従属的性格を有することは、前述の如く反逆者がその罪を免ぜられるならば、縁坐人も亦放免されることによって明らかであるが、しかし縁坐による人身の没官が元来、反逆者の同族という理由から科される保安処分的性格をもつ刑であるとすれば、それは、前記財産の没官と同様に扱うべきではなく、むしろこれを主刑と見るべきであろう。[4] 即ち、養老賊盗律1謀反条の「没官」には、異なった二種の性質を有する「没官」が存するのであって、一つは反逆者の父子に対する没官であり、他の一つは、反逆者及び反逆者と同居共財せる縁坐人の所有する資財田宅に対する没官である。而して、前者は主刑であり、後者は附加刑である。従って、縁坐の家口に対する没官を井上氏の如く「財産の没収」ととるのは適当ではなく、人身に対する刑罰なのであり、又「それは一定範囲の親族のいわば族誅的な縁坐とあいならんで科せられる」というものではなく、一定範囲の親族の族誅的な刑罰そのものなのである。前述の養老賊盗律の刑罰が斬、没官、遠流というように、又唐賊盗律の刑罰が斬、絞、没官、流三千里というように並記されているのは、没官が斬、絞、流三千里（遠流）と並ぶ主刑の一つであることを示すものに他ならない。律の主刑の基本的名称は、笞杖徒流死の所謂五刑二十等によって表わされるが、以上述べた処から、反逆縁坐による人身の没官は、加役流と並んで右の五刑に準ぜられる正刑の一つということができよう。

しからば、没官は、刑罰体系上、笞杖徒流死の五つの刑種の中、どこに位置するであろうか。前掲の日唐賊盗律1謀反条に見える刑の順序がそのまま没官刑の位置を示すものであることは、容易に推測し得る処である。即ち、斬、絞、没官、流三千里（遠流）という順序がそれであり、没官は死刑と流三千里との中間に位置するのである。天武紀五年の詔の「死刑・没官・三流並降一等」という刑の順序も、右の推測と全く一致する。処で、この詔に「並降一等」とあるからには、没官も死刑や三流と並んで、詔では一等を減軽され得た筈である。死刑（絞・斬）から一等を減ずれば、流三千里（遠流）となり、三流（流二千里・二千五百里・三千里）から一等を減ずれば、徒三年となることは、すでに名例律56称加者就重条の「二死三流、各同為一減」という規定によって明らかである。しからば、没官から一等を減ずれば、如何なる刑になるであろうか。これに対し、律では明瞭に規定していないが、ただこれに示唆を与える条文は、指摘することができる。即ち、次に掲げる唐断獄律23縁坐没官放之条の規定である。

諸縁坐応没官而放之、及非応没官而没之者、各以流罪故失論、（疏議略）

右の規定は、所謂故失出入の罪に関するものであって、裁判官が縁坐で没官すべき者を無罪として釈放した場合、又、逆に没官すべきでない者を没官した場合は、夫々没官を流罪に比して論ずるというものである。つまり裁判官は、流罪とすべき者を無罪とし、流罪にあらざる者を流罪とした場合の罪によって罰せられるのである。それでは何故、没官を流罪に比定するかといえば、疏文に「反逆縁坐流三千里、没官罪重、須用三千里流法」とあって、その意味する処は、反逆縁坐の流三千里よりも、反逆縁坐の没官の方が罪が重い故に、没官は流三千里に比するというものである。即ち、没官は死刑と流三千里との中間に位置するから、没官を五刑の一つに比定するには、死刑に比する法と流刑に比する法との二通りの考え方が生ずるが、被告人にとって有利になる方を採って処置するのが律令法の原則であるから（例えば、名例律31犯時未老疾条、獄令31犯罪未発条等）、没官より軽い流三千里に比定するというのが右の疏の趣旨である。従って、前掲唐断獄律の論理からするならば、没官刑から一等を減ずる場合は、それを流刑に比定して流刑から一等を減じ、結局徒三年ということにしなければならない。そうすると、前掲天武紀の詔の「死刑」は遠流に、「没官」「三流」は、共に徒三年に減軽されることになる訳である。なお「拾芥抄」第十八赦令部（京都大学附属図書館、清家文庫蔵）においても、「謀反大逆之人、其父子没官、（中略）今案、没官近代配流」とあって、後代、没官が流刑に代替されることもあったようである。

しかるに、ここに没官刑が死刑に比定されたのではないかと推測される史料が存する。(5) 即ち、左に掲げる獄令60資財入官条の本文「即別勅降罪従軽」に対する義解の文である。

謂縁坐之人、降従軽法、仮有、勅云、謀反及大逆者斬、父子配遠流、祖孫兄弟配徒之類、

右の義解の文には、反逆の縁坐人が勅によって、罪が降される例があげられている。右の例では、勅によって没官の父子が遠流に、遠流の祖孫兄弟が徒刑に配されているから、没官は一等を減ずると遠流になったのである。従って、ここでは没官は死刑に比せられているのであり、この減軽の方法が果して律の本意にかなったものであるかどうかは問題であるが、右の史料は、没官刑が律の刑罰体系に則って減軽されることを示す例として注目すべきものであろう。

以上、律における没官刑の性質について縷々述べて来たのであるが、要するに天武紀五年の詔に見える「没官」は、

人身に対する没官であり、それは明らかに死刑、三流と並ぶ主刑であって、これを反逆罪の「死刑の附加刑として科せられる財産の没収」とみるべきものでないことは、ほぼ明らかになったと思われる。(6) 即ち、天武紀の詔の「没官」は、これを唐律の刑罰体系の中に正しく位置付けることのできる刑であって、「死刑・没官・三流・徒罪以下」という用語の配列順序は、これをそのまま唐律の刑罰体系とみて一向に差し支えがなく、むしろその方が自然である。井上氏は、この「没官」を財産刑とみられるから、その結果、「天武紀五年条の詔が唐律の五刑をすでに全面的にうけいれながら、しかもなお死と流との間に没官をうたっていることは、固有法の伝統が根強くてこれを無視できなかったためというべきであろう」（前掲論文一四頁）と結論されるのであるが、以上からみて、この結論には賛し難い。氏が記紀の史料によって詳しく論証された如く、財産没収刑の伝統は、確かに我が国において古くから発達したものであろうが、天武紀の詔に見える「没官」は、かかる伝統的な財産刑とは全く異なるものと思われる。私は、氏が指摘された如く、この詔において初めて徒罪なる刑が見出されること、又、「徒罪以下」とあるからには、笞杖刑も含まれる筈であること（前掲論文九頁）、それらと併せて、右に述べた意味での没官刑が現われていることを重視し、この詔こそ我が国において初めて真に唐律の刑罰体系の導入された記事であると思うのである。（なお、この詔の末尾に「唯既配流、不在赦例」とあるのも、唐名例律25流配人在道会赦条の趣旨と一致する。）しかりとすれば、かかる唐律流の刑罰体系は、この詔の出される以前、即ち天武紀四年二月条に「詔曰、群臣百寮及天下人民莫作諸悪、若有犯者随事罪之」と見えるから、この頃に成立したものであろうか。なお、その後、唐律流の刑罰体系に基づいて科刑の行なわれたことは、天武紀の他の多くの史料から、これを窺うことができる。例えば、天武七年九月条に「由是徒罪以下、悉赦之」、同十一年十一月条に「乃杖一百以下、節級決之」、同十三年閏四月条に「若雖死罪、則減二等」等と見えており、これらの記事は前掲天武五年の詔と共に、刑罰体系や刑の加重減軽の方法が成立していなければ、元来史料に現われない性質のものである。天武十年には、有名な律令制定を宣言せる天武天皇の詔が出される訳であるが、この詔に先だつ天武初年の刑罰体系の成立は、すでに我が国における律法典の編纂を明確に志向したものと思われる。何故ならば、刑罰体系の整備・確定が先ず律法典編纂の基礎作業であるからである。そうすると天武十年の詔の「朕今更欲定律令改法式」の「律令」は、単なる法規という広義の意味[7]ではなく、明らかに狭義の律令法典の意味であり、律についていえば、この詔は、右の刑罰体系の確立を踏まえて、本邦最初の律法典編纂に対する自信が生まれ、その見通しが或る程度立ったことを示唆するものではなかろうか。

さて、それならば、この時点で科刑の方法は、すべて唐律流の刑罰体系に則って行なわれたかというと、必ずしもそうではなかったようである。天武紀四年四月条に「小錦下久努臣摩呂、坐対捍詔使、官位尽追」、又同六年四月条に「杙田史名倉、坐指斥乗輿、以流于伊豆嶋」という記事が見えるが、井上氏及び吉田氏は、右の「対捍詔使」「指斥乗輿」を律の八虐ないしは十悪の大不敬に当る罪として注目されている（井上前掲解説七六三頁、吉田前掲論文三一一頁）。確かに「対捍詔使」の罪により久努臣摩呂の官位が悉く追奪されているのは一見、後の十悪・八虐の規定が適用された結果の如く思われるが、私はこの段階では、まだ律の十悪・八虐の制は、我が国において成立していなかったように思うのである。唐の十悪の法的効果の一つは、十悪を犯せば官爵ある者は恩赦に会ってもなお除名され（名例律18十悪反逆縁坐条）、除名されれば、官爵悉く追毀され、課役の負担も官爵なき状態に復するのであるが、六載の後には叙任が許され、その際の叙任は出身の法によるというものである（名例律21除名者条）。このように官人に対して、特別に科される除名という附加刑は、免官、免所居官、官当と同じく官位相当制や位記制が整い、且つ律全体の法体系が出来上っていなければ、それを適用することの出来ない性質のものである。天武四年の段階では、それらはまだ成立していなかったと思われるから[8]、右の刑は、官位が悉く追毀された処に律の十悪の影響が認められるとしても、前述の如き厳格な律の手続を経た処分ではないであろう。そうすると、「官位尽追」という刑は、如何なる性質のものであろうか。

ここで想起されるのは、「書紀」大化元年八月条の所謂東国国司に対する詔に見える刑罰である。この詔の史料的価値については、すでに形式、内容、文体共に、ウル・テクストの面影をよく伝える信憑性の高いものとされている(9)。右の詔とその内容を同じくする史料が大化二年三月条の詔にも繰り返し見えているが、それには、「次官以上、降其爵位、主典以下、決其笞杖、入己物者、倍而徴之」と記されている。即ち、法に違反した場合、国司の長官、次官に対しては、爵位が降され、主典以下に対しては、笞杖が決せられ、しかも不当に取得した贓物の二倍額を被害者に賠償せしめるのである。右の贓物の倍額賠償には、井上氏の指摘される如く（前掲論文二〇頁）、唐名例律33以贓入罪条の「盗者倍備」の制の影響があることは疑いない。処で、ここに主典以下に笞杖なる実刑が科せられているのに対し、次官以上には爵位を降すという特別なる刑が科せられていることが注目される。してみると、この爵位を降すという刑についても、唐律に規定されている、一定の比率により官を削ることを以て流・徒の実刑に代当する官当法や官人が特定の罪を犯したことにより、官爵を削り、所定の年数、出仕を停止する除名、免官、免所居官なる附加刑の存在を思わせるものがある。しかし、この大化の時期において、唐律流の煩瑣な手続きを要する除免当贖法が成立していたとは到底考えられない。何故ならば、この時期には我が国に徒刑の制があったことさえ確認できず、唐律流の刑罰体系はまだ確立していなかったと思われるからである。そうすると、右の大化の詔に見える降爵位の刑は、主典以下の笞杖刑と同じく、当初から独立した主刑として科せられているのであり、附加刑として科せられているのではなかろう。ただ留意すべきは、主典以下の下級官人が体刑を科せられているのに対し、次官以上の上級官人が爵位を降されて実刑が科せられていないことであって、そこには栄誉ある官人階層に対しては、肉体的な辱しめを加えないとする「刑不上大夫」（「礼記」曲礼上）という中国律の思想の影響が認められる。その点、この爵位を降す刑は、まだこの段階では、律の規定の如く官位の削減と実刑の代替とが一定の比率の下に定型化されていなかったけれども、笞杖等の体刑に対する換刑的な性格を有し、それがやがて官位制の確立と共に、除免当贖法に転化して行く可能性をもつものとして注目されるのである。

そこで、前記天武紀の対捍詔使罪に対する「官位尽追」なる刑罰も、大化期の爵位を降す刑と同じ性質をもつものであって、そこには十悪・八虐の大不敬の影響は認められようが、その為に除名という律の処分（即ち、対捍詔使罪に対し、先ず官当法によって久努臣摩呂の官を削り、対捍詔使罪の基本刑が軽く、官がそれに代当できる場合は、そのまま除名処分を附加し、基本刑が重く、官が不足してそれに代当できない場合は、その差額の徒の年数を贖に換算し、且つ除名処分を附加するという名例律22以官当徒不尽条に規定される手続き）が為され、その結果、官位が追奪されたというのではなく、当初より官位追奪そのものが独立した刑として科せられたのではなかろうかと思われる。しかも、ここに見える対捍詔使や指斥乗輿の罪は、後の八虐や唐の十悪に該当するとはいっても、要するにそれらは天皇に対する政治的犯罪の性質をもつものである。もし律の八虐・十悪の制がこの時期に成立していたとすれば、同じく八虐・十悪に該当する悪逆、不道、不孝、不睦、不義、内乱等の儒教道徳に違反した罪が、対捍詔使等の罪と並んで、この期の史料に少しは現われていてもよいように思われるが、事実はそうではない。そうすると、これらの罪には、「対捍詔使」とか「指斥乗輿」とかいう律的な用語が使用されているけれども、それらの罪は、実は王権への反逆の罪に対して死刑以下の重罰が科せられている大化以前の多くの事例と同じ性質のものではなかろうか。しかも、大化以前の政治的犯罪には、実刑に対する換刑としての性質をもつ財産没収刑が多く科せられている。(11) 右の大化期の爵位を降す刑や天武期の対捍詔使罪に対する官位剝奪の刑も、実刑を科する代わりに、官人としての栄誉を失わせ、経済的な特権をも奪うものであるから、その意味では前記大化以前の政治的犯罪に対して科せられた財産没収刑と同様な役割を果すものといえよう。即ち、右の大化期や天武期に見える官人に対する刑は、官位を削り、それを以て実刑に代替するという点において、固有法から継受法に移行する過渡期的刑罰としての性格をもつものと思われる。

以上を要するに、天武初年には唐律と同一の刑罰体系が確立し、刑罰の面において中国律がいち早く継受され、その刑罰体系に則った科刑の方法が主として行なわれたのであるが、一方、固有刑法による科刑の方法も亦、当時存在したものと思われる。而して、その固有刑法は、天武五年の詔の「没官」に現われているのではなく、詔によって爵位を降したり、奪ったりするという方式において、外見的には中国法的な様相を見せつつも、実質的にはなお我が古来の財産刑的、名誉刑的性質を保ちながら、天武・持統期には存続し、やがて大宝期の本格的な中国律継受の段階に至って、それが律の除免当贖法に転化して行くのではないかと推測されるのである。

二　飛鳥浄御原律の存否

井上光貞氏の前掲『律令』の解説（七六二頁以下）では、飛鳥浄御原律について、瀧川政次郎、坂本太郎両氏の説を紹介し、瀧川氏は持統紀六年七月条の「大赦天下、但十悪盗賊、不在赦例」などにより、浄御原令時代に律の十悪が実施されているとし、坂本氏も持統紀七年四月条の「但贓者依律徴納」とあることなどを証として、浄御原律の編纂、施行の証拠とみなしていると述べられ、浄御原令では律典があったとするのが普通の考え方であるとされている。しかし、井上氏は右の瀧川・坂本説に対しては異論を挟まれ、弘仁刑部式の「其大宝二年制律以後云々」なる文を証とし、且つ高麗の律の場合、唐律が用いられていたとする見解を傍証としながら、前掲「書紀」の例も唐律の延長ではないかという疑問を呈され、「故に私は、かつて青木和夫が右記の刑部式の文に固い足がかりを作って浄御原律存在説の論拠に疑いをいれ、石尾芳久が存在説の論拠は『わが国においては未だ律が編纂せられなかった為、唐律をそのまま適用していたのではないかという疑問に対して充分な解答を与えることができないようである』というのに対して十分な共感を覚えるものである」として、青木・石尾説を全面的に支持されるのである。このように井上氏によって支持された浄御原律不存在説、唐律代用説[12]については、石母田正氏も、その著『日本の古代国家』（岩波書店、一九七一年、二〇四頁）において、「問題の正しい解決の方向をしめしている」とされ、又直木孝次郎氏も、その著『持統天皇』（吉川弘文館、昭和三十五年、二四七頁）において、「すぐれた見解である」として評価されている。このように青木、石尾両氏によって代表される飛鳥浄御原律不存在説、唐律代用説は、今日、東西の著名な古代史家によって支持され[13]、かつての瀧川、坂本両氏による通説にとって代り、むしろ現在では次第に有力説になりつつあるようにも思われるのである。

すでに、はしがきで述べた如く、浄御原律の存否を論ずる場合、それを決定づける史料がない以上、以下に述べる私見も所詮は臆測の域を出るものではないが、結論からいって、私は、『日本歴史』掲載の前稿で述べた如く、日本律としての正規な法典が大宝律から始まることは、誤りないと思うが、右の浄御原律不存在説、唐律代用説に対しては、そのままでは必ずしも十分な共感を覚えるものではない。以下、浄御原律の存否を考えるに先立って、先ず大宝律の成立過程について吟味を加えたい。

井上氏は、大宝律令の成立過程を克明に考察されて、通説たる瀧川説の一部に疑義を挟まれた。即ち、氏は「直木孝次郎が持統朝の政治史をたどりつつ、文武四年六月の(2)（「撰定律令、賜禄各有差」なる「続紀」の文をさす。小林注）を大宝律令編纂の終了に伴なう賜禄の記事とし、押部佳周がその線に沿って大宝律令の成立を考えなおそうとしたことに、注目したい」とされ、又「続紀」の文武四年三月条の「詔諸王臣、読習令文、又撰成律条」なる記事を「その前にすでに大宝令はでき上っていて、諸王臣に新令文（大宝令文）を読習せしめるとともに、あらたに新律（大宝律）の撰修を命ずること」の意に解し、結局、「大宝令の編纂は文武四年三月以前に終っており、文武四年三月の(1)（「続紀」の前掲記事をさす。小林注）においてそれを朝廷貴族に披露すると共に、大宝律の撰成に入ったのであり、同年六月の(2)において大宝令の編纂終了に伴なう編纂者への賜禄の儀がおこなわれたのである」（前掲解説七五四頁、傍点井上氏）とされるのである。そこで、右に引用された押部佳周氏の「大宝律令の成立」（『ヒストリア』六〇号、昭和四十七年）をみると、押部氏は、直木説をうけて、文武四年三月十五日以前に大宝令は完成していると解し、更に大宝律に関しては、前掲文武四年三月条の「『律条を撰成す』というのは、大宝律の編修を始めたというのではなく、大宝律の条文を撰出して大綱ができたというように理解したい」とし、又大宝律は「文武四年三月十五日の段階で大綱を定めたのであるが、その後も最終的整備が続けられて、大宝元年八月三日に律六巻として完成した。ここにおいて律六巻令十一巻が実質的に完成したのである」（前掲論文一六頁）と述べられている。

以上の如く、井上氏は大宝律令の成立過程について直木・押部説を継承して、それをより詳しく論証されたのであるが、大宝律の成立に関しては、井上氏と押部氏とでは、微妙な点で異なっているようである。即ち、押部氏は、前掲天武四年三月条の「撰成律条」なる文を「読習令文」と切り離し、詔の内容とは見ず、律条の大綱がこの時期に完成したと解されたのに対し、井上氏は、右の「撰成律条」なる文は詔の内容であって、「読習令文」と対を為すものと解されるから、井上説では、この段階で新しく律の編纂に入ったということになる。右の「撰成律条」なる文の解釈について、私にはやはり井上氏の如く詔の一部分として解するのが自然であると思われるが、さりとて、この時期において全く新しく律の編纂に入ったとも思われない。事実は押部氏のいわれる如くであり、この頃、律の大綱が完成したと見ることが諸般の事情からみて妥当のように考えられるのである。何故ならば、先ず前掲文武四年六月の賜禄の記事、即ち「撰定律令、賜禄各有差」には「律令」とあって、ただ「令」とはないからである。このことは完成した令に対する編纂者の功績と共に、漸くその頃、大綱が定まって、編纂完成の目途が立った律に対する編纂者の功績をも併せて、ここに表彰したものと考えたい。次に、もし文武四年三月の段階で律が全く編纂されておらず、新律の編纂をこの時期から始めたとすると、律の完成した大宝元年八月までには一年半足らずの期間しかないことになり、この僅かな期間に律法典をすべて編纂し終えたとするのは、どう考えてみても無理があるからである。そうすると、押部氏のいわれるように、文武四年三月には大宝律の大綱ができ上り、あと完成するまでの一年五ヶ月余は、その最終的な整備の段階であったとする方が穏当な考え方であり、もし井上説の如く、この時期から律条の「撰成」に入ったとするならば、その「撰成」とは、最終的な律編纂の総仕上げという意味に理解しなければならないであろう。

それでは、大宝律令の編纂着手の時期は何時であろうか。それはやはり直木、押部両氏のいわれる如く、文武天皇の即位後まもなくと考えてよいであろう。この点、井上氏も右の両氏の見解を「あり得べき妥当な仮説」（前掲解説七五四頁）とされている。文武天皇は、元年八月一日に持統天皇より譲位されて即位しているから、その頃、大宝律令の編纂が開始されたのであろう。そうすると、律は令と密接な関係を有し、令の大綱が定まらないと具体的にその編纂に入り難いものであり、大宝令よりも大宝律が約一年半おくれて完成しているのも、そのような理由によるものであろうから、実際に律の編纂に着手するのは、令が元年八月とみても、早くて文武三年の初め頃ということになる。その頃から本格的に大宝律の編纂に入って、その大綱ができるのが前記の文武四年六月とすると、約一年半余で律の大体の骨組みができ上ったことになる。とに角、直木・押部説をとると、大宝律は編纂が始まって、それが完成するまでに約三年間を要したということになる。私は大宝律の編纂に三年余を要したとすることに関しては、それを妥当とするものであるが、ただ浄御原朝で唐律がそのまま代用され、日本律というものが全く編纂されなかったとすると、この大宝律編纂に要した三年という期間も余りに短かきにすぎると思うのである。近江令や浄御原令の存否、又その実体については諸説があるが、とに角、持統三年にはすでに令二十二巻が諸司に班賜されているのであり、その令に準拠して大宝令が作られたことは疑いない。しかし、その大宝令の編纂でさえ三年に近い歳月を必要としている。況んや全く浄御原朝に律の編纂事業が為されず、白紙の状態から一気に大宝律を三年間で完成することは不可能であろう。日本律の内容は、唐の律・律疏と殆ど変らなかったから、その編纂には多くの時間を必要としなかったと考えるならば、それは誤った考え方であろう。即ち、後述するように、当時の立法者は、令の編纂以上に律の編纂について苦心したのではないかと思うからである。そうすると、浄御原朝では引き続き日本律の編纂が為され、その大体の骨子は、持統朝の晩年にはでき上っており、それをもととして約一年半の間、大宝令との整合を計りつつ新律を編纂し、文武四年三月には、その大綱を完成させ、更に約一年半をかけて、大宝律編纂の最終的な総仕上げを行なったと考えた方が自然に思われるが如何であろうか。私が浄御原律は律法典としては完成しなかったとしても、その実体はなお存在し、少くともその第一次草案的なものは完成していたのではないかと臆測するのは、主として以上の如き理由によるのである。

処で、ここに注意すべき史料が存する。といっても格別珍しいものではなく、すでに多くの先学によって取り上げられているものであるが、それは持統・文武朝に出された赦文の「十悪」である。これに関して、石尾芳久氏は、「十悪という用語のあるのは、むしろ唐律の十悪がそのまま受け継がれていることを示し、大宝律、養老律の八虐への契機を少しも示していない」（『日本古代法の研究』法律文化社、一九五九年、一〇一頁、傍点石尾氏）とされ、これを唐律代用説の一つの根拠とされている。右の石尾氏の見解に対し、利光三津夫氏は、「赦令に十悪なる語のみえる事例は、持統・文武紀に限らず、天平神護元年紀にも二例みえる。(中略) この十悪は、わが赦文の起草者が、唐の赦文を不用意に直写した結果生じたものと思われる。天平神護紀の十悪に関するかような解釈は、持統・文武紀の事例にも援用し得ると思う。持統・文武紀に十悪の記事が三例までみえることから、後世の八虐に当る法文がこの頃なかったために、唐の赦文が直写される率が高かったのであるということさえ考えられる」(『律の研究』明治書院、昭和三十六年、二七〇頁) として批判されている。私は、利光氏のいわれるように天平神護紀にみえる赦文が唐の赦文を直写したものであるとしても、それを一般化して持統・文武朝の赦文の史料的価値までも否定してしまってよいものかどうか疑問に思うものであるが、それでは、右の「十悪」が石尾氏のいわれる如く唐律が適用された結果、赦文に現われた用語であるかというと、そのように考えることにも躊躇を覚えざるを得ない。今、持統・文武朝に十悪の語の見える赦文を調べてみると、それは次に掲げる通りである。

㈠　大赦天下、但十悪・盗賊不在赦例、(「書紀」持統六年七月乙未条)

㈡　詔赦天下有罪者、但十悪・強窃二盗不在赦限、(「続紀」文武三年十月甲午条)

㈢　赦天下、但十悪・盗人不在赦限、(「続紀」文武四年八月丁卯条)

右の史料は、何れも「赦天下」とあるから、特定の一地域に限って恩赦を施行したものではなく、しかも十悪と盗犯とが相並んで赦から除外されているから、この赦文の原史料の形式・内容は、恐らく同一のものであったと思われる。処で、㈡の赦文の出された文武三年十月は、先に私が推測した大宝律の編纂過程からすれば、その編纂に本格的に入っていた時期である。更に㈢の赦文の出された文武四年八月は、井上説をとるにしても、大宝律編纂の最中であり、押部説をとるならば、その頃はすでに大宝律の大綱は完成して、いわば最終的な整備の作業に入っていた時期である。又、我が国における本格的な唐律継受の起点を前述の如く天武初年において、日本律編纂の過程を考えた場合には、文武三・四年といえば、日本律完成の直前といってもよいであろう。かかる時期に至るまで、律は唐律をそのまま代用していたと考えてよいであろうか。私には、どうもそのように思われないのである。又、利光氏は、前掲唐赦文の直写説を主張された際に、その理由として、後世の八虐に当る法文がこの頃なかった為に、唐の赦文が直写される可能性のあったことを示唆されているが、律の冒頭に規定さるべき後世の八虐に当る部分が、この時期に至るまで出来ていなかったとは考えられない。私は右の赦文に見える「十悪」は、すべて浄御原律草案に十悪とあったものであり、その草案が文武朝の新律編纂の藍本となったものではなかろうかという疑いをもつものである。もしそうであるとするならば、草案の段階で律の十悪の制が施行されていることが問題となろうが、これについては令の場合、公布以前に、又編纂途上でも、その一部が単行法令によって施行される例のあることが、すでに認められている（井上前掲解説七六九頁）。従って、律の場合も草案完成の段階で、十悪が赦文に記されて実効性をもつことも十分あり得たのではなかろうか。

そうすると、文武四年八月から大宝元年八月までの律撰成の間に、草案の「十悪」は、成案の「八虐」に改められたということになるが、この点は如何に考えたらよいであろうか。石尾氏は、右の「十悪」を「大宝律、養老律の八虐への契機を少しも示していない」といわれるが、私は十悪から八虐に改めるのは、案外容易なことではなかったかと思うのである。浄御原律の草案に十悪とあったとして、その十悪の内容については知るよしもないが、大宝律の八虐の内容は、養老律の八虐と大差ないものと思われる。処で、唐律の十悪を養老律の八虐に改訂した際の操作は、前掲『律令』の補注（四八七頁以下）に詳細に述べられているが、要するに唐律の不睦の大半を我が不道に追加し、唐律の内乱の一部を我が不孝に移して、結局、不睦、内乱の両者を十悪から削除して八虐としたものである。従って今、逆に八虐の不道に追加された「若殴告及謀殺伯叔父姑・兄姉・外祖父母・夫・夫之父母、殺四等以上尊長及妻」なる文を元に戻して不睦の項を立て、且つ不孝に移された「奸父祖妾」なる文を元に戻して内乱の項を立てれば、その内容は唐律と若干異なるが、やはり十悪となるのであって、日本律では十悪でも八虐でも、その内容は全く変らないこととなる。日本律で十悪を八虐としたのは、法典としての体裁を若干変えて、日本律としての自主性を内外に示そうとしたものであって、[14]実質的な律の運用面においては、十悪でも八虐でも一向に差し支えなかったのである。

今、浄御原律草案に十悪とあったとして、その内容を大宝、養老両律と等しく考えるのは問題であるかも知れないが、私には三者にそれほど内容上の大差があったとは思われない。むしろ、右の赦文に見える「十悪」を唐律の十悪そのままであるとすると、その内容からいって、まことに不自然なこととなる。例えば十悪の中の内乱であるが、唐律では、次の如く規定されている。

十曰、内乱、謂姦小功以上親、父祖妾、及与和者、

養老律では、右の「小功以上親」と「及与和者」とを除いて、「姦父祖妾」のみを不孝の項に入れたのであるが、唐律の小功親は、養老律では一般に四等親に比せられているから、右の「姦小功以上親」は、養老律でいえば「姦四等以上親」ということになろう。「与和者」とは、疏議に「及与和者、謂婦人共男子和姦者、並入内乱、若被強姦、後遂和可者亦是」とあるから、小功以上の親や父祖の妾を姦した男性だけではなく、それに同意して和姦せる婦女も亦、同じく内乱を犯したことになる。即ち、養老律では、唐律の右の二個所を我が国情に適しないものとして、削除したのである。浄御原令で、唐の小功以上の親に相当する親族が如何なる範囲のものであったかは不明であり、後の令制の等親制が成立していたかどうか疑問であるが、もし仮にそれに相当するものがあったとして、唐律の内乱が適用されたとしても、その中の「姦小功以上親」や「及与和者」なる規定は、恐らく適用されなかったに違いない。何故ならば、我が皇室では周知の如く近親結婚が行なわれ、当代の持統天皇は天智天皇の女であり、それが父天智天皇

の弟である天武天皇の皇后となったのであるから、いわば叔父と姪女との結婚ということになり、唐の服制でいえば、天武と持統とは期親という非常に近い関係となる。唐戸婚律33同姓為婚条では、緦麻以上の親と婚すれば、雑律の姦罪を以て論ぜられ、雑律25姦父祖妾条によれば、兄弟の女を姦すれば絞となり、その女も同律27和姦無婦女罪名条によって男子と同罪となる。即ち、唐にあって叔父と姪女との結婚は、両人とも基本刑では絞という死刑に処せられ、且つ十悪の内乱に該当するのである。従って、右の一例からも推察できるように、唐律の十悪を「そのまま適用する」といっても、文字通りそのまま適用するということは所詮不可能であって、持統・文武朝に見える前掲赦文の「十悪」も、日本の国情に適するように、その内容に改変が加えられた十悪でなければならない。そうすると、この「十悪」は、唐律の十悪というよりも、「十悪」なる語の見える前記赦文の出された時期と考え併せて、浄御原律草案にあった日本的な十悪と考える方がより自然のように思われるが如何であろうか。

三　飛鳥浄御原律の性格

前章では、大宝律の成立過程との関連の中で、浄御原律存在の可能性を探ってきた。本章では、先ず唐律の摂取との関連の中で、その存在の可能性について考えてみたい。その前に前述の瀧川、坂本両氏による浄御原律存在説の根拠でもあり、一方、青木、石尾両氏による不存在説の根拠ともなっている持統紀七年四月辛巳条の記事について、私見を明らかにしておかねばならない。左にその史料を掲げよう。

詔、内蔵寮允大伴男人坐贓、降位二階、解見任官、典鑰置始多久与菟野大伴、亦坐贓、降位一階、解見任官、監物巨勢邑治、雖物不入於己、知情令盗之、故降位二階、解見任官、然置始多久、有勤労於壬申役之、故赦之、但

贓者依律徴納、

右の記事について、石尾芳久氏は、「唐名例律以贓入罪条には（中略）、赦に会った場合にも猶当然に正贓を徴納しなければならぬとして、会赦及降と徴正贓とが必然的な関連において考えられているのに対し、持統天皇の詔には殊更に赦とは、別個の処分として正贓徴納が考えられ、その規準として律が引用せられているのであって、そこには、律の体系が未だ確立しておらず、唐律をそのまま適用したに過ぎないことを窺わしめるものが、存するのである」（前掲書一〇一頁）とされ、右の詔に見える「律」を唐律と解されている。これに対し、利光三津夫氏は、右の事件は、後の律の監臨主守盗の事件を記したものと推定され、「この記事が監守盗犯人を官当に止めていることは、名例律だけが一部施行せられていたという推定を困難にするものと考える」とされ、更に右の詔の「律」は、広義の律の意であって、律法典の施行を示す有力な根拠とはならないとする青木和夫氏の説をうけて、「この事件は、律法典によってではなく、別の単行法規によって科刑が行なわれたものと推定すべきであろう」（前掲書二六九頁以下）とされている。

近時、右の記事について、詳細な考察を加えられた林紀昭氏は、前記の諸氏と見解を異にし、この記事を監主盗ではなく、管轄外の財物を窃盗した事件と考え、赦に会った置始多久が正贓のみの徴収で許されたのは、名例律33以贓入罪条の「会赦及降者、盗詐枉法、猶徴正贓」によるものとし、「従って持統紀七年の『律』とは赦に会った場合、名例律以贓入罪条疏『盗者免倍贓』の規定によって正贓を徴納することを命じた部分を指すと考えられる。そして窃盗で賊盗律に基づき罪せられる官人達は、名例律官当条に依拠して位階を以って徒にあてると共に、名例律免官条で見任を解かれたと理解される。（中略）以上の考察から、一部不可解な点も残ることは残るが、この律は狭義の編纂法典の律であり、広義の意味ではありえないことが認められる」とされ、「従って、本史料をもって日本律が編纂されたという論証をすることも困難であるけれども、『律の体系が未だ確立していない』ため、日本律が編纂されなかったという結論を下すことも、また困難なように思われる」（「飛鳥浄御原律令に関する諸問題」『論集日本歴史2律令国家』有精堂、昭和四十八年、一三八頁）と述べられている。

この林氏の見解は注目すべきものであって、浄御原律の実態を考える上で多くの示唆を与えるものと思われる。しかし、林氏の如く右の詔に見える官人の処分をすべて律の適用の結果であるとすると、林氏自身もすでに認められているように、不可解な点が残らざるを得ない。確かに内蔵允の罪が位二階を降されて見任の官を解かれたというのは、林氏の解されたように、右の史料の「坐贓」を窃盗の意にとり、しかもその窃盗を監主の監臨外での窃盗として、名例律19姦盗略人受財条が適用されて免官となり、更に同律21除名者条により先位から二等を降されたと解すれば、一応律の適用にかなっていることになろう。しかし、典鑰の両名については、唐名例律54統摂案験為監臨条に「称主守者、躬親保典為主守」とあって、物品の保管の責に当る者を「主守」というのであるから、鑰を管掌する典鑰も主守であり、主守であれば、前記の内蔵允の如く監臨外の盗罪は免官となって、位二階を降されてよいと思うが、右の史料では一階しか降されていない。又、贓物を取得せず、ただ情を知って盗ましめた監物の罪についても、それが何故、位二階を降されているのかよく分らない。もし後述の如く監物の罪を実行者と同じく「与同罪」と考えれば、与同罪は、名例律53称反坐罪之条により「除免」なる附加刑は科せられないから、位二階を降される筈はない。このように右の記事を唐律や後の養老律に照して解すると不可解な点がかなり存するのであり、私には律の規定をそのまま適用したようには思われないのである。

ここにおいて想起されるのは、やはり第一章で述べた大化元年の東国国司への詔に見える「降爵位」の刑であって、前記天武四年の詔に見える「官位尽追」なる刑も、恐らくこの系統を引くものであり、右の持統紀七年の詔に見える

「降位二階」「降位一階」なる刑も、免官、免所居官、官当という律の附加刑、換刑の如き科刑方法によったものではなく、単に位階を一階ないし二階降して見任の官を解くという、史料に現われた文字通りの刑ではなかったかと思うのである。そうすると、赦に会って罪をゆるされた置始多久の収受した正贓は、名例律によって徴納することが命じられて（恐らく大伴男人、菟野大伴は、正贓倍贓共に徴されたものであろう）、ここに律の適用が認められ、一方、贓に関する処分以外は、律によらない科刑の方法がとられたことになる。処で、天武紀四年四月条の詔には、

自今以後、制諸漁猟者、莫造檻穽及施機槍等之類、亦四月朔以後、九月卅日以前、莫置比弥沙伎理梁、且莫食牛馬犬猿雞之完（宍）、以外不在禁例、若有犯者罪之、

とあって、この文の前段は、唐雑律6施機槍作坑穽条をもとに、その規定が作られ、この文の後段は、我が固有刑法をもとに、その規定が作られたものとされている[15]。かかる構成をもつ詔の事例からすれば、前掲持統紀の詔においても、大伴男人以下の罪は我が固有法によって、その贓の徴収は中国律系の規定によって、夫々処分されたということも、過渡期の立法として十分あり得たのではなかろうか。

このように、私は持統紀七年の詔の「但贓者依律徴納」を除いた部分は、律法典の適用によらない伝統的な科刑方法によったものと考えるのであるが、しかし、そうであるとしても、その科刑方法に律の法理が色濃く影をおとしていることは、これを認めなければならない。例えば、林氏の指摘された名例律諸条の影響の外に、監物の巨勢邑治が「雖物不入己、知情令盗之」という理由で、内蔵寮允の大伴男人と同じく位二階を降されて、典鑰の他の二人よりも重く罰せられているのは、律に屢々現れる「知而聴行、与同罪」（例えば衛禁律5非応宿衛自代条）や「故縦者、各与同罪」（例えば廏庫律15庫蔵主司捜検条）等の、監当の官が犯行を知っておりながら見逃した時は正犯と同罪とする原則的規定の影響があるようであり、更に典鑰の置始多久が壬申の乱の「勤労」により罪が免ぜられているのは、勿論、唐

律の八議の「議勤、謂有大勤労」が適用されたものでないことは明白であるが、さりとて、その処置が国家に大勤労のあった者に対しては罪を軽減するという右の八議の法理と全く無関係であったようにも思われない。このように詔の内容を具に吟味して行くと、そこには律の法理の影響が濃厚であり、この詔の背景には、林氏のいわれる如く律の体系的摂取の跡が窺われるようである。従って、その点では、律の体系が未だ確立しておらず、唐律をそのまま適用したとする石尾説、及び右の詔中の「律」を広義の律であるとする青木・利光説には従い難く、この記事には唐律の体系的摂取の跡が窺われるとし、且つ右の「律」を狭義の律法典とする林説に賛成せざるを得ない。

さて、赦文の中に見える「十悪」についてみた場合、唐律の十悪そのままでは、我が国にそれを適用することはできず、たとえその名称は十悪であったにしても、その内容は、日本の国情に合うように改められた十悪でなければならないことは、すでに前章で述べた。而して、かかる事例は、我が国において唐律を文字通りそのまま適用しようとすると、他にいくらでも生じてくるであろう。例えば、唐名例律の「八議」を我が国に適用しようとした場合、八議の中の「議賓、謂承先代之後、為国賓者」は、先代王朝の子孫を国賓として特別に処遇する制であるから、易姓革命の行なわれない我が国にあっては、八議をそのまま適用しようとしても、少なくとも「議賓」に関しては、これを適用することはできない。又、中国の官爵の制と我が冠位の制とは質的に異なるから、官爵の制をもとに作られた唐律の除免当贖法をそのまま我が国に適用できる筈はないのである。又、唐における親族関係の濃淡の尺度は服制によって計られ、その服制がまた律の科刑と深く関係する。かかる服制は我が国には存在せず、日唐の親族制度は基本的に異なるから、親族間の加害行為に対する科刑も、唐律そのままでは我が国に適用できない。そうすると、我が国において未だ律が編纂されなかった為、唐律をそのまま適用するといっても、「そのまま」を文字通りに受け取れば、それは所詮不可能のことである。そこで、唐律を我が国に適用するという場合を考えてみると、次の二つの方法があろうかと思われる。その一つは、固有法との摩擦の少ない唐律中の特定の条文を唐律の体系とは切り離して、それを単行法令として我が国に適用するという場合である。これならば、さして問題なく容易に施行できるであろう。これを唐律の個別的継受、或いは部分的継受といってもよく、かかる継受の方法は推古朝から大化期にかけて、すでに行なわれ、又天智・天武朝にも引き続き行なわれていたと考えられる。他の一つは、唐律を一個の法典として、それがもつ体系性をできるだけ損なわずに我が国に適用するという場合であって、この場合は、唐律全体にわたって、特定の条文や条項を削除したり、又改変したりして、かなり手を加えなければならない。その作業が為されなければ、唐律を一個の法典として、我が国に適用することはできない。しかし、唐律を底本とし、それに修正を加えて、日本律なる法典を作成しようとする意図の下に、唐律全体に多少なりとも、日本の立法者の手が加わることになれば、その唐律は外見的には唐律であるにしても、その内容はすでに日本化した唐律であって、別言すれば、それはもはや日本律草案とか日本律大綱とかいっても、さして大過ないものであろう。これを唐律の体系的継受、或いは全体的継受といってもよく、恐らく天武初年の刑罰体系の成立は、前述の如く、かかる唐律の体系的、全体的継受の指向を意味するものではなかったかと思われる。

処で、持統紀には、三年三月条と四年一月条に、「大赦天下、唯常赦所不免、不在赦例」という記事が見える。「常赦所不免」とは周知の如く、唐断獄律20赦前断罪不当条の本注に、「常赦所不免者、謂雖会赦、猶処死及流、若除名免所居官及移郷者」とあって、前掲持統紀の「常赦所不免」が唐律と同じ内容を意味するとすれば、持統紀の赦文の出された背景には、名例律、賊盗律、闘訟律、断獄律等の存在を前提としなければならない。もし、右の「常赦所不免」の具体的内容を単行法令で個別に規定し得たとしても、持統紀六年の赦文に初見する前記の「十悪」は、律法典全体がほぼ完成していなければ、使用できない用語である。何故ならば、十悪の法的効果の主たるものは、官爵あるものに対して除名なる附加刑が科せられることであって、除名は名例律の主要部分に規定され、又、十悪に当る犯罪の刑の執行は、断獄律に規定され、更に十悪に当る犯罪の構成要件とその量刑は、名例、職制、戸婚、賊盗、闘訟、詐偽、雑の各律にわたって規定されているからである。従って、律の十悪は、律の法体系を構成する重要な部分であって、十悪だけを律の他の部分と切り離して実施することはできない。(16)しかも、前述の如く、持統紀六年の赦文に見える「十悪」は、「続紀」文武三・四年の赦文に見える「十悪」と同質のものであり、その内容は唐律の十悪そのままではなく、それに改変が加えられた日本的な十悪であるとすると、そこに見える「十悪」は、日本に適用できるように手直しされた唐律、即ち日本律草案というものを前提としなければならない。このように考えれば、持統三年に「常赦所不免」、同六年に「十悪」、同七年に「律」なる語が続いて書紀に見えることは、前述の持統七年の官人の科刑に律の体系的摂取の形跡が認められることと相まって、朧げながらも次第に日本律法典の姿が史料の行間に浮かび上って来るように思われるが如何であろうか。

さて、天武十四年の冠位制は、皇太子や皇子をも位階によって序列さるべき身分とした結果、冠位を有せざるものは天皇唯一となった。(17)このことは、国家の刑罰権は君主にのみ帰属するという律法典の大原則（例えば名例律18十悪反逆縁坐条疏の「非常之断、人主専之」）に合致するものとして注目される。又、官位相当制の全面的採用は、天武十四年の位階改正後、持統五年頃までの間に行なわれたとされ、(18)位記制は持統三年九月から一部実施、同五年正月十三日から二月一日の間に一斉に実施されたといわれる。(19)唐名例律に規定される除名、免官、免所居官、官当の所謂官人に科せられる閏刑は、その何れもが官人の所有せる告身を追毀し、除名は六載の後、初任資格に、免官は三載の後、先品より二等を降し、免所居官、官当は一周年の後、先品より一等を降して夫々再叙任されるものである。従って、官位相当制や唐の告身制に相当する位記制が成立していなければ、現実に除免当贖法を適用することはできない。その除免当贖法は、名例律の主要部分を占めているから、律法典の制定は、官位相当制や位記制の成立と密接な関係を有するとしなければならない。又、持統四年には庚寅年籍が造られ、この戸籍は天智朝の庚午年籍と異なり、豪族の私有民の否定、全人民の公民化を指向したものであって、これによって、班田収授法実施の条件が整えられ、公民に対する賦課の原形が設定されたといわれる。[20] 従って、かかる新たな方式にもとづく戸籍を前提にしなければ、現実には全人民に対する直接の刑罰権は及ばなかったと思われる。すでに持統三年には、令二十二巻が完成して、それが諸司に班賜されている。このように持統三、四、五年頃には、律法典が編纂されても無理のない条件が殆ど整えられていたのであり、それに符節を合する如く、持統三年に「常赦所不免」、同六年に「十悪」、同七年に「律」なる用語が正史に現われて、律の体系的、全体的摂取の形跡が窺われる。以上の如く考えて、私は浄御原律の第一次草案的なものは、その頃ほぼ出来上っていたのではないかと想定するのである。

それでは、浄御原朝に唐律の体系的継受が為されつつあったとして、それと固有法との関係はどうであったろうか。石尾芳久氏は、「書紀」の天武四年四月条の詔、同じく朱鳥元年九月条の記事、持統五年三月条の詔の三つの史料を挙げて、「以上三つの史料は、唐律との調整を許容し得ないような固有刑法の鞏固な伝統の存在を現わすものであり、律の体系を成立せしめるには余りにも唐律と固有刑法との対立が顕著であり、且つその対立を調整する契機が欠如していることを示すものであって、要するに『浄御原律』の編纂を認めることは、頗る困難であるといわざるを得ない」（前掲書一〇五頁）とされている。[21] 確かに石尾氏のいわれるように、前掲天武四年の詔に牛馬犬猿雞の宍を食することを禁じ、又、持統五年の人身売買に関する詔に唐賊盗律に規定されている卑幼の売買を禁ずる趣旨の見られないことなど、なお強固な固有法の伝統の存在を認めることができよう。しかし、それにも拘らず、天武・持統朝における唐律の摂取は、前代の部分的継受から次第に全体的継受の方向に進みつつあったようである。即ち、井上氏の指摘された如く、すでに推古朝から大化期にかけて、唐律の主な刑種や盗犯における贓の倍額賠償の制が受け入れられていた。又、大化元年八月の鐘匱の制が設けられた際の詔には、訴人の訴えが正当なものであるかどうかを伴造や尊長が予め審査した上で訴状を匱に入れるべきことが命じられ、もし不当な訴状を投じた場合には、伴造・尊長に対し、「以其罪々之」とされることが見えている。この科刑の方法は、唐闘訟律41誣告反坐条に規定されている誣告反坐の制と同じものである。又、前述の如く東国々司への詔に見える「降爵位」の刑も、「刑不上大夫」という唐律の思想によるものであろう。従って、大化期にあっては、なお固有法は依然強固に存在するものではあったが、一方、国情を異にする我が国においても、比較的容易に受容できる唐律の規定やその法理は、これを摂取して行こうとする姿勢が我が為政者に認められるのである。

前述の如く、天武初年に至って初めて唐律の刑罰体系が我が国に導入された。而して、天武・持統朝の唐律継受が前代のそれと異なる所は、明確に唐律風の律法典編纂の目的をもった継受であったこと、従って、その継受は固有法との摩擦の少ない唐律の部分を単に個別的に受容するに止まらず、より積極的に唐律と固有法との調和を計り、又その矛盾を克服して律の体系化を指向していた点であろう。しからば、どのようにして固有法との調和を計り、律の体系的継受を成し遂げて行ったかということが次の問題となろう。この問題に示唆を与える史料として、例えば左の如きものが存する。天武紀十四年九月条には、天皇が大安殿に御して、王卿等と共に博戯を行なった記事が見えるから、この頃は唐雑律14博戯賭財物条はまだ導入されず、持統紀三年十二月条に、「禁断双六」なる記事が見えるから、ここに至って初めて博戯が禁止されたものと思われる。更に「続紀」文武二年七月条には、「禁博戯遊手之徒、其居停主人、亦与同罪」とあって、この記事を唐雑律博戯賭財物条の

諸博戯賭財物者、各杖一百、(中略) 其停止主人及出玖、若和合者各如之、

なる規定に比べるならば、両者ともに博戯が禁止されているばかりでなく、その賭場を提供せる者（居停主人・停止主人）が博戯を行なった者と同罪とされていることが重要であって、文章は夫々異なるが、規定の趣旨は両者とも全く同一といわざるを得ない。以上の博戯に関する「書紀」、「続紀」の短い記事の背景には、固有法と継受法とが激しく衝突し、後者が次第に前者を圧していく過程が窺われるようにも思われる。更に固有法と継受法との相克についてみる場合、それを如実に示す史料として、次に掲げる人身売買に関する持統紀五年三月条の詔と「政事要略」所引の弘仁刑部式の文とをあげることができよう。

詔曰、若有百姓弟為兄見売者、従良、若子為父母見売者、従賤、若准貸倍没賤者、従良、其子雖配奴婢所生、亦皆従良、（「書紀」持統五年三月癸巳条）

凡父母縁貧窮売児為賤、其事在己丑《持統三》以前者、任依元契、若売在庚寅《持統四》年以後、及因負債被強充賤、并余親相売者、皆改為良、不須論罪、其大宝二年制律以後、依法科断、（「政事要略」巻八四・国史大系本六八四頁、「延喜式」巻二九・国史大系本七二三頁を以て補う。）

我が国における人身売買の禁止は、大化以後、良賤の身分制度の確立と共に始まったとされ、事実、天武五年には下野国司の売子許可の要請も朝廷によって拒否されている。しかし、実際には親が子を売るという慣習は根強く、その為、浄御原令施行後、詔によって良賤の訴についての基準を示したが、売子については、強い慣習の抵抗の為、持統三年の造籍の年まで、それを認めざるを得ず、大宝二年に律が施行されてから、漸く人身売買の違反者に対し、律によって処断することになったのである。処で、前掲弘仁刑部式の規定は、前掲持統天皇の詔により成立し、両者はその内容を同じくするものであるといわれている。[22] 今、右の二史料を併せて解釈すると、次の如き事実が明らかとなる。㈠持統三年までは、売られた子は、そのまま賤とし、又、子を売った親も罪に問わない。㈡持統四年から大宝二年までは、親の売子の罪は問わないが、その子は良民として解放する。㈢売子以外の、余親により互に売られた者、及び負債により奴婢となった者は、その時期の如何を問わず、すべて良民として解放する。㈣大宝二年以後は、人身売買はすべて律によって罰せられ、売られた者も良民として解放する。

以上のように、唐律の人身売買禁止の規定も、一挙に継受されたのではなく、先ず持統三年以前は、親が子を売った場合は有効としながらも、余親が余親を売った場合を無効とし、次に持統四年以後は、親が子を売った場合をも無効とし、更に大宝二年以後は、それらはすべて無効とすると共に刑罰を以て禁ずるというように、夫々段階を経て継受されたのであった。特に持統四年以後、大宝律施行までの規定は、人身売買を刑罰によって禁止する為の準備的、過渡期的措置であって、我が立法者が唐律と固有法との調整に苦心せる跡を窺うことができる。前述の博戯禁止の規定についても、史料を文字通りに解すれば、㈠持統三年十二月以前、㈡それ以後、㈢文武二年七月以後というように、人身売買の規定とほぼ時期を同じくして段階的に唐律継受の方向に進んでいることが理解されるであろう。このようにして、天武・持統朝では、先ず天武初年に唐律の刑罰体系を我が国に樹立し、唐律の規定の中で継受可能なものは出来るだけ、これを摂取し、それらの規定を根幹として唐律や唐律疏を下敷きにして律草案を作り、一方、固有法の抵抗が強く予想される唐律の規定は、これを削除、又は受容し易いように改変すると同時に、場合によっては、その部分のみ過渡期的な内容をもつ単行法令に改めて、それを先に施行し、その過程で固有法と調整しながら、最終的には体系性をもった日本の律法典に作り上げて行くという作業が続けられたものと思われる。前述せる人身売買や博戯に関する禁止規定、或いは逃亡せる公私奴婢の蔵匿を禁止せる規定（『続紀』文武二年七月乙丑条）などは、固有法との摩擦が最も強く、それを律法典の中に組み入れるのに、立法者が最後まで苦心したものではなかろうか。

それでは、持統朝に唐律を日本流に手直しした浄御原律草案なるものが一応出来上っていたとして、何故それが正規の律法典として完成し、且つ全面的に施行されなかったのであろうか。よし浄御原律草案なるものが存在しなかったとしても、持統三年に令二十二巻が班賜されているのに、何故その後、律の完成・施行の記事が見えないのであろうか。これに関して、石尾芳久氏は、「唐律が大化改新後早くしかも積極的に継受されながら、日本における律の法典化がおくれたのは、唐律が極めて合理的な刑法であったので、それをそのまま適用し得たからである」（『日本古代法史』塙書房、昭和三十九年、一〇二頁）とされるが、私は若干意見を異にする。唐の律・律疏は、戦国時代以来、約一千年にわたる中国法律学の結晶であり、それは「唐に至って一応完成の極に達し、もはや加筆の隙を与えぬ古典と化し」(23)ていた。即ち、唐の律・律疏は、その一部を変更しても、すぐそれが全体系に影響を及ぼす程、論理的に緻密に出来ており、立法者の神経がその隅々にまで行き届いている極めて繊細な法典であった。従って、この完成された法典に我が固有法を加味して、日本的な律法典に作り上げ、しかも律全体の論理的整合性を保とうとすることは、まさに至難の業であったに違いない。その点では、我が撰者は、令の編纂以上に律の編纂に腐心したと察せられるのである。又、唐の律疏と一致する文章が我が養老律に多く存するからといって、日本律を指して直輸入的であるとか、或いは国内文献として価値が劣るとかいうのは必ずしも十全な表現ではなく、日本律が唐の律疏と同一の文章を置いているのは、それが適当であることを十分自覚した上で置いているのであり、決して日本律が安易に作られた為ではない(24)。そのことは、養老律の伝存部分とそれに相応する「唐律疏議」の文とを比較しながら読んでいけば、自ずと了解されることである。日本において、律の法典化がおくれたのは、唐律が極めて合理的な刑法であったが故に、それをそのまま適用し得たからというよりは、むしろ逆に唐律が極めて合理的な刑法であったが故に、それを法典としてそのまま我が国に適用することは難しく、しかも、それを藍本として我が国情に合う法典を編纂しようとすれば、唐律が完成度の極めて高い法典である故に却って、その編纂に多くの歳月を必要とせざるを得なかった為ではなかろうか。

高麗は、唐律を採用し、時宜に応じて、それを参酌したというが（「高麗史」刑法志序）、恐らく唐律の一部をそのまま、ないしは若干修正して、それを単行法令の形において、必要な限り部分的に採用したに過ぎず、王命によって編纂された統一的な律法典は遂に存在しなかったものと思われる。(25) それ程、唐律を藍本として自国の国情に合う律法典を作り上げるということは困難な事業であったのである。しかも、律は刑罰を定めた基本法典であるから、条文相互間の量刑はもとより法典を構成する基本原理には矛盾、齟齬のないように十分配慮されねばならない。浄御原律が草案段階に止まっていたとすれば、固有法との調整から、その論理の整合性に欠け、これを唐の律・律疏に比べる時、法典として必須な体系性に著しく不足する処があったからではなかろうか。

現存せる養老律においても、唐の官撰註釈書たる「律疏」を我が法典としての「律」に作り変えた処に、いくつかの形式上の混乱が生じたことは、すでに前稿で指摘した。(26) 又、養老名例律6八虐条の内容も、これを唐律の十悪条と比較したとき、唐律の「十悪に内在した論理的構成をゆがめた(27)」面が見受けられる。更に最近の研究では、養老名例律12婦人有官位条は、唐名例律12婦人官品邑号条のもつ意味を正しく理解できなかった為に生じた重複規定であって、元来日本律には不要な条文であったとさえいわれている。(28) その他、養老律と「唐律疏議」とを仔細に比較検討してみると、養老律には用語の混乱、条文間の矛盾・齟齬等が散見されるのであり、(29) それはもとより養老律撰者の杜撰さに帰せられようが、又それだけ日本律の編纂に伴う困難さをも示唆するものであろう。処で、大宝律は唐の永徽律疏を日本の律法典たらしむべく、我が国情に合わせて出来る限り修正、変更を施して編纂したものであるのに対し、養老律編纂の目的の一つは、かかる修正、変更を施したことから生じた大宝律に存する不備、欠陥を再び母法たる永徽律疏に依拠して是正することにあった。(30) 従って、養老律は、その立法技術という面からみるならば、我が国における最も完成度の高い律法典であるということができる。その最も完成度の高い養老律においてさえ、なお前述の如き幾多の矛盾、混乱が、その形式、内容両面にわたって存するのである。本邦最初の試みとして、当時、固有法との調整に苦しみながら起草されたと推測される浄御原律なるものが正規の律法典として完成をみるに至らなかったことは、蓋し当然であるともいえよう。

おわりに

以上述べた如く、私は浄御原律の草案、もしくはその大綱の存在を想定するものであるが、よしそれが認められないにしても、天武・持統朝が唐律の全面的継受の準備段階であり、日本律編纂に向って鋭意努力の為されていた時期であることは、これを否定することはできないであろう。その努力の上に大宝律が本邦最初の律法典として結実したのであって、かかる見地からすれば、「続紀」大宝元年八月条の「撰定律令、於是始成、大略以浄御原朝庭為准正」という記事は、単に令のみをいうに止まらず、律についても、なお具体的な意味をもつものではなかったかと思われる。

さて、最近の浄御原律に関する有力学説について語られるとき、私はいくつかの素朴な疑問を禁じ得ない。即ち、我が国において、未だ律が編纂されなかった為に唐律をそのまま適用していたというとき、「そのまま適用する」とは、一体如何なる意味なのであるか。(31) 浄御原律で律不存在、唐律代用というとき、それらと大宝律の制定とは如何に関連するのか。(32) 唐律が我が国に継受されたというとき、その継受の具体的な諸相はどのようであったのか。特に継受法と固有法との相克は、どのようにして止揚されていったのか。又、従来浄御原律について語られるとき、その存在と不存在とを余りに二者択一的に考えて来た嫌いはなかったか。史料の上で、浄御原律が編纂されたようでもあり、編纂されなかったようでもあり、又施行されたようでもあり、施行されなかったようでもあって、全体として漠然たる印象を与えているのは、何故なのであるか等々、これらの諸問題について、今後なお考究していく必要があるのではなかろうか。

最後に、本稿を作成するに当り、先学諸賢の論考を多く引用したが、もしそれらの業績に対し、思わざる曲解があれば、切に御寛恕を乞うものである。

註

（1）家人（部曲）は、反逆人が免ぜられた場合、如何に処置されるか判然としないが、父子に準じて免ぜられるのが律の趣旨であろうか。

（2）反逆者と同居共財せる縁坐人の資財田宅も没官されることは、日唐賊盗律2縁坐非同居条により明らかである。

（3）中国における反逆縁坐刑の変遷については、西田太一郎「縁坐刑について」『中国刑法史研究』（岩波書店、昭和四十九年）所収参照。

（4）唐律に見える人身の没官を主刑とみるべき理由については、戴炎輝『唐律通論』（正中書局、中華民国五十三年）一八三頁に詳細に述べられている。

（5）この史料については、高塩博氏の教示による。なお天武紀五年の詔の「没官」が人身の没官であり、それが唐律に由来するものであることも、同氏の國學院大學大学院法学研究科修士論文「中国律の継受と飛鳥浄御原律の存否」において述べられている。

（6）なお石尾芳久氏は、「井上光貞氏『隋書倭国伝と古代刑罰』について」（『古代の法と大王と神話』木鐸社、昭和五十二年、三二一頁）なる論考において、「没官は、唐律において附加刑たる財産刑（財産没収刑）で正刑ではない」とされ、又「天武紀五年八月条の大赦記事には、没官が死刑の次の順位に位置づけられているのであるから、正刑たる没官（その本質は附加刑にあらざる財産没収刑である）の存在を示唆するものがある」とされるが、かかる見解も、以上述べた理由から、俄かに賛し難い。

（7）青木和夫「浄御原令と古代官僚制」『古代学』第三巻第二号（昭和二十九年）一一五頁では、この「律」を広義に解する。

（8）官位相当制の施行の時期については、青木和夫前掲論文、位記制の施行の時期については、黛弘道「位記の始用とその意義」『ヒストリア』第一七号（昭和三十二年）参照。

（9）井上光貞『日本古代国家の研究』（岩波書店、昭和四十年）三五一頁。

（10）唐律の除名、免官、免所居官、官当の内容については、滋賀秀三「訳註唐律疏議（二）」『國家學會雜誌』第七三巻第三号（昭和三十四年）五四頁参照。

（11）石尾芳久氏によれば、我が固有法において政治的違反に対しては、賠償制を成立せしめず、直ちに自殺か酷刑を導く内部的刑罰が科せられたとし、又、中国法の刑罰体系は、この我が国における内部的刑罰の発展に影響を与え、右の内部的刑罰として科される酷刑の換刑として財産刑が成立したと説かれる（『日本古代法の研究』法律文化社、一九五九年、一四三頁）。又、井上光貞氏は、記紀説話において、財産の没収が附加刑及び換刑として科せられている例を指摘されている（前掲論文一一頁以下）。

（12）今、浄御原律に関する青木説、及び石尾説を慣行に従い、便宜このように呼ぶ。

（13）但し、青木、石尾説に対しては、林陸朗「近江令と浄御原律令」『国史学』第六三号（昭和二十九年）、「浄御原律令の制定」『歴史教育』第九巻第五号（昭和三十六年）、利光三津夫「最近における律研究の動向」『律の研究』（明治書院、昭和三十六年）所収、林紀昭「飛鳥浄御原律令に関する諸問題」『論集日本歴史2　律令国家』（有精堂、昭和四十八年）所収、長山泰孝「浄御原律存否についての一史料」『続日本紀研究』第一五一号（昭和四十五年）等により批判がある。

（14）石母田正氏によれば、大宝二年の遣唐使の派遣は、新律令を唐王朝に紹介することが一つの使命であったとされる（『日本古代国家論　第一部』岩波書店、一九七三年、三四八頁）。なお、日本律撰者が法典としての体裁を唐律と若干変えて、日本律の自主性を示そうとしたことについては、小林宏・高塩博「律疏考」第七章『國學院法學』第一六巻第四号（昭和五十四年）参照。

(15) 石尾芳久前掲『日本古代法の研究』一〇三頁。

(16) 従って、青木和夫氏が浄御原令の一条として、十悪の規定が先ず採用されたといわれるが（前掲論文一一九頁）、賛し難く、又吉田孝氏が五罪・八虐・六議が大宝以前に、すでに何らかの形で制定・施行されていた可能性があるといわれるのも（前掲論文三〇九頁）、五罪は別として、他の二つについては、その可能性は少ないように思われる。

(17) 竹内理三「天武『八姓』制定の意義」『律令制と貴族政権　第Ⅰ部』（御茶の水書房、一九五七年）所収一〇一頁。

(18) 青木和夫前掲論文。

(19) 黛弘道前掲論文。

(20) 早川庄八「律令制の形成」『岩波講座　日本歴史2　古代2』（一九七五年）所収二四〇頁。

(21) この石尾氏の見解については、すでに利光三津夫、林紀昭氏等による批判がある（両氏前掲論文）。

(22) 以上の我が古代における人身売買禁止に関する沿革等については、牧英正『日本法史における人身売買の研究』（有斐閣、昭和三十六年）三〇頁以下による。

(23) 滋賀秀三「訳註唐律疏議（一）」『國家學會雜誌』第七二巻第一〇号（昭和三十三年）三三頁。なお「唐律疏議」の法典としての評価についても、同上の「解題」に負う処が大きい。

(24) 水本浩典氏も「日本律は唐律を単純に直写しただけの存在ではなく、唐律と同文の条文も含めて主体的に唐律を継受したのであり云々」と述べられている。「日本律の特色について」『ヒストリア』第七四号（昭和五十二年）二二頁。

(25) 高麗律の内容に関しては、花村美樹「高麗律」『朝鮮社会法制史研究』（岩波書店、昭和十二年）所収参照。

(26) 小林宏・高塩博前掲論文、第七章。

(27) 『日本思想大系3　律令』補注四八八頁。

(28) 高塩博「名例律婦人有官位条について」『皇学館論叢』第一二巻第三号（昭和五十四年）。

(29) 拙稿「『律令』所感」『日本歴史』第三五三号、高塩博前掲論文。

(30) 高塩博「大宝養老二律の異同について」『國學院雜誌』第八一巻第一号（昭和五十五年）。
(31) 吉田孝氏も、「唐律が準用されていたとする説に私も従いたいが、問題はその準用の仕方にある」（前掲論文三一一頁）と述べられている。
(32) 利光三津夫氏も、石尾論文批判において、「固有刑法思想が、律の編纂を不可能にする程、強かったという立場をとるならば、大宝に至って律が編纂されたのであるから、天武から文武に至る間に、その抵抗が弱まり、外国法との調整が可能になった事情を証明する必要があろう」（前掲書二六九頁）と述べられている。

第二　折中の法について

はしがき

笠松宏至氏の近著『法と言葉の中世史』（平凡社、一九八四年）の中に、「折中の法」という一章がある。中世の史料に見える「折中」という言葉の意味を分析して、それが我が国の中世における裁判の根底に流れる有力な法思想の一つであったことを実証した雄篇である。

笠松氏が指摘されている如く、この「折中」なる語は、すでに養老賊盗律1謀反大逆条の疏に当る文に、それが見えている。従って我が律の母法である唐の律疏にも、それは当然見えているのであり、更にこの「折中」の語の淵源は、遠く中国古代にまで溯るのである。笠松氏の研究では、律令に見える「折中」については触れるところが少ないので、本稿では、主として律令関係の史料を通じて、この語を考察し、それが持つ本来の意義を究明することにより、何故それが我が中世において重要なる法律用語として屡々使用されるに至ったかという理由を解明する手懸りを得たいと思う。

一　唐賊盗律謀反大逆条疏の問答

律令における「折中」という言葉の持つ意味について、利光三津夫氏は平安時代の代表的な明法家、惟宗允亮の著わす「政事要略」の記事に拠りながら、「裁判官たるものは、あくまでも厳正な態度を持し、当事者のいずれにも公平な解決方法を探究すべきであるということである」(1)と説明されている。「折中」の語の持つ一般的な意味については、右の利光氏の解説でほぼ尽くされているように思われるが、ここでは、もう一度、律令の原文に溯って考えてみたい。

「折中」の語が明白に認められるのは、前述の如く賊盗律1謀反大逆条の疏に当る文である。この条文は、謀反・大逆・謀大逆の罪と謀反・大逆の縁坐について規定したものである。日唐の律を比較すると、謀反・大逆・謀大逆の罪に対する法定刑は両者とも等しいが、謀反・大逆の罪に関する縁坐の範囲は、両者の間で異なっており、殊に著しい相違は、唐では女性も年六十以上及び癈疾者を除いて縁坐の対象となるのに対し、日本（養老律）では女性は全くその対象から除外されていることである。従って「折中」の語が現われる疏の文も、日本律と唐律とで若干異なっている。又、唐の律疏の当該個所は、問答体で記されているが、唐の律疏の問答は、日本律ではすべて論述体に直されているから、ここでも日本律は論述体の文となっている。このように日唐間で相違があるけれども、元来、日本律は唐の永徽律疏を継受してつくられたものであり、「折中」の意味も日唐の律令で異なるものではなく、しかも養老律は、その大半が亡佚しており、条文相互の参照が不便であるから、ここでは、唐の律疏を今日に伝えている「唐律疏議」によって考察することとする。

それでは、「折中」の語の見える当該個所を「唐律疏議」によって、左に掲げよう。

問曰、反逆人応縁坐、其妻妾、拠本法、雖会赦、猶離之正之、其継養子孫、依本法、雖会赦、合正之、準離之正之、即不在縁坐之限、反逆事彰之後、始訴離之正之、如此之類、並合放免以否、

答曰、刑法慎於開塞、一律不可両科、執憲履縄、務従折中、違法之輩、已汨朝章、雖経大恩、法須離正、離正之色、即是凡人、離正不可為親、須従本宗縁坐、

右の問答の中で、「折中」の語は、「答曰」の部分に現われており、しかも、この語を含む文、即ち「刑法慎於開塞、一律不可両科、執憲履縄、務従折中」は、文義の上から一連の文章である。今、この個所を除いて、右の問答の意味を考えてみると、それは凡そ次の如きものであろう。

（問）反逆、即ち謀反・大逆の罪を犯した者の妻妾で縁坐に該当する者（反逆人の妻妾は、賊盗律1謀反大逆条により没官となる。但し、年六十以上及び癈疾者は宥免される）が、違法に婚姻した者であった場合、どのように処断するのかというに、戸婚律45違律為婚条によると、違法な婚姻は、赦に会って処罰されない場合でも、その婚姻は無効として離婚せしめ、又、婚姻前の良賤の身分に復せしめる。反逆の罪を犯した者の養子孫で縁坐に該当する者（反逆人の養子孫は、賊盗律2縁坐非同居条により養家によって縁坐し、実家によっては縁坐しない。縁坐になると、賊盗律1条により男子の年六十以上は絞、その十五以下及び孫は没官となる。但し年八十以上及び篤疾者は宥免される）が、違法に養子縁組をした者であった場合、どのように処断するのかというに、名例律36会赦改正徴収条によると、違法

な養子行為は、赦にあって処罰されない場合でも、その縁組は無効として原状に復せしめる。従って、これらの妻妾や養子孫は本来、離婚・離縁されるべきものなのであるから、縁坐になることはない。処が反逆の罪が発覚した後に始めて違法な婚姻・収養であったことを理由に、その解消を訴え、原状回復を願い出た場合、それらの妻妾や養子孫は放免すべきであろうか。

（答）違法の輩は、すでに国家の法律を犯したものである。君主の大恩によって、その罪はゆるされても、法はなお、その婚姻・収養を無効として原状に復せしめる。原状に復すれば、その妻妾や養子孫は一般の人と変りはなく、もはや反逆人の親族ではあり得ない。従って、それらは自己の本族によって縁坐すべきである。

以上が唐賊盗律1条の疏に見える問答の内容と思われるが、結局のところ、反逆の事実が発覚する以前であろうと、又発覚した以後であろうと、違法な婚姻・収養を解消し、その原状回復を命ずる法の適用に変りはないことをいったものである。そして、この結論を導き出す前提として、「折中」の語を含む前掲の一連の文が引用されているのである。

二　「折中」の意義

それでは、次に右の問答の結論を導く前提として、「答」の部分の冒頭に引用されている前掲の文について考察を加えたい。もう一度、その文を左に引用する。

刑法慎於開塞、一律不可両科、執憲履縄、務従折中、

先ず、右の「刑法慎於開塞」（刑法ハ開塞ヲ慎ム）について、「開塞」とは開くことと塞ぐことであるが、ここでは法

の適用と不適用とをいうのであろう。「晋書」刑法志に見える主簿の熊遠の上奏文にも、

開塞随宜、権道制物、此是人君之所得行、非臣子所宜専用、

とあって、やはり「開塞」の語が見えるが、この文は、時の宜しきに従って、法を発動したりしなかったりして、臨機のやり方で物事を規制するといったことは、君主だけが行ない得ることであって、臣下が勝手に行なってよいことではないという意味である。(2)唐の律疏に見える前掲「刑法慎於開塞」も、右の上奏文とほぼ同じ意味であって、刑法を司る官吏は、同様な事案に対し、或る時には法を適用したり、或る時には法を適用しなかったりするというようなことがあってはならず、法を衡平に運用するように努めなければならないことをいったものであろう。

次に前掲文の「一律不可両科」（一律、両科スベカラズ）であるが、この文については、左に掲げる天長十年（八三三）に撰定された「令義解」の序の文が参考となろう。

法令製作、文約旨広、先儒訓註、案拠非一、或専守家素、或固拘偏見、不肯由一孔之中、争欲出二門之表、遂至同聴之獄、生死相半、連案之断、出入異科、

この文の前半、「或固拘偏見」までの意は、凡そ次の如きものである。即ち、法が制定される場合、その文章は簡約であって、その意味するところは深遠である。従って旧来の学者による注釈は、その所見や基づく処が皆異なっていて一定していない。或は師家に伝えられた学説を墨守し、或は、偏見に固執している。(3)

次の「不肯由一孔之中、争欲出二門之表」の意は、学者等は法の解釈は一つの門流によるべきことを認めないで、争って多くの学派をつくろうとしているということである。この文は、「令義解」の序に付された夾注（国史大系『令義解』附録「令義解序」三五二頁）によれば、杜預の律序にある「法出於一孔、不可以二門之者也」に拠ったものであり、「隋書」刑法志所載の梁の武帝、天監元年八月の詔にも、「可無二門侮法之弊」と見えている。即ち、法規の解釈

は一定すべきであり、法を司る官によって、それが区々にならぬよう戒めた文である。前掲文に続く「令義解」序の「遂至同聴之獄、生死相半、連案之断、出入異科」は、このように法規の解釈が一定しなければ、同様の獄訟・獄案を審理しても、遂には或る官は被告人を死刑に処するが、他の官はこれを生かして釈放するようになり、又或る官は被告人の罪を軽く処断するが、他の官は重く処断するようになってしまうという意である。さて、前掲唐の律疏に見える「一律不可両科」も、右に述べた「令義解」序の文と同じく、同一の律文を解釈することにより、それから異なった二つの科刑が導き出されるようなことがあってはならず、法の解釈は一定にすべきことを言ったものであろう。

次に問題の律疏の文、「執憲履縄、務従折中」であるが、惟宗允亮の著わす「政事要略」の巻八十一（国史大系本六二五頁以下）には、この語を解して次の如く述べている。

件文、出此律初条疏文也、典言云、執憲之司平直為本、藝文類聚云、風俗通曰、云々、漢書云々、当先自正、然後可正人、故文書下如律令、言当承憲履縄、動不失律令也、

玉篇、履力几反、履践也、履猶行也、律疏骨骾録云、務従折中、漢書貢禹伝曰、四海之内、天下之君、微孔子之言、亡所折中、註云、微亦无也、折断也、非孔子之言、則无以為中也、中音竹仲反、

先ず、右の文に見える語句の出典であるが、「典言云」は未詳。(補1)「藝文類聚云」は巻五十四、刑法部から一部省略して引用。「玉篇」の文は、現在伝存せる「玉篇」と一致する個所もあるが、同一ではない。(4)「律疏骨骾録云」は前掲文の末尾までかかると思われるが、この書は現在伝わらず、唐の律疏の疏文の中、重要な語句を抜萃し、その下に経書や史書を引いて解釈したもので、唐において撰述されたものと思われる。(5)この書の引く「漢書」貢禹伝は、巻七十二に見え、右文の「註云」は、顔師古の註である。

次に「執憲履縄、務従折中」の訓み方であるが、この文を引用する「法曹至要抄」の当該個所を陽明文庫所蔵本に

よってみるに、中の21条に「賊盗律謀反条疏云、執《トリ》二憲《ノリヲ》履《フムコト》一縄《ヲ》、務《ツトメ》従《フ》二折中《ニ》一」とあり、又同じく中の35条に「賊盗律謀反条疏云、執《トリ》憲《ヲ》履縄《フミノリヲ》、務《ツトメ》従二折中一」とあるから、恐らく平安・鎌倉時代のわが明法家は「憲《ノリ》ヲ執《ト》リ縄《ノリ》ヲ履《フ》ムコト、務メテ折中ニ従フ」と訓んだのであろう。即ち、「執憲」も「履縄」も同じことであって、法を執行すること、又はその官をいうのであろう。即ち前掲の「典言」や「藝文類聚」の文は、法を執行する官吏は衡平正直を基本とし、文書による行政は律令の規定通りに行ない、その言動は律令の趣旨に沿ったものでなければならぬことをいったものであろう。又、前掲「漢書」貢禹伝の文は、（孔子とて、もともと一匹夫にすぎない。道を楽しみ、身を正して怠らなかったからこそ）四海のうち、天下の人君たる者も、孔子の言説なしには、事の取捨にその中正を得られなかったものと思われる[6]という意である。そうすると、「折中」とは、師古の注に「折ハ断也」とあるように、「中ヲ断ズル」ことであり、「中」とは中正とか衡平とかを意味するから、結局「折中」とは、ほどよい判断をする、人情にかなった判断をする、人々をしてなるほど尤もだと思わせる判断をするというようなことを指すのであろう。従って「執憲履縄、務従折中」とは、結局、法を司る官吏の心構えを説いたものであり、その言動は衡平正直を旨として法規の運用を誤らぬようにし、万人をして納得せしめる中正な判断を下すことに努めなければならないことをいったものであろう。

それでは、この「折中」の内容を実現する為の具体的な要件は何かというに、それは前掲律疏に示される「刑法慎於開塞、一律不可両科」という文が手懸りとなろう。この文意は、前述の如く法を司る者は、法を衡平に適用することに努め、又法の解釈を一定して、同様の事案に対して異なった判断の結果が生ずるようなことがあってはならぬということであった。いうなれば、法の画一性、一般性を損わないようにするのが「折中」の具体的要件の第一である。前掲律疏の問答において、「折中」の法の適用の例として提示された違法な婚姻・収養に関し、その違法な状態を訴えた時点が反逆罪の発覚以前であろうと、また発覚以後であろうと、等しくこれを原状に復し、縁坐とはしないという判断も、同じ違法な行為に対しては、法の適用を異にしないという考えがその基本になっていると思われるのである。

三　「折中」の類義語

唐の律疏に「折中」の語が見えるのは、前掲賊盗律の疏の一個所のみであるが、「折中」の類義語として「適中」があろうかと思う。「適中」は「中にかなう」ということで、やはり人情にかなった妥当な判断や処置を意味するものと考えられる。この「適中」の語は、「唐律疏議」に二個所見えているが、その一つは、擅興律20私有禁兵器条の疏の文中である。今、その個所を左に掲げよう。

諸私有禁兵器者、徒一年半、謂非弓箭刀楯短矛者、

疏議曰、私有禁兵器、謂甲弩矛矟具装等、依令私家不合有、若有矛矟者、各徒一年半、……

弩一張、加二等、甲一領、及弩三張、流二千里、甲三領、及弩五張、絞、私造者、各加一等、甲謂皮鉄等、具装与甲同、……

疏議曰、……其甲非皮鉄者、依庫部式、亦有聴畜之処、其限外剰畜、及不応畜而有者、又準禁兵器論、但甲有禁文、非私家合有、為非皮鉄、量罪稍軽、坐同禁兵器、理為適中、

右の条文によれば、禁兵器とは私人がその所有を禁じられた武器であって、具体的には甲（よろい）、弩（おおゆみ）、矛（ほこ）、矟（馬上で使うほこ）、具装（馬のよろい）の類をいう。この中、矛、矟を私有すれば、各徒一年半の刑に処せられる。甲、弩（具装は甲と同じ）の私有は、特別に重く罰せられ、弩一張は徒二年半、甲一領、弩三張は各流二千

里、甲三領、弩五張は各絞罪となる。処が前掲注文には、「甲謂皮鉄等」とあるから、甲は皮製のものも、鉄製のものも同じ罪となる。それでは皮製、鉄製以外の甲(補2)を私有した場合の罪はどうなるか。前掲の疏文は、それを問題にして次のようにいっている。即ち、庫部式によれば、皮製、鉄製以外の甲は、特定の者に対し、一定の数を限って、その私有を許す場合がある。その私有を許された者が許された数以上の甲を私有した場合、及びその私有を許されていない者が甲を私有した場合は、禁兵器（矛矟に同じく徒一年半）に準じて処罰する。甲は律本条により所有を禁止されているから、いかなる甲と雖も、元来私人の家に所有すべきものではない。ただこの場合の甲は、皮・鉄製ではないので、皮・鉄製の甲の私有に比べて、その量刑はやや軽くすべきである。従って禁兵器を私有した罪と同じくするのが、法理からみて中にかなっていると。

このように皮・鉄製の甲の私有の罪は、律に明文があるが、それ以外の甲の私有の罪については、律に規定がないから、疏はこれに苦慮し、該当条文がないからといって、これを全く無罪とするには、律文に甲の私有が禁じられている以上、不合理であり、さりとてこれを皮・鉄製の甲と同一の罪で論ずるには、「甲謂皮鉄等」という注文の趣旨からして罪が重すぎるとして、結局、甲、弩以外の禁兵器、矛、矟の罪に準ずるとしたのである。即ち、罰せらるべき行為があるにも拘らず、その行為に正確に該当する条文が律に欠けており、裁判官が直接判断基準を見い出せない場合、律令の立法趣旨や一般の法感情などを考慮した上で、量刑の均衡を失しないように他の規定に準拠して処罰する(7)ことが、「適中」の具体的要件の一つであったと思われる。

さて、「適中」の語のもう一つの用例は、次に掲げる名例律34平贓者条の疏の問答中に見えている。

諸平贓者、皆拠犯処当時物価及上絹估、

疏議曰、……

問曰、贓若見在犯処、可以将贓対平、如其先已費損、懸平若為準定、又有獲贓之所、与犯処不同、或遠或近、並合送平以否、

答曰、懸平之贓、依令準中估、其獲贓去犯処遠者、止合懸平、若運向犯処準估、其物即須脚価、生産之類、恐加瘦損、非但姦偽斯起、人糧所出無従、同遣懸平、理便適中、

本条は贓物評価の方法を規定したものであるが、その方法は、すべて犯罪地、犯罪時における絹の上級品の公定価格に換算して求め、もし贓物が消費されてしまったときは、令の規定によって推定評価をするのである。処で右の問答の大意であるが、それは凡そ次の如きものである(8)。贓物を推定評価する場合、その評価の基準は、令により中級品の公定価格とする。贓物の得られた地と犯罪の行なわれた地とが遠く離れているならば、律の規定通りに現物評価を行なわず、推定評価を行なうこととする。何故なら贓物を犯罪地まで運んで評価すると、運送費がかかり、又贓物が生き物ならば損耗する可能性があるからである。従って、このような場合は、贓物が消費された場合と同じく扱い、推定評価を行なうことが事のすじみちから考えて、中にかなっていると。

本条には右の問答の後に、更に次の如き問答が続いており、ここには「取中」という語が見えている。

又問、在蕃有犯、断在中華、或辺州犯贓、当処無估、平贓定罪、従何取中、

答曰、外蕃既是殊俗、不可牒彼平估、唯於近蕃州縣準估、量用合宜、無估之所而有犯者、於州府詳定作価、

右の文は、外蕃において罪を犯し、中国において裁判をうける場合、又辺境の州において贓の罪を犯し、その犯罪地に公定価格をはかる制度のない場合、贓を評価して罪を定めるには、何によって「中を取る」(補3)のかと問い、外蕃は風俗が異なり、贓を評価せしめることができないから、外蕃に近い州県で公定価格に準じて贓物を評価すればよく、又公定価格をはかる制度のない地で罪を犯した時は、当該州府においてよく調査して評価すればよいと答えている。

以上述べた二つの問答から考察するに、法の規定通りに処置すると、却って不都合な結果が生ずるという特別な事情のある場合、又法の規定通りには実際処置できない事情のある場合には、法を司る官は、立法の趣旨を考慮した上で当該法規に拘束されることなく、他の規定に準拠して適切な処置をとったり、又臨機の処置をとったりすることが、ここでは「適中」とか「取中」の内容をなしているのである。

四　結語——日中間における「折中」——

以上述べた処を要約すると、唐の律疏において使用されている「折中」及びその類義語から推して官吏に期待されることは、凡そ次の如き内容をもつものではないかと推測される。

㈠　法を司る官は、同様な事案において法の適用の有無や法の解釈に齟齬があってはならず、恣意や専断を避けて、法の画一性（実定法規は万人に対し一律平等に適用さるべきであるとすること）が損われないように努めるべきである。

㈡　明らかに人倫に反する可罰的行為があり、しかもその罪を断ずるに当って、その行為に正確に該当する条文が欠けているとき、法を司る官は、類似する他の規定に準拠して処罰すべきであるが、その際の量刑は他の犯罪に比較して均衡を得たものでなければならない。

㈢　法を規定通りに適用すると、却って不都合な結果が生じたり、又事実上、法を適用することが不可能な場合、法を司る官は、当該法規に拘束されることなく、他の規定に準拠して適切な処置をとったり、又臨機に最も妥当と思われる処置をとったりすることが許される。

さて、このように考えるとき、律疏でいう「中」とは結局、法の解釈・適用の画一性、及び犯罪と刑罰との均衡性が損われず、人々一般の法感情を満足せしめる状態、一言でいえば法が適正に運用される理想的な状態を意味し、「折中」とは裁判官が罪を断ずるに当って、かかる状態をつくり出すことをいうものである。従って「執憲履縄、務従折中」とは、結局、法を司る官が一般的な法規を個々の事案に適用する場合、法的安定性と共に具体的妥当性を得るように努めなければならないということをいったものである。かかる思想が中国のいつの時代にまで溯って存在するか、それを明らかにすることは筆者の能力を超える問題であるが、「中」、「中正」、「折中」等の語は、すでに「管子」、「尚書」、「論語」、「周礼」等の古典に見えている。(9) ただその意味するところが、前記唐の律疏と等しいかどうかは、なお検討を要するが、それが断罪に対する人情にかなった適正な判断を意味することは、ほぼ誤りないであろう。

次に「尚書」呂刑の一節とそれに対する漢の孔安国の伝を掲げるならば、左の通りである。

哀敬折獄、明啓刑書、胥占、咸庶中正、

当隣下人之犯法、敬断獄之害人、明開刑書、相与占之、使刑当其罪、皆庶幾必得中正之道、

ここに「中正之道」を得る要件として、孔伝によれば、裁判官は刑書に記された法規と照し合わせて、その罪を十分審議し、刑罰がその罪につり合うように判断を下さなければならぬことが挙げられている。又、「漢書」刑法志によれば、撰者の班固は次のように言っている。

如此則刑可畏、而禁易避、吏不専殺、法無二門、軽重当罪、民命得全、合刑罰之中、

右の文によれば、民の生命が安全を得て、刑罰が「中」にかなう状態とは、「吏不専殺」（役人が勝手に罪人を殺すことがない）、「法無二門」（法律の解釈や適用が区々別々になることがない）、「軽重当罪」（刑罰の軽重が、その犯した罪に丁度よくつり合っている）等をいうものとしている。これらは、前章までに述べた唐の律疏の「折中」「適中」等とほぼ同じ内容をもつものと考えてよいであろう。

さて、以上は唐の律疏や中国の典籍に見える「折中」の語について、その意味するところを探って来たのであるが、日本律は唐の律疏を継受して編纂されたものであるから、右の「折中」の語の意味するところは、日唐律間で異なることはないであろう。すでに述べた如く、養老賊盗律1条には、唐賊盗律1条の疏と同じく「刑法慎於開塞、一律不可両科、執憲履縄、務従折中」なる文が現われている。ただ「適中」や「取中」の語の見える擅興律20条の疏や名例律34条の疏については、これに相当する日本律の文は亡佚しているから、果してそれらの語が日本律に存したかどうかは明言することができない。しかし、それらの語が日本律に存したと仮定した場合、それが唐の律疏と全く異なった意味で使用されたとは到底考えることはできない。日本律編纂当時の八世紀初頭では「折中」の語は、唐の律疏と同じ意味で受容されたといってよいであろう。

平安時代に入って、我が王朝政府が発した格や式、更に明法家の著わした法書や勘文の類にも、屢々「折中」の語が散見される。この「折中」が唐伝来の「折中」と同じ意味で使用されているか、又我が国において、その内容がすでに変化したものであるかということは問題であって、その検証はなお今後の研究に俟たなければならないが、以下、しばらく若干の例をあげて考察したいと思う。

先ず、藤原冬嗣等が勅を奉じて、九世紀初頭に撰定した「弘仁格式」の序には、次の如く見えている。

至如米塩魚肉両数紛紜、及鋪設雑器功程多少等類、事既軽砕、臣等商量、務従折中、不煩上聞、

右の文は、米塩魚肉の重量や薦席・雑器の製作に要する費用の額等については、事柄が余りにまぎらわしく、又瑣細にわたるので、撰者の方で適宜に判断を加えて省略し、あえて上聞を煩わさなかったという意である。ここでの「折中」は、やはり前述の「妥当な判断を下す」という「折中」本来の意味で使用されている。次に明法家によって引用される「折中」であるが、「折中」に訓詁学的注解を施した「政事要略」(十一世紀初頭に成立)の前掲文には、続

いて左記の如く「折中」の用例が示されている。

置質玉帯、焼亡之間、已以紛失、爰法家判云、焼亡之間、騒動尤盛、何以非常之事、准尋常之法乎、然則不可謂不持守而所失之帯、夫罪疑従軽、古今通典、執憲履縄、務従折中、以此論之、不可報償者、為顕折中之義、載勘答之文、

右の文は、債権者が質に取った高価な帯を家が焼亡した混乱の際に紛失してしまった場合、債権者たる質取主は、その損害を債務者たる質入主に賠償すべきかどうかを問題にしたものである。これについての法家の判断は次の如くである。即ち、家が焼亡すれば、大変な混乱に陥る。このような非常事態の場合に、どうして一般の法規をそのまま適用することができるだろうか。そうであるとすれば、質取主は、善良なる管理者の注意義務を怠って質物を紛失したというべきではない。罪の疑わしきは軽きに従い、又「折中」の理に従うことによって、質取主に損害賠償の責任はないとすべきであると。右の文中の「尋常之法」とは、養老雑律57棄毀官私器物条の「凡棄毀亡失及誤毀官私器物者、各備償、謂非在倉庫、而別持守者」を指し、官私の器物を持守して、それを亡失した者は、その損害を賠償する責任のあることがここに規定されている。しかし、この法規をそのまま適用したのでは、かかる非常の場合には、判決の具体的妥当性を欠くことになる。法家はこのように考えたのである。右の事例は、前に述べた「折中」の意義の要約㈢に相当するものであろう。

平安後期、十二世紀前期に成立したといわれる「法曹至要抄」では、質物が焼亡したときの処置として、質取主の質物賠償の責任を免除すると共に、質入主の債務の弁済をも同じくこれを免除することが折中の法にかなうものだとされている（中35条）。このように当事者双方の利害得失が均しくなるように処断することが「折中」であるとされるのは、「折中」本来の意義が前述の如く法規の適用に具体的妥当性を得ることにあったからに他ならない。このこと

は、すでに「政事要略」にも、「争訟難定、依折中均損益」(国史大系本六三〇頁)として見えている。又、笠松氏は前掲書(一三四頁)において、「基準となる古法があり、それと現実との対応関係において『折中の法』が定立される」として、その例に次に掲げる弘長三年(一二六三)の新制の一条を挙げられている。

任令条難被行者、早有折中之法、可行向後之誡、

ここでは、古法である令条が時代の推移により行われなくなったときは、時宜にかなった「折中之法」を早く制定することが求められている。右の「折中之法」は、やはり万人をして納得せしめ得るような衡平にして妥当性を有する法規という意味である。

このように我が平安・鎌倉期における「折中」は、適用すべき制定法が欠けている場合、又時代の推移や非常事態の発生等により制定法のもつ妥当性が失われた場合に多く援用される傾向にあるが、本来「折中」のもつ意義は、法規の欠缺や事情変更の場合にのみ限らず、広く実定法規を個々の事案に適用する際に、裁判官による恣意や専断を避けて、そこに法的安定性と共に具体的妥当性を得ることにあった。我が国の史料に現われる「折中」も亦、右の本来の意義から導かれる用例の一つであったと考えることができる。ただ我が中世の事例から推すと、援用者によって、それがかなり恣意的に頻繁に用いられたようであり、又中国の場合、「折中」は犯罪と刑罰との均衡を求めることに多く機能したと思われるが、我が国の場合には、そのような例は余り見当らず、むしろ解決し難い民事的な争訟や新法の定立の場合に、その主たる役割を演じたように思われる。我が国において、律令法を通じて受容された「折中」の思想が、その後どのような展開を遂げるに至ったか、又、律令法の「折中」と中世法の「折中」とは、どのように連関するのか等については、なお今後の検討課題であろう。

註

（1）利光三津夫『裁判の歴史』（至文堂、昭和三十九年）七二頁以下。

（2）内田智雄編『譯注中國歴代刑法志』（創文社、昭和三十九年）一六六頁の訳文による。

（3）「令義解」序の訳文については、律令研究会編『譯註日本律令一　首巻』（東京堂出版、昭和五十三年）の第一編「令義解附録訳註」（橋川時雄執筆）三七頁を参照した。

（4）現存の玉篇では、その巻第十一、履部第一百四十六に、「力几切、皮曰履、又践也、禄也、詩云、福履将之」とある。

（5）小林宏・高塩博「律集解と唐律疏議」國學院大學日本文化研究所編『日本律復原の研究』（国書刊行会、昭和五十九年）所収六一頁以下参照。

（6）小竹文夫訳『漢書下巻　列伝Ⅱ』（筑摩書房、昭和五十四年）二一頁の訳文による。

（7）これは律文の合理的解釈の一種である比附の手法であろう。比附については、滋賀秀三『清代中国の法と裁判』（創文社、昭和五十九年）の第一「清朝時代の刑事裁判」七五頁以下、律令研究会編『譯註日本律令五唐律疏議譯註篇一』（東京堂出版、昭和五十四年、滋賀秀三執筆）三〇四頁以下、中村茂夫『清代刑法研究』（東京大学出版会、一九七三年）第二章「比附の機能」一五一頁以下等参照。

（8）唐名例律34条の訳文については、滋賀秀三「訳註　唐律疏議(名例)（五）」『國家學會雜誌』第七八巻第一・二号（昭和三十九年）八四頁以下を参照した。

（9）例えば、「決獄折中、不殺無辜、不誣無罪」（「管子」小匡）、「非佞折獄、惟良折獄、罔非在中」（「尚書」呂刑）、「礼楽不興、則刑罰不中、刑罰不中、則民無所措手足」（「論語」子路）、「以三刺、断庶民獄訟之中」（「周礼」秋官司寇）。

（補1）「典言」については、東野治之「『典言』の成立と日本古代におけるその受容――附、本邦古文献所引『典言』佚文――」『大阪大学教養部研究集録（人文・社会科学）』第三四輯（昭和六十年）二九頁以下参照。

（補2）皮・鉄製以外の甲については、「大唐六典」巻之十六に、「甲之制、十有三、一日明光甲、二日光要甲、三日細鱗甲、四曰山文甲、五日烏鎚甲、六日白布甲、七日皂絹甲、八日布背甲、九日歩兵甲、十日皮甲、十有一日木甲、十有二日鎖子甲、

十有三日馬甲」とあり、その注に「今明光、光要、細鱗、山文、烏鎚、鎖子、皆鉄甲也、皮甲以犀兕為之、其余皆因所用物名焉」とあることが参考となろう。

（補3）　旧稿では、この「取中」の「中」を「折中」「適中」の「中」と同義に解したが、或は「中估」の省略であるかも知れない。記して後考を俟つ。

第三　「因循」について
——日本律令制定の正当化に関する考察——

はしがき

我が国では、八世紀の初頭、最初の本格的な成文法典である大宝・養老の両律令が成立した。この律令法典を編纂、起草するに当って、我が律令撰者は、自己の立法作業の正当性を理由づける課題とも同時に取り組まなければならなかったと思われる。即ち、この法典の個々の条規の起草をめぐって、立法にかかわる人達の間に見解の対立や意見の相違は当然、存在したであろうし、又一方で彼等は、この法典の運用の任に当る中央、地方の実務官僚に対し、この法典の個々の条規がそれぞれに正当性をもつことを理由をあげて説明する必要もあったであろう。その場合、我が律令撰者は、どのような立法上の「理由づけ」を行なったであろうか。又その「理由づけ」の論拠は、どのようにして決められ、どのようにして作られたであろうか。

本稿では、律令法典の立法過程を通じて、古代法律家が日本律令制定の正当性をどのように理由づけたかに関して考察し、以て我が法思考における合理性の一端を窺いたいと思う。

一　戸婚律9立嫡違法条の場合

今、ここに唐と日本の二つの律の条文を提示しよう。

(1)　諸立嫡違法者、徒一年、即嫡妻年五十以上無子者、得立嫡以長、不以長者亦如之、

(2)　(凡)立嫡違法者、徒一年、即嫡妻年五十以上無子者、得立嫡以長、不以長者亦如之、

(1)は唐戸婚律9立嫡違法条であり、(2)は我が養老戸婚律同条である。両者を比べると、条文の冒頭におかれる「諸」字と「凡」字（意を以て補う）とが異なるのみで、両者は全く同一の文である。次に右の条文を解釈した疏に当る文をそれぞれ掲げよう。

(3)　立嫡者、本擬承襲、嫡妻之長子為嫡子、不依此立、是名違法、

(4)　立嫡者、本擬承家、嫡妻之長子為嫡子、不依此立、是名違法、

⑶は⑴に相応する唐の律疏の文であり、⑷は⑵に相応する養老律の疏に当る文である。ここにおいても、僅かに唐の律疏の「襲」字が我が養老律では「家」字になっている外は、両者全く同一の文である。（ただし、日本律の当該条文は亡佚して逸文を残すのみであるから、疏に相当する文全体を比較することはできない。）

このように唐と日本の二つの律本文⑴と⑵、二つの律疏文⑶と⑷とは、一見したところ、ほぼ同一の内容を規定しているかのようである。確かに右の二つの日唐律文の意味するところは、等しく次の通りである。「立嫡」、即ち相続予定者を選定するに際し、法定の順位に違反した人選をするときは徒一年の刑を以て処罰する。その法定の順位は令に見える通りであり、嫡妻の長子を以て、その第一順位とし、もし嫡妻が五十歳以上に達しても、なお男子なきときは、庶長子（妾腹の長子）を以て相続者とするが、その場合、長子を以て相続者としないときは、やはり徒一年の刑を以て処罰すると。しかし、右律文の「立嫡」という相続予定者の選定手続では、一体何を相続するものであったかというと、唐と日本とでは、その対象が全く異なっていたのである。即ち、唐では右にあげた⑶に「立嫡者、本擬承襲」とあるように、封爵（皇族・功臣に与えられて世襲される、別段の政治権力を伴わない一種の栄典であって、一品から五品の間に格づけされるもの。なお封爵を有するものは刑事上、及び財産上の特典が与えられる）の相続が右条文の「立嫡」の目的であったのに対し（⑶の「襲」は「襲爵」の意。唐詐偽律10非正嫡詐承襲条参照）、我が日本では⑷に「立嫡者、本擬承家」とあるように、家の相続が「立嫡」の目的であった。このように右に掲げた唐と日本の両律文は、本文を見る限り全く同一の文章であるにも拘らず、両者の立法上の目的は全く異なるものであった。即ち、唐律本条は封爵の相続者選定をめぐる法定順位違反の処罰規定であり、養老律本条は家の相続者選定をめぐる法定順位違反の処罰規定であったのである。

それでは何故このような、条文の体裁はほぼ一致しながらも、その内容の異なる二つの条文が生まれたのであろうか。その為には、封爵相続の順位を規定した唐の封爵令の条文と家相続の順位を規定した我が大宝・養老の継嗣令の条文とを更に比較してみなければならぬ。次にそれらの条文を掲げることにする。

(5)　諸王公侯伯子男、皆子孫承嫡者伝襲、若無嫡子及有罪疾、立嫡孫、無嫡孫、以次立嫡子同母弟、無母弟立庶子、無庶子立嫡孫同母弟、無母弟立庶孫、曾玄以下准此、無後者国除、

(6)　凡八位以上継嗣者、皆嫡相承、若無嫡子及有罪疾者、立嫡孫、無嫡孫、以次立嫡子同母弟、無母弟立庶子、無庶子立嫡孫同母弟、無母弟立庶孫、其氏上者聴勅、

(7)　凡三位以上継嗣者、皆嫡相承、若無嫡子及有罪疾者、立嫡孫、無嫡孫、以次立嫡子同母弟、無母弟立庶子、無庶子立嫡孫同母弟、無母弟立庶孫、四位以下、唯立嫡子、謂、庶人以上、其八位以上嫡子、未叙身亡及有罪疾者、更聴立替、其氏宗者聴勅、

(5)は復原された唐の封爵令、[2] (6)は復原された大宝継嗣令、[3] (7)は養老継嗣令2継嗣条である。右の(6)(7)の我が継嗣令が(5)の唐の封爵令に倣って立法されたものであることは一見して明らかであろう（傍線部参照）。

さて、右の大宝・養老令にみえる「継嗣」とは具体的に何を意味するであろうか。石井良助氏は、右の大宝令と養老令との条文について、次のようにいわれる。大宝令の立法者は蔭位（父祖の位階に応じて子孫が一定の位階を授けられる制）の形式における位階の承継を以て継嗣の目的とした。即ち、大宝令の定める「継嗣」は、家の相続人なのであるが、しかし家の相続の名の下に、実質的に相続するのは蔭位の形における位階であった。処が養老令の立法者は、この大宝令に大改革を加え、大宝令では「継嗣」は有位者に限るという建前であったものを庶民に対しても「継嗣」を認めた。その結果、位階の相続法たる継嗣令の性格を改め、有位者にも庶民にも通ずる中国流の祭祀という観念を導入した。かくして養老継嗣令は蔭位の形における位階の相続を主体とし、それに中国流の祭祀相続という粉飾が加

えられた。しかし当代では我が固有の祭祀や家名、家業の相続の観念も全く失われたのではない。とくに位階を有しない庶民の間にあっては、実際は家業の相続の形において家の相続が行なわれたに違いないと。(4)

右の石井説によれば、大宝令で考えられた「継嗣」、即ち家の相続とは実は位階の相続であった。処で蔭位の制は、養老選叙令38五位以上子条によれば純然たる嫡子単独相続ではなく、それは五位以上は嫡子（嫡妻長子）のみならず、庶子（嫡子以外の男子）にも認められ、更に三位以上は孫、即ち嫡孫（嫡子の嫡妻長子）、庶孫（嫡孫以外の男孫）にも認められた。ただし嫡子・嫡孫が庶子・庶孫よりも高位を授けられて優遇されていたことは注意されねばならない。右の点は、選叙令集解、同条の古記によって大宝令も亦、養老令と同様であったと推測される。従って蔭位の制は、大宝・養老令ともに嫡子・嫡孫の単独相続ではなく、庶子・庶孫をも加えた共同相続であったが、厳密にいえば嫡子・嫡孫の優越相続ともいうべきものであった。又、大宝戸令応分条においては、遺産相続は宅・家人・奴婢を嫡子の特別相続財産とし、財物は諸子の相続財産としたが、この場合においても嫡子は財物の半ばを得、庶子は財物の半ばを均分すべきものとした。処が養老令（戸令23同条）に至っては、遺産たる家人・奴婢・田宅・資材を総計して、これを一定の割合を以て嫡子以下の者に分配したが、嫡子と庶子とに限っていえば、二対一の嫡庶異分主義をとり、大宝令の嫡子分を大いに削減した。(5)このように大宝令と養老令とでは、嫡子の相続分は異なっていたけれども、両令には家産の相続に嫡子分が明確に定められているのであるから、前掲大宝・養老の継嗣令の「継嗣」、即ち家の相続の中には、嫡子による家産の相続も亦、当然含まれていたに違いない。

今、大宝継嗣令と養老継嗣令との詳細な比較は、これを一切省略して、ただ「継嗣」の目的・対象についてのみいえば、大宝令の「継嗣」には位階と家産の相続が、養老令の「継嗣」には更に祭祀の相続がそれに加わったことになる。又、律令継受以前の我が固有の継嗣は名の相続であったとされるから、(6)祖名や家名の相続も、当時の「継嗣」の対象となったであろう。庶民の間では更に家業も、その対象となったかも知れぬ。しかも大宝・養老の前掲継嗣令では、「継嗣」は常に男子である嫡一人が相承けるものであり、純然たる嫡子単独相続であったのである。そうであるとすれば、日本令の「継嗣」とは、父祖の位階による嫡子の蔭位と家産相続における嫡子分とに加えて、それらと共に家の祭祀、家名、家業等が不可分一体のものとして嫡子に継承されることを意味するものではなかったか。それが日本令でいう「継嗣」、日本律でいう「承家」の具体的な意味内容であったように思われる。

それならば我が継嗣令がその相続者の選定順位を定めるに当って、何故、唐の封爵令を模したのであろうか。中田薫氏によれば、律令法継受以前、即ち大化前代においては、一般の継嗣法は次のようなものであった。父祖は、その生前において自己の直系卑属、或は傍系親の中から祖名相続人である継嗣者を選択する自由を有し、しかもこの選出については何ら法定の順位はなく、父祖は嫡庶長幼の順序に拘らず、子孫の中から己の意に叶った一人を選ぶこともでき、もし子が幼少であるか或いはその他の事由によって継嗣者となるに不適当と考える場合には、子を除外して弟、甥、その他の傍系親を選んで、これを相続人に定めることができたと。(7)即ち、大化前代の継嗣法は祖名をその相続の主たる対象とするものであり、それは子孫中、一人による単独相続であったというのである。右の説が果して妥当かどうかは暫らく措くとしても、我が古代においては兄弟均分という社会通念は存在しなかったと想定され、首長や家長の地位を継承した特定の個人に遺産の大部分が相続された可能性はあった。(8)処が中国においては、古来、家を継ぐという観念は存在せず、中国の家とは共同祖先から父系の血筋を引いて分れ出た子孫のすべて、即ち同族者の集団、ないしその財産以上のものではなく、従って家に複数の男子あるときは、彼等は平等な立場で共同して祖先を祭り、兄弟均分の原則によって家産を分割したのである。(9)

このような中国の家族制度を国情の異なる我が国にそのまま移すことができなかったのは当然であるが、さりとて従来の我が固有の継嗣法を成文化して家の相続者一人の選定を父祖の自由意志に任せてしまうことも合理的ではない。そこで唐律令を継受するに当り、我が立法者は家相続における相続者たる特定個人優越の固有法は残しつつも、その選定の方法を法律によって規制しようとした。我が立法者が家の相続人を選定する方法をいかに規制するかを考えたとき、唐の封爵の相続は嫡子による単独相続であったから、その場合の相続者選定法を我が継嗣法にもちこむことに思い至ったのである。その結果、唐の嫡子の権能と日本の嫡子のそれとは異なることになり、又、その「立嫡」の目的は、唐では封爵の相続の為のものであって一般民戸とは関係しなかったのに対し、日本では大宝令では八位以上の官人の家の相続（推定）、養老令では庶人以上、及び有位者すべての家の相続に関係することとなり、ここに日唐令間の内容上の相違が生じたのであるが、それにも拘らず、「立嫡」なる相続者の選定法は、唐と日本とにおいて甚だ類似するものとなったのである。かくして、その相続法に違反する場合の処罰規定も、その意味する法的内容は全く異なるものであるが、日唐律の条文の体裁は、ほぼ同一のものとなったのである。

二　名例律12婦人有官位（品）条の場合

条文の文章や用語は類似するが、その法的内容は異なる例をもう一つあげよう。それは名例律12婦人有官位（品）条である。今、その本文を次に掲げることとする。

(1) a　諸婦人有官品及邑号犯罪者、各依其品、従議請減贖当免之律、不得蔭親属、

b　若不因夫子、別加邑号者、同封爵之例、

(2) 凡婦人有官位犯罪者、各依其位、従議請減贖当免之律、

(1)は唐律であり、(2)は養老律である。唐律には別に疏文が存するが、養老律には疏文に相当するものは全くない。唐律の第一項(1)aと養老律(2)とを比較すると、その文章、用語はよく似ており、一見、養老律は唐律の第一項に相応する規定であるかのようである（傍線部参照）。即ち、養老律は唐律の「官品」を「官位」に改め、わが制にない「邑号」を省き、更に唐律の「不得蔭親属」を削除したことだけが唐律と異なる点であるように見受けられる。右の両者につき、これを詳しく検討された高塩博氏の研究によれば、養老律本条は、文章や用語の上からは唐律本条の第一項(1)aとよく類似するが、その規定内容からすれば、唐律とは相違するものであり、どちらかといえば、それは「若不因夫子」以下の唐律本条の第二項(1)bに類似し、しかも養老律本条は、唐律本条を十分に理解せずに不用意に修正継受した為に生じた重複規定であったとする[10]。

それでは、養老律本条が唐律本条の第一項とその内容を異にするとは一体どういうことであるのか。それは凡そ次の通りである。唐律第一項は、夫もしくは子の蔭によって婦人が官品を得ている場合、その婦人が罪を犯したとき、その婦人に対しては、官品（及び邑号）に応じて議請減贖当免の律（有品者等に対する特別処罰規定）を適用するというものであるが、養老律は、婦人が蔭によらず独自に官位を得ている場合、その婦人が罪を犯したとき、その婦人に対しては、官位に応じて議請減贖当免の律を適用するというものである。即ち、議請減贖当免の律が適用される対象は、等しく婦人の有品者・有位者ではあるけれども、その官品・官位取得の原因が唐と日本とでは異なっていたのである。唐律第二項は、夫や子によらず独自に邑号なる栄典を得ている婦人の処罰規定であるから、独自に栄典を得ている婦人の処罰規定という点では、養老律はむしろ右の唐律第二項の規定に類似するのである。

そもそも夫や子の官位に応じて、その妻や母に一定の官位を授けるという制度は我が国には存在しなかった。日本の婦人に与えられる官位は、すべてその婦人の一身上の功によって独自に授けられるものであったのである。処が唐においては、婦人の有品者には夫や子の蔭によって官品が授けられる場合と夫や子との関わりなしに独自に官品が授けられる場合（妃・六儀・美人・才人等の内官）との両者があった。そして前者に対する処罰には、名例律本条が適用され、後者に対する処罰には、律の一般的規定、即ち名例律8〜11議請減贖の各条、及び同律17〜20官当・除名・免官・免所居官の各条が適用されたのである。いうなれば唐の名例律本条は、夫や子の蔭によって官品を得た婦人の犯罪という特別な場合を規定する条文であった。我が国においては、前述の如く婦人の有位者はすべて自己の一身上の功によって官位を授けられたものであり、夫や子の蔭によって官位を得た婦人は存在しなかったから、わざわざここに一個条の独立した条文を立てる必要はなく、前記名例律の議請減贖当免の一般的規定を適用すれば、それで事たりた筈であった。高塩氏が養老律本条を唐律継受の際のミスであり、重複規定であるとされるのは、右のような意味においてである。

しかし考えてみるに、日本律撰者は、我が養老律の「婦人有官位犯罪者」の「官位」が夫や子との関わりなしに独自に与えられたものであり、一方、唐律の「婦人有官品犯罪者」の「官品」が独自に与えられたものではなく、夫や子の蔭によるものであることは十分承知していた筈である。さればこそ養老律撰者は、唐律の「不得蔭親属」（夫や子の蔭によって得た婦人の官品は、更にその親属を蔭することはできない）という文を削除し、我が婦人のもつ官位がその親属を蔭することを認めたのであった。それにも拘らず、日本律撰者は我が婦人有位者の犯罪に議請減贖当免の律を適用するという規定を、わざわざ特別に立法するという失策を犯した。それは何故かというに、唐にも亦、夫や子の蔭によらずして独自に官品を得る婦人の存することに思いが及ばず、且つ独自に官品を得た婦人には、議請減贖当免の一般的規定を適用するということを失念したからである。即ち、日本律撰者がここに前記条文をおいたのは、その取得原因の相違は十分認識していたにも拘らず、それよりも同じく官品・官位を取得した婦人の犯罪という日唐共通の性質に幻惑されて、唐律に倣った婦人有位者の処罰規定を作ろうといそいだ為であろう。立案された養老律本条には、ただ「婦人有官位犯罪者」とのみ記されて、夫や子の蔭によらずして独自に官位を得た婦人の犯罪ということは、律文には全く見えていない。それは当然であって、我が国には唐の如き蔭による婦人の有位者はいなかったから、それをわざわざ断る必要もなかったのである。一方、唐律の「婦人有官品及邑号犯罪者」については、疏文に右の有品者は夫や子の蔭によるものであることが明記されており、第二項にも「若不因夫子、別加邑号者」とあって、それから推測して第一項の官品・邑号を有する婦人が蔭によるものであることが明らかであるから、そのことを律文に記す必要はなかったのであろう。その結果、日唐両律の本文には、共に婦人の官位・官品の取得原因は記されないこととなり、ただ「婦人有官位」、「婦人有官品」とのみ記されることとなった。かくして、その規定内容の相異なる二つの条文があたかも同一の規定内容を有するかの如く見えることとなったのである。

三　日本律起草の原則

さて、ここで注意しなければならないのは、日本律令の撰者がどのようにして唐の律令から日本律令の条文を起草したかということである。日本の養老令は、ほぼその全体が伝存しているが、唐令は全文亡佚しており、ただその逸文を遺すのみである。処が唐律は疏文をも含めて「唐律疏議」という形で今日、その全文が伝存しており、我が養老律も幸にして、その四分の一ほどがほぼ完全に遺されている。ここにおいて、唐律からどのようにして日本律がつくられたかを考察する為には、「唐律疏議」と伝存養老律とを比較すればよいことになる。もとより「唐律疏議」は開元の律疏を今日に伝えているものであって、日本律がその藍本とした永徽の律疏ではない。しかし開元の律疏と永徽の律疏とは、それほど内容を異にするものではないから、右の考察にとって、この事実は殆ど支障にはならない。

唐律から、正確にいえば唐の律疏から、どのようにして日本律がつくり出されたか、それに関し、とくに条文の体裁の上から詳細な考察を加えられたのは高塩博氏である。高塩氏は、唐の律疏から日本律をつくる際に、唐の律疏はそれが公定のものであるとはいえ、一種の注釈書であり、日本律は純然たる法典であるから、唐の律疏の注釈書的性格を薄める為に日本律撰者は種々の創意工夫をこらしたとされる。(11) 日本律撰者が考えたその創意工夫とは、例えば次のようなものである。

①養老律撰者は一連の唐の律疏の文を屢々分割し、それを律本文や律本注の間に小刻みに挿入した。そのことにより唐の疏文中に存する本文・本注の章句を削除し、結果的には疏文の量を大幅に減少せしめた。②養老律撰者は疏文を削除しても、律文の内容を理解するに、さして妨げにならないと判断したとき、その疏文を思い切って削除した。又、唐の律疏が中国の古典や故事を引用して注釈を施している個所も、これを殆どすべて削除した。③養老律撰者は、唐の律疏に屢々現われる問答形式の疏文を悉く平叙文の文体に改めた。その際も場合によっては、その全文又は一部を削除したり、或いは要約することがあった。

高塩氏は、これらの日本律撰者による疏文の削減方法は、律疏という注釈書から律という法典をつくり上げる為の、いわば注釈書としての色彩を払拭する為の工夫であったと強調されるが、私は、それよりもむしろ唐の律疏の複雑な注釈の仕方を改めて、一目してその内容が理解できる簡便な律法典をつくり出す為の工夫ではなかったかと思うのである。①の養老律で唐の律疏に当る文を、それに相応する律文の語句の下に小刻みに挿入するという方法は、その典型的なものであろう。すでに十四世紀末に唐の律疏を藍本にしてつくられたと思われる明律がそのような体裁をとっているのである。②の中国の古典を引用している唐の疏文の削除も、日本律が中国の古典であるからという理由で、その引用をことさらに軽視した為では決してない。すでに養老学令において、大学寮で教授すべき科目に儒教の古典が多く見えていることからも、それは肯首されよう。それでは何故、その引用個所を養老律で削除したかといえば、唐の律疏での引用個所は、いわばその条文の立法上の理由づけを古典によって縷々述べている部分であるから、日本律ではその理由づけよりも、その結論のみを直ちに律法典に求めたということであろう。③の律疏の問答体の文を養老律で平叙文に改めたのは、律法典には問答体の文がふさわしくないというよりも、長文の問答体の文を簡潔な平叙文に要約して提示する為のものではなかったか。日本律では、それに相応する唐の律疏の問の部分が全くなく、その答の部分のみを要約したものも亦、存する。(12)ここにおいても、結論のみを重視する日本律の編纂態度が窺われるのである。

このように見てくると、日本律に現われる疏文の削減・縮小は一にその機能面を重視する為のものであり、日本律起草の原則の一つは、できるだけ法文を簡潔にし、直ちにその文意を把握できるような律文をつくり出すということであったといえよう。従って、日本律起草の方針や原則が疏文の削減・縮小にあったというのは必ずしも正確ではない。それはあくまで律文の簡素化、簡便化にあったのであり、疏文の削減・縮小は、その簡素化・簡便化の一つの方法であったのである。

日本律起草に際しては、右の機能主義と共にもう一つ重要な原則があった。それは唐の律疏の文を削減、又は要約して日本律をつくるとき、養老律は本文、本注、疏文の何れも藍本である永徽律疏の文章・用語を可能な限り変更を加えず、そのまま用いるという態度である。(13)右のことは日唐律の何れの条文においても、これを任意にとり上げて比較すれば一目して瞭然であるが、今、高塩氏の引用を借りて、職制律38乗駅馬枉道条の問答相当個所を比較すれば、次の通りである。

(1)　問曰、仮有使人乗駅馬、枉道五里、経過反覆、往来便経十里、如此犯者、従何科断、答曰、律注枉道、本慮馬労、又恐行遅於事稽廃、既有往来之理、亦計十里科論、

(2)　若有使乗駅、枉道五里、経過反覆、往来便経十里、如此犯者、計十里科、律注枉道、本慮馬労、又恐行遅於事稽廃故、

(1)は唐律、(2)は養老律である。養老律は唐律の問答を平叙文に直すに当って、不必要な語を省き、「若」「故」の二字を加え、「計十里科」の位置を移動させてはいるが、その外は唐律の語句を一字たりとも変更していない（傍線部参照）。このように日本律は機能主義の上に立って、唐の律疏の体裁に変更を加える場合においても、できるだけ唐の律疏の文章を踏襲しようとするのである。ここにおいて、日本律起草の方針には、法典運用の便宜を重んずる為の機能主義と可能な限り唐律の文章に倣わんとする形式主義（踏襲主義）との二大原則の存することが明らかとなった。

右の唐律文の踏襲は日本律が機能主義の上に立って、唐律の内容は殆どそのまま変えずに、その文を削減もしくは要約して継受する場合の方法であるが、かかる唐律文の踏襲主義は、日本律が我が国情に合わせて唐律の内容を変更して継受する場合においても認められた。養老賊盗律24盗神璽条は、唐律の内容を一部変更して、いわゆる日本独自の内容をもつ条文として新しく立法した例であるが、今、その日唐律同条の冒頭部分を次に掲げよう。

(1)　諸盗御宝者絞、乗輿服御物者、流二千五百里、

(2)　凡盗神璽者絞、（謂、践祚之日、寿璽、）関契、内印、駅鈴者、遠流、（謂、貪利之而非行用者、）乗輿服御物者、中流、

(1)は唐律、(2)は養老律である。右の唐律本文「御宝」に相当するものとして、養老律は「神璽」「関契」「内印」「駅鈴」の四つをあげているが、その下の本注「謂、貪利之而非行用者」（それらを盗んでただ自己の財物とする行為をいい、行用、即ち偽造や行使を含まないの意。行用した場合は詐偽律を適用する）[14]は、「関契」以下を盗む行為の目的を述べた

ものであって、いわばこの場合の犯罪構成要件に当るものである。処がこの本注は、(1)の唐律には見えず、(2)の日本律にのみ存するものである。それでは、この本注の文は日本律で新しく創造したものかといえば、そうではなく、実は唐賊盗律25盗官文書印条の本注をそのまま、ここに借用したものである。次に日唐律の同条を掲げよう。

(3)　諸盗官文書印者、徒二年、餘印、杖一百、謂、貪利之而非行用者、餘印、謂、印物及畜産者、

(4)　凡盗外印及伝符者、徒二年、餘印者、杖一百、畜産印、杖八十、亦謂、貪利之而非行用者、餘印、謂、諸司諸国之印、

(3)は唐律、(4)は養老律である。即ち前掲(2)の養老律の本注は、(3)の唐律の本注を踏襲したものである。さて次に(4)の養老律の本注の冒頭に新しく「亦」字が冠せられているが、これは、すでに前掲(2)の養老律に「貪利之而非行用者」という本注のあることを受けて、ここに「亦」字を挿入したのである。処が(4)の養老律の本注に冠せられたこの「亦」字も、日本律で新しく創造したものではなく、実は唐律に倣って、ここにおいたものである。即ち、唐賊盗律26盗制書条には次の如く見えている。

(5)　諸盗制書者、徒二年、官文書、杖一百、重害文書、加一等、紙券、又加一等、亦謂、貪利之無所施用者、

(5)の唐律の本注「謂、貪利之無所施用者」も、(3)の唐律の本注と同じ意味であるから、それを受けて(5)の本注は、その冒頭に「亦」字をおいたのであり、前述の(4)の養老賊盗律25条の「亦」字も、実はこれに倣ったものである。

以上みる如く日本律は、国情により唐律の一部を変更して新しい内容をもつ規定に改める際にも、その新しい規定にふさわしい章句や用語を唐律の他の条文の中から探し出して来ているのである。(補論)

四　日本律令における「因循」（その二）

このように日本律は唐律を継受するに当り、その内容を変えずに、その体裁や表現を簡便化する場合においても、できるだけ唐律の文に倣い、又国情に合わせて、その内容の一部を変更する場合においても、その変更した内容に相応する規定をできるだけ唐律の中から探し出して、それに拠ろうとするのである。而してかかる律法典起草の原則は、令法典起草の場合においても、程度の差こそあれ、同様であったであろう。律と令とで起草の原則が大きく変わるとは思われないからである。

さて、その場合、やはり問題となるのは、国情に合わせて日本律令が唐律令の内容を変更する場合である。前章で指摘した養老賊盗律24条の「関契」「内印」「駅鈴」に対する本注が唐賊盗律25条の「官文書印」等に対する本注をそのまま借用したものであることは、考えてみれば至極当然なことであって、唐の「官文書印」と同じく、それらが実際に行用されるものであったからである。確かに「関契」は固関使・発兵使がその任務の証として携行した割符であり、「内印」は五位以上の位記と諸国に下す公文とに用いる天皇の印章であり、「駅鈴」は公使・官人が官道を旅行する際に携行する駅馬使用許可証としての鈴[15]であって、その行用の目的は官庁で作成される通常の文書に押捺する唐の「官文書印」とは全く異なるものである。しかし、それらは我が神璽や唐の伝国神宝等の天子のレガリアの如くただ秘蔵されているものではなく、実際に行用されるものであり、実際に行用されるという性質においては、我が「関契」「内印」「駅鈴」と唐の「官文書印」とは共通するのである。従って、養老律撰者は、ここに唐律の本注を借用し得たのである。

第二章で述べた名例律12条の場合も同様である。即ち、この規定の対象となっているのは、唐律では夫・子の蔭によって官品を得た婦人であり、日本律では夫・子の蔭によらず、独自に官品を得た婦人であって、両者の立法目的は異なっているにも拘らず、日本律は、その犯罪に対する処罰の方法には、唐律に倣って議請減贖当免の律を適用することとした。ここにおいても唐律継受に際して、日本律の独自な内容はそのままくずさずに、しかも同じく官品・官位を取得した婦人の犯罪という唐律との共通項を発見して、その限りで唐律に依拠しながら条文を立案して行く日本律撰者の態度が窺われる。しかも、その場合、不必要な唐律の章句や用語は削除しつつ、一方、必要な唐律の章句や用語はできるだけ踏襲しようとするのである。本条の本文を見る限り、養老律の「婦人有官位犯罪者」の「官位」が唐律の「婦人有官品犯罪者」の「官品」とその取得原因を異にするものであることは、殆どこれを窺い知ることができない。ただ僅かに唐律の「不得蔭親属」が養老律では削除されていることから、それを推測し得るに過ぎない。かくして、内容の相違する二つの条文が恰も同一内容を規定する条文であるかの如く見えることとなった。右の事実が長い間、看過されて今日に至ったのは、唐律継受の際における我が立法者による唐律文踏襲主義の巧妙なる技法の然らしめるところであったと思われる。

このように我が賊盗律や名例律において、その内容が日本独自のものであるにも拘らず、唐の律文を容易に踏襲し、それを借用し得たのは、日本律と唐律との共通するところが一目して明瞭であったからであり、従って、この場合は日本律が何故、唐律に依拠し得たのか、その理由をあえて説明する必要はなかったであろう。ところが第一章において述べた我が継嗣令の、唐封爵令への依拠の場合はどうであったであろうか。我が律令の撰者は、継嗣令を起草するに際し、全く自由に当該規定を作るのではなくして、唐の封爵令の条文に依拠しながら、家の嫡子単独相続法を作り上げた。即ち我が首長制に見る固有の継嗣法は特定個人をして優越せしめる相続法であったから、それに見合うものとして唐の封爵の相続法を持ちこんだのであるが、家の相続と封爵の相続とは、その相続の対象が全く異なるから、立法者はその場合、何故わが継嗣令が唐の封爵令に依拠し得るのか、その理由を合理的に説明する必要もあったに違いない。しからばその理由づけの根拠とは何であろうか。

養老継嗣令3定嫡子条は、五位以上の選定された嫡子の届け出の手続と届け出た嫡子に罪疾ある場合の立替の手続の規定であるが、それには次の如く見えている。

凡定五位以上嫡子者、陳牒治部、験実申官、其嫡子有罪疾、（本注略）不任承重者、申牒所司、験実聴更立、

右の条文の意は、令集解引載の令釈等を参考にすれば、五位以上の嫡子を選定する場合は、選定者たる嫡子の父が治部省にそれを申告し、治部省はその事実を確かめた上で、更に太政官に申告せよ、もし嫡子に罪疾があって、「承重」にたえない場合は、選定者はその旨を所司に申告し、所司はその事実を確めた上で、法定の順序に従って、その嫡子を立替えよということである。右の「不任承重」とは「家を継ぐ能力のない場合には」という程の意味であって、この「承重」は、ここでは「継嗣」「承家」と同義に用いられていると思われる。処で、ここに注意すべきは右の「承重」に対する令集解の文である。それには、次の如く見えている。

謂、継父承祭、々事尤重、故云承重、釈云、継父承祭者也、祭事尤重、故云承重、古記云、承重、謂説祖父之蔭承継也、

「承重」については、滋賀秀三氏に詳細な研究[16]があって、それによれば、その原義は、宗廟の主となるべき重き任務を伝え受けるという中国における祭祀相続を意味するものであり、しかもその宗祀の重を相伝うべきものは嫡長系の子孫であった。右の集解に見える義解や令釈が「継父承祭、祭事尤重、故云承重」といっているのは、中国における「承重」の古義を伝えたものである。[17]処が六朝時代には「承重」の原義が失われて、「承重」は「嫡孫承重」、即ち父が祖父母に先立って死亡した場合、嫡孫が祖父母の為に父に代って重き喪をつとめるという意味に転訛することがあり、それをめぐって論争も行なわれたようであるが、ただ祖父から封爵を相続した嫡孫が祖父の為に「承重」の喪をつとめることについては、かつて疑いがもたれたことはなかったとされる。そうすると、「承重」をさして前掲集

解中の古記が「説祖父之蔭承継也」と解するのは、これを中国の事例に即していえば、封爵の相続において嫡子死亡の場合、嫡孫が嫡子の同母弟に先立って祖父の爵を受け継ぐことを意味するであろう。しかし古記は大宝令の注釈であるから、右の文は日本令の「承重」を解釈したものととらねばならない。そうなれば、この「祖父之蔭承継」は、石井氏の説く如く祖父のお蔭を以て位階を承継するということになろう。[18]即ち、嫡子が父に先立って死亡した場合、嫡孫が父たる嫡子に代って祖父の蔭位を受けることを意味するものであろう。通説によれば、古記の撰者は大和長岡であって、長岡は又養老令撰者の一人でもあったから、右の古記の解釈は、即ち大宝令の立法者の意思でもあったと考えることができよう。

唐代における祭祀や家産の相続は、すでに嫡子による単独相続ではなかったが、ただ封爵の相続に関しては、それと祭祀相続とが一体のものとして嫡長系子孫によって単独相続されていた。我が固有の家の相続法も特定子孫による単独相続に近いものであったから、大宝令の撰者は、家の相続の中に位階の相続を取り入れ、且つ位階の相続に嫡子優越の原理を定めることにより、唐の封爵令を我が継嗣令に移し変えようとした。[19]即ち、大宝令の撰者が唐の封爵の相続法を我が家の相続法に作り変えるに当って、その媒介として着目したのが蔭位、つまり位階の相続であった。唐の封爵も我が位階も、共に国家から授与される世襲的性格をもつ栄典であったからである。かくして位階の相続をその主たる目的とする大宝令の家の相続法が唐の封爵令の文を殆どそのまま踏襲し得ることになったのである。大宝継嗣令がこのようにして制定されるならば、それに「承重」の原義である祭祀相続の意味を加えて、庶人の継嗣をも対象とした養老継嗣令がつくられるのは容易なことである。又、日本律において、大宝・養老継嗣令の嫡子選定法違反の処罰規定を立法するに際しても、唐封爵令の嫡子選定法違反の処罰規定である前掲唐戸婚律9条にそのまま依拠すればよいこととなる。

以上述べたところを要約して整理すれば、次の如くなろう。①中国では、封爵の相続に関し、とくに嫡子が父に先立って死亡した場合、嫡孫が嫡子に代って祖父の封爵を相続することを「承重」という場合があった。②我が大宝令撰者は、家の相続の中で最も主要なるものが嫡子による位階の相続であるとし、また嫡子が父に先立って死亡した場合、嫡孫が嫡子に代って祖父の蔭位をうけることを「承重」の原義と解した（古記）。③唐の封爵の相続制と日本の位階の相続制における嫡子の優越性、及び封爵の代襲相続制と蔭位の代襲相続制との共通性を理由にして、我が家の相続法は唐の封爵相続法に依拠し得るとした。かくして大宝継嗣令が定められた。④「承重」には、元来嫡長系子孫による祭祀の単独相続という観念が存するから、我が「承重」も、養老令に至って位階の相続に加えて家の祭祀の相続をも意味することとなり（義解・令釈）、それが更に庶人をも含めた一般的な家の相続という観念に拡大された。⑤右の結果、唐の封爵令と我が継嗣令とは、一は封爵の相続という特殊的規定であり、一は家の跡継という一般的規定であって、相続人である嫡子選定の目的・内容が全く異なるにも拘らず、その嫡子選定の方法はほぼ同一のものとなり、条文の体裁としても両者は甚だ類似するものとなった。

さて、唐の律令を変更して、日本律令の内容を国情に合わせて新しくつくり出そうとするとき、その新しい日本律令の内容に類似する唐律令の条文を他から探し出して、それに依拠しようとする場合のあることは、他にも認めることができる。例えば我が遺産相続法である戸令23応分条に見える嫡庶異分主義である。前述の如く我が大宝戸令応分条は、唐令が相続さるべき家産について諸子均分主義をその骨子としているのに反して、嫡庶異分主義を以て、その根本原則とし、しかも遺産の大半をあげて、これを嫡子の有に帰属せしめているが、養老令に至って、右の大宝令を大幅に修正し、嫡庶の相続分についてのみいえば、嫡子分を減少して庶子分を増加し、嫡子二、庶子一の割合とした。このように大宝令の大幅な嫡子優越主義は養老令に至って修正されたのであるが、しかも養老令においても依然として嫡庶異分主義をとり、唐令の如き諸子均分主義をとっていないことは注目すべきことである。処が、この養老令の特色ともいうべき遺産相続法における嫡庶異分主義も亦、実は唐の食封の制に依拠してつくられたものであった。[20]唐の食封は封爵を有するものに与えられる経済的特権であって、封主に特定数の公民の戸を賜い、その戸に属する課口の負担する調・庸・租の一部もしくは全部を収得せしめる制であり、封爵は嫡子によって単独相続されるが、食封はその数によって均分相続され、「食封人身没以後、所封物、随其男数為分、承嫡者加与一分」（唐六典、巻三）とあるように、封主の没後、その男子の数によって均分相続され、ただ嫡子のみは他の男子、即ち庶子の二倍の額を得たのである。養老令において嫡子の相続分を庶子のそれの二倍としたのも、右の唐制に拠ったものである。この養老遺産相続法における嫡庶の相続分の割合が唐の食封相続法におけるそれに依拠し得た理由づけの根拠は明確ではないが、やはり前述のわが継嗣令の唐封爵令への依拠と無関係ではないであろう。

五　日本律令における「因循」（その二）

我が律令法典の撰者が、その内容、体裁ともに概ね唐の律令に倣って、その条文を立案起草したことは周知の事実であるが、とくに日本令撰定の場合には、唐令のみならず、更に唐の格式、或は唐の礼等にも、それが及んだことが注目される。我が大宝・養老の僧尼令一篇が唐の道僧格に基づいて編纂されたことは夙に著名であるが、その他にも、例えば唐格に拠ったものとして養老儀制令23内外官人条、唐式に拠ったものとして養老宮衛令24分街条や同軍防令67烽昼夜条、唐礼に拠ったものとして養老儀制令7太陽虧条や同喪葬令17服紀条等が指摘されている。[21]ただこの場合も、我が律令撰者は法典編纂に当って、単に唐の律令格式、もしくは礼を参照したとか、或はそれらに示唆を受けて条文を起草したとかというに止まらず、我が国情から新しい内容をもつ条規を立法するに際し、それに見合った類似の規定を広く唐の律令格式や礼という如き法典の中から積極的に探し出す作業を行なっていたのではないかと思われる。即ち、我が律令の撰者は、新しい条文の立案に際し、その合法性の根拠を積極的に唐の法典の中に求めたと推測されるのであり、しかも、そのことは唐の法制のみならず、更に唐以前の隋や六朝の法制にも及んだのである。(22)

例えば、日本律の篇目十二篇の名称やその篇目の配列の順序は、唐律と全く同一であるが、日本令の篇目三十篇の名称やその篇目の配列の順序は必ずしも唐令のそれとは一致しない。しかし、この場合も唐令には一致しなくとも、唐以前の隋や六朝の制に、その類似のものが認められることは、やはり注目されねばならない。坂本太郎氏は、令の篇目の配列の順序やその名称、内容等について日唐を比較して詳しく論じられたが、(23)その結論として日本令の編者は、唐令に拠りながら日本に適しないと認めた条文は、これを削除修正したように、篇次と篇目についても批判を加えて合理的なものとしたこと、とくに国情の相違を考えて、かれの尨大なものは簡素にし、業々しい篇目はわざと省いたことなどが認められるとされている。日本令撰者が唐令の篇目の順序やその名称等を我が国情に合わせて合理的なものに改変した場合、やはりその改変の根拠を唐以前の中国歴代の制に積極的に求めることがあったのではなかろうか。このような目で右の坂本氏の研究を見て行くと、そこには興味深い事実が窺われる。

坂本氏は、日本令の三十篇という篇目の数やその篇次には、隋の開皇令を参考にした跡が見られるとされるが、「参考にした」と同時に、そこに日本令の構成の根拠づけを求めたといえるかも知れない。又、隋唐の令の篇次と著しい相違を示すのが日本令の戸令、田令、賦役令の位置である。即ち、日本令では戸、田、賦役の三篇は、第八、第九、第十として神祇令、僧尼令の次に位し、比較的上位にあるのに対し、隋唐の令では、戸令は祠令に次いで上位にあるが、田令、賦役令は、はるかに下に降ろされている。何故、日本令がこのように隋唐の令の篇次と異なっているのであるか。それに対し、坂本氏は次の二つの理由をあげられている。その第一は、晋の泰始令の篇次が八祠、九戸調、十佃、十一復除とあり、梁の天監令が七祠、八戸調、九公田公用儀迎、十医薬疾病、十一復除と、戸、田、賦役の順に近いということ、その第二は、戸令では戸籍、計帳のことを規定しており、それにもとづく田の班給、調庸の賦課の規定が戸令と離れて遠い所におかれるのは不便であるから、これをまとめて上位におくことは適切であり、隋唐令に比べて極めて合理的であるということである。

坂本氏の指摘されるように、日本令の撰者は唐令の篇目の順序では、令法典の運用に当って不便であると感じたに違いない。そこで戸令、田令、賦役令の位置を変えたいと考えた。その場合、唐令を模範として日本令を編纂する方針からすれば、この篇次の変更は頗る重大な問題である。変更には変更の論拠が求められ、その理由づけを必要とする。そういうことから日本令の編纂には、隋唐の令を溯って更に晋令や梁令の篇次が参考にされたものであろう。坂本氏は、日本律令の編纂に当って、隋唐の令だけでなく、それ以前の令も入手できる限りは参照したであろうことは、大化改新の詔の戸別の調が魏晋の制に、官馬の貢献が北魏の制に拠ったと思われることから類推できないこともないといわれている。隋唐以前の令が日本で参考にされたというのは、新制度を定めるに際して、それから示唆を受けると同時に、また新制度成立の根拠をそこに求めるという意味があったのであろう。このように考えて行くと、日本令の重要な特色の一つである神祇令や僧尼令も、単に唐の祠令や道僧格を参照したというに止まらず、そこに立法上の根拠を求めたという意味もあったと思われる。「神祇」の名称も祠令にある「天神地祇」に拠ったものであり、僧尼令を神祇令の次においたのも、当時の知識人間における仏教信仰の情況によると同時に、仏教も祠部の職掌下においた唐制を参照したのではないかといわれている。そうであるとすれば、ここにも当時の国情に合わせた制度づくりが、その根拠を唐の官制に求めたことが窺われるのである。

日本律令がその編纂に当って、唐のみならず、それ以前の中国の制にその根拠を求めようとしたことは、他にも例をあげることができる。日本戸令が課口の範囲を正丁だけでなく、正丁・老丁（次丁）・少丁の三者としたのは隋唐の丁中制よりも、むしろ晋の戸調式に近いといわれている。しかも晋代法の次丁は、六十一以上、六十五以下であって、この制は日本令と符合するのである[24]。これには朝鮮を媒介とした南朝の制の影響が以前からあったとしても、前述の篇目の場合と同様、日本令起草の段階で意識して晋の制を参酌し、それに我が立法上の理由づけを求めようとしたことも考えられないであろうか。又、日本令の特色とされる太上天皇制は、譲位した前天皇に対して現天皇に準じた法的な扱いをしようとするものであるが（養老儀制令1天子条・3皇后条、公式令33平出条）、これとても、すでに北魏の献文帝、北斉の武成帝等に皇帝在位中と変わりなく政務をとった「太上皇帝」の例が認められることからすれば[25]、我が律令に新しく唐令にない「太上天皇」を規定するに当っては、その名称や内容と共に、その立法上の理由づけをも、やはり中国歴代の制に求めたといえないであろうか。

さて、ここで日本令の篇目と共に、我が法典の独自性を最もよく示したものとされる日本律冒頭の八虐、六議の制についても、考えてみなければならぬ。日本律の八虐、六議の制は、唐律の十悪（特別の法律的効果を伴なう、名教に違反した十種の犯罪）、八議（律の適用に際し、「議」なる特典をうける八種の資格要件）から、それぞれ二つを減じてつくられたものである。唐律の八議は、周礼の八辟に由来するものであるが、日本律の六議は、唐の「八曰議賓」を削除し、且つ「七曰議勤」を「五曰議功」に合併したものである。日本律で「議賓」を削除した理由は、我が国には当時、前王朝の一族を国賓として処遇する制がなかったからであるが、それでは何故、「議勤」を「議功」に合併したのであろうか。それは「議勤」と「議功」とが唐律本注に夫々「謂有大勤労」、「謂有大功勲」とある如く、内容的にあまり違わないから、これを一つにしたと考えられるけれども[26]、両者を合併した本来の理由は恐らくそこにはなく、やはり

「六」という数字に日本律撰者が先ず拘束されていたからではなかろうか。唐の八議が「周礼」に由来することは、唐の律疏の八議の条に、

周礼云八辟麗邦法、今之八議、周之八辟也、（「唐律疏議」巻一）

とあり、しかも右の文は、日本律撰者がこれを十分承知していたものである。何故ならば日本律は唐の永徽律疏を藍本として起草されたからである。そうすると、日本律撰者が唐の八議を国情に照らして修訂するに当っても、やはり「周礼」に関係の深い「六」という数が参酌されたものではなかろうか。[27] いうまでもなく「周礼」には「六官」「六卿」「六典」「六藝」等が見え、唐代においても「六」という数字が重んじられたことは、百官を総領する尚書省に「六部」が置かれ、又玄宗の代に「大唐六典」が編纂されたことから容易に推測することができる。日本律で「議賓」を削ったままにしておけば、「八議」は七議となってしまい、それでは陽の数となって、数として落ち着きが悪く、やはり「周礼」の「六」という数に拠って、内容の類似した「議勤」と「議功」とを合して「六議」としたものであろう。

このように見て行くと、日本律の八虐の制の成立も一考を要する。養老律の八虐は唐律の十悪の中から、その「不睦」、「内乱」の両者を整理して作られたものである。即ち、唐の「不睦」の大半に相当する部分を「不道」に追加し、唐の「内乱」の一部に相当する部分を「不孝」に追加して、名目としての「不睦」、「内乱」を削除して八虐とした。右のような作業の結果、養老律は十悪に内在した論理構成をゆがめたとされる。[28] 確かに非人道的な犯罪である「不道」に、家族道徳に対する犯罪である「不睦」を追加したことは、まさに木に竹をついだような違和感を起さしめるのであって、中国本来の「不道」という概念を混乱せしめるものである。従って、右の日本律の作業は、決して機能面を重視して、唐律の十悪を整理したというのではない。それでは日本律は、何故そのような作業をあえてしたのであろうか。そこで、今、養老律の八虐を唐律の十悪に倣って、「八曰不睦」の項を立てて、「不道」中の「殴告及謀殺伯叔

父姑・兄姉・外祖父母・夫・夫之父母、殺四等以上尊長及妻」をそこに移し、「十曰内乱」の項を立てて、「不孝」中の「姧父祖妾」をそこに移してみると、「不睦」はまだよいとしても、「内乱」は、十悪の一項目としては甚だ短いものとなり、その法的内容も、独立の項目として立てるのに必ずしもふさわしくないことが明らかとなろう。そもそも我が国では、禁婚親の範囲は唐に比べて狭く、「内乱」（親族内の性道徳に反する犯罪）という観念そのものが甚だ稀薄であった。従って、この「内乱」を削除して、「姦父祖妾」を内容的に類似する「不孝」の末尾に追加したのではなかろうか。しかし、「内乱」を削除すると、「十悪」は九悪になってしまう。ここにおいて唐の律疏の十悪の条に、次のようにあることが想起されるのである。

開皇創制、始備此科、酌於旧章、数存於十、大業有造、復更刊除、十条之内、唯存其八、自武徳以来、仍遵開皇、無所損益、（『唐律疏議』巻一）

右の文意は、唐律の十悪は隋の開皇律に拠ったものであり、又、隋の大業律は、その開皇律の十悪から二つを除いて、「八」としたというのである。右の律疏の文も亦、日本律撰者がこれを精読していたものであった。そうであるとするならば、日本律撰者は、唐の十悪を我が国情に合わせて改訂するに当り、唐の十悪が隋の開皇律に拠ったことに倣って、やはり隋の大業律にその根拠づけを求めたとしても、それは極めて理由のあることではなかろうか。もとより日本律が大業律の内容に拠ったかどうかは定かではないが、少なくとも大業律の「八」という数に拠ったことだけは、先ず誤りないであろう。また「八」という数は陰の数であって、その点からも「十」という数と共通性を有する。日本律撰者は、あの精緻にして高い完成度を有する唐の律疏に手を加えて、兎も角、日本律をつくり上げたのである。それだけの技量をもつ日本律撰者が唐律十悪の構成を無視して、理由なく「不睦」の大半を「不道」に合併したとは考えられない。恐らく日本律撰者は、右の事実は十分に承知しながらも、あえて「八」という数にこだわったのではなかろうか。

八虐、六議の制は、日本律の冒頭に置かれた最も重要なる規定であるから、この制の立法上の理由づけは、日本令の篇目と共に十分留意されたに違いない。日本律が六議を定めるに当って「議勤」を「議功」に合し、八虐を作るに当って「不睦」の大半を「不道」に併せたのは、決して日本律が機能の面のみを重んじた為ではない。かくすることによって、日本律は国情に合わせて唐律を修訂すると共に、「周礼」や隋律に依拠することができたのであり、それは日本律が適法性、合法性を得る為の不可欠の作業であったと思われるのである。

六　日本律令における「因循」（その三）

我が律令の撰者は、大宝・養老の律令を新しく編纂、起草するに当って、その構成、内容、文章、用語等に至るまで、可能な限り隋唐の律令は勿論のこと、それ以前の中国歴代の制にまで溯って、そこに範を求め、立法上の根拠を見出そうとした。即ち我が律令の撰者は、その立法を正当化する為に、国情からする実質的な理由づけと共に、当時の律令法体系からする形式的な理由づけをも積極的に行なったのである。もとよりすべての我が法制度の根拠が隋唐や中国歴代の制に求められたかどうかは疑わしく、また律と令とでは、その程度に異なる面があったとしても、少なくとも我が律令法典の重要なる部分においては、そのことは認められるのではなかろうか。今後、中国歴代の制がさらに明らかにされるならば、それらと我が律令制との関係も、より一層緊密なものであることが実証されるのではなかろうか。ここにおいて想起されるのは、延長五年（九二七）十二月二十六日、藤原忠平等によって醍醐天皇に奉呈された「上延喜格式表」である。その一節には、次の如く見えている。

於是捜古典於周室、択旧儀於漢家、取捨弘仁貞観之弛張、因脩永徽開元之沿革、勒成二部、名曰延喜格式、

即ち、忠平等は「延喜格」と「延喜式」という二つの法典を編纂するに当って、先行法典であるわが弘仁・貞観の格式を踏襲するに止まらず、唐の永徽・開元の法典や更に周漢の法制にも依拠したと述べているのである。右の記述が文章上の粉飾ではなく、日本の格式を編纂するに当って唐の令、格、式、礼等が実際に参酌されたであろうことは、例えば開元令から我が式部式がつくられている事実からも推測される。即ち、「政事要略」巻六十九所収の私記（国史大系本五八四頁）には、次の如く見えている。

或云、……開元令云、前官被召見、及預朝参、致仕者在本品見任上、以理解者在同品下者、移此令文所裁製式也、

又、「類聚三代格」巻十（国史大系本三五五頁）所載の貞観二年（八六〇）十二月八日の太政官符には、我が大学寮の釈奠式が唐の「開元礼」に拠ってつくられたとして、次の如く述べられている。

右得播磨国解偁、謹案大唐開元礼、国子大学州県各有釈奠式、今此間、唯有大学式、無諸国式、所謂大学式則因循開元礼国子大学之式、具載奠祭之儀、明定進退之度、

右の史料に見える「今此間、唯有大学式」の「大学式」は、恐らく弘仁の大学式であり、「因循開元礼国子大学之式」の「因循」は、前掲「上延喜格式表」中の「因脩永徽開元之沿革」の「因脩」と同義語であろう。弘仁の大学式は殆どそのまま貞観・延喜の大学式に受け継がれたであろうから、「開元礼」と「延喜式」とを比較することにより、右の「因循」の意味を具体的に把握することができよう。延喜大学式の釈奠の次第と「開元礼」のそれとを詳細に比較された弥永貞三氏の研究によれば、「延喜式」に定められた講学の儀式は、「開元礼」とかなり離れた日本独自の様相を呈しているが、釈奠の中核をなす饋享の儀礼の如きは、「延喜式」は唐の官名を日本の官名に入れ替え、建築物の構造や配置の相違からする唐の儀式の次第を改め、唐の楽舞に関する記述を省略又は簡略化し、犠牲を割いてその

毛血を捧げる毛血豆の儀式は完全にこれを削除する等の改変以外は、字句の末まで「開元礼」を下敷きにし、殆どそれを丸うつしにしたものといわれている。(29) ここに我々は「因循」の具体的な意味内容を窺うことができる。

このような「因循」は、新しく立法作業を行なう場合のみならず、法適用上の新しい決定を下す場合にも求められた。「菅家文草」の巻七所収の元慶三年（八七九）三月二十五日の議(30)には、次の如く見えている。

皇帝為族曾祖姑太皇大后製服幷令天下素服議、

検開元礼曰、皇帝本服、大功以上親喪、皇帝不視事三日、又曰、緦麻三月、成人正服、為族曾祖姑在室者報、曾祖之姉妹、皇帝所絶、傍親無服者、皇帝皇子(弟カ)、為之降一等、又案本朝令曰、皇帝二等以上親、若散一位喪、皇帝不視事三日、三等以(衍)上親、百官三位以上喪、皇帝皆不視事一日、義解曰、不視事三日者、唯為三月以上服故也、然則太皇大后者、皇帝之族曾祖姑、天子之宜無服制者也、故本朝不列五等之親、親遠也、唐制猶絶三月之服、々軽也、明知皇帝廃事、証拠無文、天下素服、因循不例、唯太皇大后之尊名、内親王之貴種、礼制雖無正文、同家宜有別議、

右は淳和天皇の皇后、即ち当代の太皇太后が崩じた際、陽成天皇がその喪に服すべきか、又天下素服すべきかの諮問に対して、菅原道真が答えたものである。右の奏議によれば、太皇太后は天皇の族曾祖姑（曾祖父の姉妹）であるから、本朝の養老令、義解、及び唐の「開元礼」に照らして、それには当らないとしている。ここに「皇帝廃事、証拠無文、天下素服、因循不例」としていることが注目されるのであって、かかる場合に皇帝廃事（天皇が政務を執らぬこと）や天下素服（天下の万民をして喪に服せしめること）を新しく行なう為には、その「証拠」となるべき明文や「因循」すべき先例がなければならなかったのである。即ち、「本朝令」、「義解」、「開元礼」の文がここに引かれているのは、それを検証する為のものであった。

それでは、右の「因循」とは、本来どのような意味をもつ言葉であったのであろうか。「政事要略」巻五十九所載、延喜十三年（九一三）二月二十五日の太政官符（国史大系本四七四頁）は、勘解由使に発せられた文書であるが、そこには国司が在任中、欠損した官物に対する賠償と恩赦との関係をめぐって論じられている。即ち、恩赦に浴した在任中の官吏が赦前に欠損した官物を賠償すべきかどうかについては、天長以前は免除とし、承和以降寛平以前は免除か賠償か勘判は一定せず、寛平より近年までは、これを賠償せしめている。しかるに最近は、任期を終えてから勘判が下されるまでの期間に出された赦だけが、その官吏に適用されるということになっている。そうすると、赦が出される以前に遷任した国司甲は、在任中の欠損は、遷任後出された赦によって免除されるにも拘らず、任期が少しずれていた為に、国司甲の遷任後も暫く在任している国司乙は、国司甲が遷任後に会った赦に在任中に会うことになってしまい、その為に、この赦の適用をうけられないという不合理が生じているというのである。[31] 処で、この官符には、次のような文が見えている。

凡恩詔之旨是一、拘放之間何異、遂使赦後在任吏更絆累代之愆、往古欠損独負一人之身、稽之法条、事無所拠、方今欲勘免之、則近年之例、不令会赦、将因循之、則勘判之旨、既渉苛酷、

右文の意は、凡そ次の通りであろう。即ち、恩赦の趣旨は同一であるから、二人の国司に対し、一は欠損を賠償せしめ、他はそれを免除せしめるというようなことがあってはならない。赦後在任の国司一人に累代の欠損を負担せしめることは、これを法条に照らしても、そのようなことは何も規定されていない。そこで在任の国司に対し、これを免除すれば、恩赦に浴せしめないという近年の例に反することとなる。さればといって近年の例によれば、勘判の趣旨は在任の国司に対し、頗る苛酷な処置となると。この文中にある「将因循之」の「因循」は、近年の例をよりどころとして判断するならばという程の意味である。そのことは、すぐその前にある「稽二之法条一、事無レ所レ拠」という

文から推測し得るであろう。又、前掲文の後には、「勘判所決、必有准的」という文が見えるが、この「准的」も、「因循」と同義であろう。即ち勘解由使の下す判決には、必ずその拠り所となる法条や先例がなければならなかったのである。

以上から、「因循」の原義は、弁論において対立が生じたとき、相手方を説得する為の拠り所を得るということになろう。これ即ち、法的決定の際の「理由づけ」を求めることに他ならない。

むすび

以上述べたところを要約すれば、凡そ次の如くなるであろう。日本の律令格式の撰者は、それらの法典を編纂、起草するに際し、その構成、体裁、内容、文章、用語等に至るまで可能な限り唐代法典のそれに倣おうとし、その修正は必要最小限度に止めようとした。このことは唐代法典が当時の我が国においても、疑うべからざる法的正当性の権威を有していたことを示し、我が立法者がかかる意識に強く拘束されていたことを証するものである。従って我が国情により唐代法典の当該条文に変更を加えて、これを継受する場合においても、その変更した新しい内容に適合する法規を唐代法典の他の条文中から探し出して、可能な限りそれに拠ろうとした。即ち我が律令撰者は、その拠るべき法規を唐の律令格式、或は唐の礼等の当時の法源の中から広く探索し、それらにも見当らないときは、更に唐以前の中国歴代の制や「周礼」等の古典にも求めた。なおその際、何故、当該中国法規や儒教的原理が我が律令法規を正当化する根拠となり得るのかということの理由づけ、即ち弁証の作業を行なう場合もあった。例えば、唐の封爵令に拠って我が継嗣令の条文を定める為に、家の相続の中に位階の相続を持ちこみ、又、隋律や「周礼」の制に拠って我が八虐、六議の制をつくる為に、唐の十悪、八議の中の特定の項目を削除、合併した如くである。かくして我が律令撰者は、国情からする理由づけと権威ある既存の法体系からする理由づけとの整合を果すことができたのであり、ここに当時の情況に見合った新しい法的規準を創造し、且つそれを正当化することができたのである。

その際に用いられる注目すべき手法が「因循（因准）」とか「因脩」、「准的」、「准由」、「准拠」とか呼ばれるものであり、立法者は、この手法によって当時の情況に応じて新しい法的内容を盛りこんだ立法を行なう場合にも、その正当性の根拠を権威ある既存の法規や法典に求めて、新法の定立が恣意的に渉らぬように制禦し、且つ新法に説得力をつけようとしたものであろう。右の手法は単に立法作業にのみ認められるものではなく、法適用の場合にも屢々用いられた。かくして我が古代法律家は、立法及び法適用における法創造に、かかる手法による合理的コントロールを加えようと努めたと思われる。

最後に「因循」をもう一度、要約して定義するならば、その原義は、弁論における対立が生じたとき、相手方を説得する為の拠り所を求めることであるが、それを更に敷衍すれば、新しく立法作業を行なう場合、又、事実関係に法規範を適用する場合、その立法や法適用の正当性の根拠を権威ある既存の法規や法典に求め、そこに相手方を説得しうるに足る拠り所を求めようとする手法ということができよう。しかし、かかる「因循」の手法自体も、実は多年、すでに中国において行なわれていたのであって、例えば、「唐大詔令集」巻四の「改元載初赦」には、「高祖草創百度、因循隋氏」（唐の高祖は法律制度を初めて定めたが、それは隋王朝のものを踏襲した）と見えている。それ故、我が国における律令法継受にあっては、法典の内容はいうまでもなく、立法、或は法適用の際の正当化の技法、即ち法的思考様式さえも併せて中国から学んだと推測し得るのではないかと思われる。

我が国における法適用の場合の正当化に関する考察は、更に別稿に期することとしたい。

註

（1）律令研究会編（滋賀秀三執筆）『譯註日本律令五 唐律疏議譯註篇一』（東京堂出版、昭和五十四年）六六頁。

（2）仁井田陞『唐令拾遺』（復刻版、東京大学出版会、一九六四年）三〇五頁以下。

（3）中田薫「養老律令前後の継嗣法」『法制史論集』第一巻（岩波書店、大正十五年）九一頁。なお石井良助氏の復原文は、中田氏の復原文から「八位以上」を除くとする。石井良助「長子相続制」『日本相続法史』（創文社、昭和五十五年）二四頁。

（4）石井前掲論文二五頁以下。

（5）中田薫「養老戸令応分条の研究」前掲書五七頁以下。石井前掲論文三九頁。

（6）中田薫「古法制三題考」前掲書一五頁以下。但し、右に対し吉田孝「祖名について」土田直鎮先生還暦記念会編『奈良平安時代史論集　下巻』（吉川弘文館、昭和五十九年）所収に批判がある。

（7）中田薫「養老律令前後の継嗣法」前掲書八八頁。

（8）井上光貞他編『律令』（日本思想大系3、岩波書店、一九七六年）五五九頁。

（9）滋賀秀三『中国家族法の原理』（創文社、昭和四十二年）五三・六一・一二三頁。中国の家と日本の家との法的性質の相違については同書五八頁以下参照。日唐戸婚律本条疏の「承家」「承襲」の一字の相違の中に彼我の家族制度の基本的な性格の相違が反映していることについても同書九二頁の注（59）に指摘がある。なお吉田孝『律令国家と古代の社会』（岩波書店、一九八三年）九一・一六七頁参照。

（10）高塩博「名例律婦人有官位条について」『日本律の基礎的研究』（汲古書院、昭和六十二年）二四四頁以下。

（11）同「日本律編纂考序説」前掲書一五〇頁以下、一六二頁以下。

（12）例えば、唐名例律18十悪反逆縁坐条「問曰、上文云、十悪、故殺人、反逆縁坐、……」、唐賊盗律16以毒薬薬人条「問曰、毒薬薬人合絞、……」に始まる問答の部分とそれに相応する養老律文とを比較せよ。

（13）高塩博「日本律編纂考序説」前掲書一八〇頁以下。

（14）律令研究会編『譯註日本律令七唐律疏議譯註篇三』（東京堂出版、昭和六十二年）一六四頁（中村茂夫執筆）。
（15）井上光貞他編前掲『律令』一〇一頁。
（16）滋賀秀三「『承重』について」『國家學會雜誌』第七一巻第八号（昭和三十二年）。
（17）同、八五頁。
（18）石井前掲論文二五頁。
（19）唐の蔭位の制には、嫡庶の区別がない故（仁井田陞『唐令拾遺』三〇〇頁）、唐の蔭位の制から我が家の相続法をつくり出すことはできない。なお日本律令における嫡子制導入の意図やその実態については、吉田前掲書一六七頁以下参照。
（20）中田薫「養老戸令応分条の研究」前掲書五八頁。
（21）瀧川政次郎「唐礼と日本令」『律令の研究』（復刻版、刀江書院、昭和四十一年）三二〇頁、同「唐兵部式と日本軍防令」法制史学会編『法制史研究2』（創文社、昭和二十八年）七三頁以下。仁井田陞氏は唐礼と一致する唐令の文の存すること、又唐令は基本原則、唐式は補足的細目であって、同種の規定が令と式とにあった可能性のあること等から、右の瀧川説を批判される（『唐令拾遺』七一頁以下、「唐軍防令と烽燧制度――瀧川博士の批評に答えて――」『法制史研究4』創文社、昭和二十九年、一九七頁以下）。しかし、養老喪葬令17服紀条が唐礼に拠り、同軍防令67烽昼夜条、同宮衛令24分街条が唐式に拠った可能性は高いから、我が令の撰定に際しては、唐の礼や格式に拠る場合のあったことは否定できないであろう。なお吉田前掲書六一頁、注（55）参照。
（22）平安時代前期に成立した「日本国現在書目録」に六朝や隋の律令、又「江都集礼」等の法制の書目が記載されていることも、そのことを推測せしめるであろう。
（23）坂本太郎「日唐令の篇目の異同について」『律令制度』（坂本太郎著作集第七巻、吉川弘文館、平成元年）所収。
（24）井上光貞他編前掲『律令』五五一頁、曾我部静雄「仕丁と采女と女丁の源流」法制史学会編『法制史研究1』（創文社、昭和二十七年）一〇五頁以下。
（25）岸俊男「元明太上天皇の崩御―八世紀における皇権の所在」『日本古代政治史研究』（塙書房、昭和四十一年）一九一頁以

下、春名宏昭「太上天皇制の成立」『史学雑誌』第九九編第二号（平成二年）六頁以下。
(26) 井上光貞他編前掲『律令』四九〇頁。
(27) 日本の編戸制・班田制も中国律令だけでなく、「周礼」をも参照して構想された可能性のあることは、吉田前掲書二一〇頁以下に、その指摘がある。
(28) 井上光貞他編前掲『律令』四八八頁。
(29) 弥永貞三「古代の釈奠について」坂本太郎博士古稀記念会編『続日本古代史論集　下巻』（吉川弘文館、昭和四十七年）四四二頁以下。
(30) 川口久雄校注『菅家文草　菅家後集』（日本古典文学大系72、岩波書店、昭和四十一年）五四四頁。
(31) この太政官符の解釈については、佐竹昭「勘解由使勘判の構造と解由制の変質について」『広島大学総合科学部紀要　地域文化研究』第六号（一九八〇年）四四頁以下を参照した。

補論　「唐律疏議」と養老律

「唐律疏議」にみえる唐律の疏文とそれに相当する養老律の疏文（本来は注文と呼ぶべきであるが、今便宜上、疏文と称する）とを比較するとき、文章表現上、両者には類似する文が多いが、一方かなり異なる文もまた若干ながら存する。養老律では、唐律の疏文を簡潔な文章に改める為に、不必要と思われる個所を削除したり、節略したりする場合があり、また少ない例ではあるが、日本の国制との整合性をはかる為、養老律で独自に新しく疏文を書き入れる場合もある。〔養老名例律21条の「依令、初位免徭役、其初位未叙之間、免役従課、……彼文則守後叙、明此亦不異」は、日本律独自の本注「謂後叙合得八位以上者」をふまえて書き入れられた疏文であろう。〕しかし問題は、日本律撰者が唐の律疏を継受するに際して、その疏文を改変しなければならない程の積極的な理由がないにも拘らず、「唐律疏議」にみえる唐律の疏文とそれに相当する養老律の疏文とが、かなり異なっている場合である。ここに、その一、二の事例をあげて、両者の相違する内容とその原由をみておきたい。

(1)名例律27条「盗及傷人者、不用此律」の疏文

〔唐律疏議〕盗及傷人徒以上並合配徒、不入加杖之例、諸条称以盗論、及以故殺傷論、以闘殺傷論者、各同真盗及真殺傷人之法、

〔養老律〕盗者、不限強窃、傷人、不拠親疎、本条唯称准盗及減故殺傷一等二等者、依加杖例、

本条は、「加杖法」に関する規定、即ち犯人の他に家に「兼丁」〔二十一歳以上、五十九歳以下〔養老律では六十歳以下〕の健全な男子をいう。犯人の妻も右の年齢であれば、「兼丁」とみなす〕がいない場合、犯人に対し、徒刑を百をこえる重い杖刑に換えて執行し、現実の服役を免除する規定である。但し犯人が盗および人を殺傷する罪を犯した場合には、右の「加杖法」は適用しない。「唐律疏議」および養老律の前掲文は、何れもこの「加杖法」適用の除外規定を解釈したものである。

両者の文の相違について、井上光貞他編『日本思想大系3　律令』〔岩波書店、一九七六年〕の「補注」〔四九三頁以下〕は、「規準の取りかたのいわば表裏の差にすぎないのであるが、どちらかといえば「唐律疏議」の方が明快と思われる。しかし闘殺傷〔闘訟5〕に関しては、「唐律疏議」だと加杖法から除外され、日本律疏だと〔「減故殺傷一等二等減」の「故」を「闘」の誤としない限り〕加杖法に入る」と説明しているが、「しかし」以下の文は理解し難い。

この問題に関して、滋賀秀三氏は、次のように解説する。即ち「律には、「減闘殺傷二等」、「減闘殺傷一等」などのように、「以」とも「準」ともいわず、たゞ幾等を減ずるという表現があらわれる。これらも性質は「準」に同じ——その輕減形態——と解すべきであろう。……「減某罪幾等」という規定の仕方は準論と同じく眞犯とは見做さない意味なのだ、という認識が日本律撰者の間に存在していて、それに基いて唐の律疏と全く同じ内容を裏から表現して見せたのである。この認識はそのまま唐の法律家の認識でもあったに違いない。」（律令研究会編『譯註日本律令五 唐律疏議譯註篇一』東京堂出版、昭和五十四年、三一八頁）。上記の滋賀氏の説明によって、前掲「補注」の提示した疑問も氷解する。但し「補注」が当時の日本律撰者の有した立法技術からして、日本律撰者が唐の律疏を書き改めたのではなく、「この部分の日本律疏は唐律疏議に収められた開元二十五年律疏よりも以前の律疏を写しているとすべきであろうか」とする見解には賛成する。ただ「補注」では、「唐律疏議」の前掲文を開元二十五年律疏の文と考えているようであるが、開元二十五年以降、元の泰定四年版「唐律疏議」成立に至るまでの間に、右のように改竄された可能性もない訳ではない。恐らくこの部分の養老律は、日本律の藍本であった永徽律疏の原文の面影を伝えていると考えてよいであろう。

⑵名例律28条「若夫子（「子」字、養老律無）犯流配者、聴随之、至配所、免居作」の疏文

〔唐律疏議〕問曰、婦人先犯流刑、在身乃有官蔭、夫子犯流、既聴随去、未知官蔭合用以否、答曰、律唯言至配所、免居作、役既許免、更無罪名、若犯十悪五流者、各依除名之律、若別犯流以下罪、聴従官当減贖法、

〔養老律〕即是惣更无罪、有官亦不官当、若犯八虐五流者、各依除名之法、若夫犯流事発、婦知随而故犯流以下、聴従官当減贖法、无官者、至配所加杖居作、

本条の後段は、婦人が流罪を犯せば、原則として配流せず、留住法（流二千里・近流は決杖六十、流二千五百里・中流は決杖八十、流三千里・遠流は決杖一百とし、三流ともに役三年を併科する）を適用することを定めている。但し婦人が流

罪を犯し、同時にその夫もしくは子（養老律では夫、以下同じ）が流罪を犯した場合は、婦人は夫・子に同行せしめるが、その時は婦人は決杖も、配所での居作（服役）も共に免ぜられる。夫・子が配流の途上において死亡した時は、婦人はもとの住所に還ることが許され、その場合も居作、決杖は免ぜられる。

さて唐律の前掲問答の意味は、次のようなものである。

（問）婦人が先に流罪を犯し、その身に官もしくは蔭を有している場合がある。律は、その夫・子も流罪を犯したならば、婦人は夫・子に随行しなければならないとしているが、その場合は官・蔭を用いるべきかどうか。

（答）律はただ「配所において居作を免ずる」といっている。居作が免ぜられる以上、婦人にはすべての罪責は許され、従ってその官・蔭を用いる必要はない。但し婦人の流罪が十悪・五流に該当する場合は、除名の処分は免ぜられない。なお婦人が配所において、別に新しく流罪以下の罪を犯した場合は、官当減贖の法を適用することが許される。

養老律では、唐律の問答を論述体の文章に改めているが、その文章は唐律とはかなり異なっている。とりわけ「若夫犯流事発」以下の文章は唐律の問答には見えないものである。この文の意味は、「もし夫が流罪を犯して、その罪が発覚し、婦が夫に随行しなければならないことを知って（夫に随行すれば、その時点で、婦はすべての罪責が免除されることを予め考慮して）、故意に流罪以下の罪を犯したならば官当減贖法を適用する。その場合、婦に官がなければ配所において加杖・居作を科すこととする」ということであろう。従って「婦人が配所において、別に新しく流罪以下の罪を犯した場合は、官当減贖法を適用する」（「若別犯流以下罪、聴従官当減贖法」）という唐律問答とは、その文意は全く異なることになる。日本律において、この個所にわざわざ加筆して、唐律問答の文を改変しなければならない理由は見当らないから、永徽律疏には養老律の前掲文に近い問答の文章があって、それを日本律が論述体に改めたと考える方が自然であろう。（但し養老律の「即是惣更无罪」は、日本律撰者が書き入れた可能性がある。）もしそうであるとすると、唐律問答の「若別犯流以下罪、聴従官当減贖法」の「別」字を養老律の「故」字に置き換えれば、両者はほぼ同じ意味になるから、唐律問答にあった「故」字が後代「別」字に誤写され、文意を通ずるようにする為、更に、その句の前後の文が削除された可能性もない訳ではない。

以上、日本律撰者が唐の律疏を継受するに際して、その疏文を改変しなければならない程の積極的な理由がないにも拘らず、「唐律疏議」に見える疏文と、それに相当する養老律の疏文とがその文章表現上、大幅に異なっている場合には、養老律の疏文が永徽律疏の原文に近く、一方「唐律疏議」の疏文が開元二十五年の刊定の際における改訂を経た文、もしくは、その後の五代、宋、遼、金、元の歴代王朝において現行法として行用される過程に加筆、訂正、削除等を経た可能性のある文であることに留意すべきであろう。

〔註〕「唐律疏議」の解釈には、滋賀秀三執筆の前掲書、及び同氏の「訳註　唐律疏議(四)」（『國家學會雜誌』第七五巻第一一・一二号、昭和三十七年）を参照した。また日本律写本が永徽律疏の字句を忠実に伝えている部分の多いことについては、拙稿「唐律疏議の原文について」（國學院大學日本文化研究所編『日本律復原の研究』所収、国書刊行会、昭和五十九年）を参照されたい。

第四　因准ノ文ヲ以テ折中ノ理ヲ案ズベシ

──明法家の法解釈理論──

はしがき

西洋における法解釈学は、古代ギリシァ・ローマ以来の長い伝統を有しており、その議論や論証の進め方については、独特の様式と技法とを築き上げて来た。我が国における法解釈学もまた西欧近代法を継受した明治期以降に初めて認められるものではなく、それは遙か古代に溯り、千数百年の伝統を有するものである。律令解釈学が即ちそれである。この律令解釈学に現われる推論、議論の様式や技術に対しても、我々は今日、学問的に正当な位置づけが為されて然るべき時期に到っているといってもよいであろう。我が国の法文化や日本人の法思考の中に存する合理性を解明するに当って、それは重要な示唆を与えるように思われるからである。

周知の如く、我が国は八世紀の初頭、中国から律令法を継受して、大宝・養老律令を編纂した。その直後から律令条文のいわゆる文理解釈、論理解釈等が盛んに行なわれたことは、大宝律令の注釈書である古記、古答等の内容を検討することによって容易に推測することができる。

また日本律令成立から約一世紀余りを経た平安時代初期にあっては、すでに明法官人は様々な解釈技術を駆使して多くの学説を案出し、それらは、やがて明法博士惟宗直本によって「律集解」、「令集解」として集大成された。他方、王朝政府にあっても、先儒の旧説に取捨を加えた解釈の統一がはかられ、公定の令の注釈書である「令義解」が撰述された。

さらに平安初期以降は、社会の変動に伴ない、律令条文と現実生活との乖離は益々顕著となり、為に律令を修正補充せる格式が編纂されることになった。それと共に明法家による立法時の原意を超えた律令条文の解釈も行なわれ、その内容の実質的変更をみるに至るのである。

かくして我が律令は、公家法として変質しながらも、武家法と並んで中世末期に至るまで実定法としての効力を保ち、それは更に十九世紀後半、明治政府によって西欧近代法が継受されるまで形式的には廃止されることなく、千年余の間、国家公法として生き続けたのである。かかる長期にわたる律令法存続の蔭には、とりわけ法律専門家としての明法家たちの然るべき努力と労苦とが当然に存在した筈である。殊に時代や社会等の状況の変化に応じ得る条文解釈の展開とそれに伴なう新しい法理の創造は、明法家に要求された切実なる実践的課題であった。明法家もまた、それに応えて、その時々の正義に適った法的紛争の解決の為に、独特の法解釈理論をつくり上げようと専念していたのである。然りとすれば、この明法家の法解釈理論は、我が法史の上において極めて重要なる法事象の一つといわなければならないであろう。それにも拘らず、この問題を正面から取り上げた論考は、従来必ずしも多くはなく、管見の及ぶ限りでは、佐藤進一氏の「公家法の特質とその背景」（『日本思想大系22　中世政治社会思想　下』〈岩波書店、一九八一年〉所収）、早川庄八氏の「寛元二年の石清水八幡宮神殿汚穢事件」、「応安四年の明法勘文」（『中世に生きる律令』〈平凡社、一九八六年〉所収）等がその先駆的な業績といえよう。これらの論考にあっては、明法家が表向き律令法遵守の姿勢を崩さず、解釈によって立法当時の原意を超えた新しい法理を生み出す為の有効な武器として機能した法技術に「因准」等があったと指摘されている。

筆者は、前稿「『因循』について――日本律令制定の正当化に関する考察――」（『國學院法學』第二八巻第三号掲載、本書第一巻所収）において、右の「因准」の来源を我が律令制定時にみられる「因循」に求め、律令撰者が律令条文を立法するに当って、それを正当化する為に、どのような理由づけを与えようとしたかについて若干の考察を試みた。

本稿では、前稿をうけて更に法適用の場合の正当化の理由づけを取り上げ、右の「因准」を、一方では現実社会からの要求に適合した紛争解決の規準を提示することに努めつつ、他方では様々な法規、理論、原理等から成る既存の法体系との整合性を維持して行く為の、明法家たちの開発した解釈技法として捉え、その機能、その構造、その推移等について考察を試みることとしたい。以上の考察を通して、更に明法家によって我が古代・中世における法創造に、いかにして合理的コントロールが加えられようとしていたか、また当時の明法家がかかる解釈技法を用いて、今日の我々が直面せる状況とほぼ同様な法解釈上の問題状況に、いかにして立ち向かったか、それらの諸相の一端をも窺うことができれば幸いであると思う。

一　因准の機能（その一）

佐藤進一氏は、前掲論文の冒頭において、因准の事例を文永四年（一二六七）成立の「明法条々勘録」（以下、「勘録」と略称）から二つ提示されている。その一つは、妻帯した僧が死去した場合には、その遺財は妻子に与うべしとする「令義解」の解釈に「准」じて、更に僧の妻帯を本人還俗の場合にも認めようとする「勘録」15条所引の先行学説である。もう一つは、田宅の質入れに関し、債務者側に質地を留保すべきであるとする天平勝宝三年格と「法曹至要抄」の説とを否定し、雑令19条に「准的」して、債権者側への質地引渡しを妥当とする「勘録」16条の新説である。佐藤氏は、右の用例から平安・鎌倉時代の明法家の用いる「准」、「准的」なる概念は、今日の「准拠」などとは内容の異なるものであって、「准」の和訓は「ナズラフ」であり、その意は甲でない乙を、甲と対照して釣り合うもの、匹敵するもの、同格のものと価値づけることであって、バランスをとって安定を求めようとする均衡観念にもとづく価値づけとされる。そして明法家は、これらの概念を駆使して、かなり自由な法解釈を試みることが可能となり、律令と現実との間のギャップを埋める努力をしたとされるのである（前掲論文三九八頁）。

佐藤氏があげられた事例に見られる「准」、「准的」は、「因准」と同義語であろうと思われ、これに類する語として、他にも「准因」、「准拠」、「准由」、「循由」、「因循」、「因脩」、「率由」等が当時の法制史料に現われている。辞書によれば、「准」もまた「なぞらえる」と共に、「よる」、「のっとる」、「したがう」、「依拠する」等の意味があるから、この場合の「准」は「循」と同義と考えてよく、「因准」は、恐らく「因循」に来源する語のように思われる。「因准」が「因循」と同義語であるとすれば、「因准」の機能も「因循」のそれと同じ内容をもつと考えてよいであろう。「因循」については、前稿において考察せる如く、その原義は、「拠り所を求めること」であり、弁論において対立が生じたとき、相手方を説得する為の自己の主張の拠り所を求めることである。前稿では、我が律令条文の立法作業の過程の中に、それを考察し、「因循」とは、主として立法上の正当性の根拠を権威ある既存の法規に求め、そこに合法性、適法性、法的安定性等を得ようとする律令撰者の手法であるとしたが、本稿では、とくに事案に適用すべき明文規定の存しない、いわゆる法律の欠缺の場合、もしくは社会生活の変動により実定法規をそのまま適用しては不都合な結果を生ずる恐れがある場合、やはり法適用上の正当性の根拠を既存の法規に求め、そこに「因循」と同様の機能を果そうとする明法家の解釈技法を便宜「因准」と呼ぶことにする。(1) その場合、明法家がこの「因准」なる技法を用いて、どのようにして既存の法体系との整合性を保ちつつ、現実からの要請に応え得る為の理由づけを行なったか、それが問題となろう。

さて、明法家の学説中には、右の「因准」、「准拠」等の語と並んで、「比附」なる語も多く認められ、また「比附・因准」と続けて使用されることがある。今、それらの語が同時に使用されている例を明法家の学説の中から二つ掲げることにする。

㈠偏欲依式文、則可背令条、尚欲帰令条、又似破式文、是以廻准拠之法、求比附之文、（「法曹類林」巻第二百・国史大系本二八頁）

㈡断罪無□之時、或立挙重明軽之条、或設比附因准之文、（「政事要略」巻第六十九・国史大系本五七三頁）

右の㈠の文は、天承元年（一一三一）、明法博士坂上明兼の作る問答に見えるものであって、令の規定と式の規定とが矛盾する場合は、「准拠」や「比附」の方法によって、その解決をはかるべきであるとし、㈡の文は、十一世紀の初頭、明法博士惟宗允亮によるものであって、空欄には恐らく「正条」の二字が入ると思われ（後掲の名例律50条参照）、そうであるとすれば、この文の意は判決を下すに当って、その拠るべき規定が律に存しない場合は、「挙重明軽」（「挙軽明重」）や「比附・因准」の方法によって、妥当な判決を下すべきであるというのである。

挙重明軽・挙軽明重は、唐律及び日本律に現われる解釈技法の一つであって、名例律50条には、次の如く規定されている。

諸（凡）断罪而無正条、其応出罪者、則挙重以明軽、其応入罪者、則挙軽以明重、

右の挙重明軽とは、「程度の重い犯行について刑を減免する規定があれば、同じ類型に属する程度の軽い犯行については、明文がなくても、同じ減免規定を適用する」というものであり、挙軽明重とは、「程度の軽い犯行について処罰が規定されているならば、同じ類型に属する程度の重い犯行については、明文がなくとも、同じ処罰規定を適用する」というものである。(2) 唐の律疏では、前者に関しては、賊盗律22条に夜間、正当な事由なくして人家に侵入した場合、その家の主人が侵入者を即座に殺しても罪は問わないと規定されている以上、その主人が侵入者を折傷しても、それは当然無罪である等の例があげられ、後者に関しては、賊盗律6条に期親の尊長を殺そうと謀った者は皆斬と規定されている以上、すでに殺した場合やすでに傷つけた場合は、当然斬が科せられる等の例があげられている。

比附もまた日唐律に現われる解釈技術の一つであって、唐賊盗律13条の疏には、次の如く見えている。

又問、主被人殺、部曲奴婢、私和受財、不告官府、合得何罪、

答曰、奴婢部曲、身繋於主、主被人殺、侵害極深、其有受財私和、知殺不告、金科雖無節制、亦須比附論刑、豈為在律無条、遂使独為僥倖、然奴婢部曲、法為主隠、其有私和不告、得罪並同子孫、

右の問答の大意は、次の如くである。即ち、主人が殺されたときに、その部曲・奴婢が加害者から財物を受け取って私的に和解し、官府にその事実を告言しなかった場合、律に明文がないが、その部曲・奴婢の罪はどうなるのかと

問うているのに対し、その場合には、祖父母父母が殺されたにも拘らず、その子孫が加害者と私的に和解し、告言しなかった罪を部曲・奴婢に適用すると答えている。右の問答中には、「金科雖無節制、亦須比附論刑、豈為在律無条、遂使独為僥倖」（律に明文がなくとも、比附によって、その刑を論ずべきである。律に規定がないからといって、どうして犯罪者に対し、思いがけない幸せを与えてよいことがあろうか）という文があって、唐律では、比附、即ち当該事案甲について判断を下すに当って、直接依拠し得る法規定が見当らない場合、当該事案甲と類似せる事案乙への適用が本来、予定されている法規定を律条の中から選び出し、それを当該事案甲に援用して処断することが広く認められていたのである。何故、比附が唐律に許されているかといえば、中国律においては、加害行為に対応して、その刑罰が個別的、網羅的に規定され、その法規範は極めて具体化、細分化された構成要件を備える諸条から成立している為、法運用に当っては柔軟性や弾力性に乏しく、それを補う意味から比附は是非とも必要とされたのである。(3)

唐律において比附の技法が用いられる場合、先ず注目すべきは、そこに比附を用い得る法的な根拠が明示されているということである。例えば、前述の部曲・奴婢の罪が賊盗律13条の子孫の罪に比附される場合に示された「奴婢部曲、法為主隠」がそれである。即ち、この場合、何故部曲・奴婢の罪が子孫の罪に比附し得るかといえば、それは名例律46条により部曲・奴婢は主人の為に片面的ではあるが、「容隠」（主人が犯罪者であった場合、部曲・奴婢による蔵匿等の罪が免責されること）とされる関係にあり、一方、子孫も祖父母父母の為には「容隠」とされる関係にあって、この「容隠」という点に関しては、部曲・奴婢は子孫と同じ性質を有するからであるというのである。唐律に見える比附が、このように比附を適用し得る法的な根拠をすべて明示している訳ではないが、屢々それが疏の文中に挙げられていることは、両事案の本質的特徴における共通性、類似性を明確にするという意味をもっていると思われる。即ち、両事案の間の共通性、類似性が明示されないと、いわゆる牽強附会な解釈に陥り易い傾向が生ずるからである。

次に注目すべきは、唐律における比附は、量刑の尺度として他の条項を借用する操作であり、それは量刑の妥当性をはかることを以て最大の関心事としていることである。(4) 今、その一例をあげよう。唐賊盗律45条によれば、良人を略奪して自己の奴婢、部曲、或は妻妾子孫とした場合、その罪はそれぞれ絞、流三千里、徒三年と規定されている。処が唐律には、右の未遂罪（「略人不得」）に関する規定が存しない為、同上の疏は、その場合は強盗未遂（「強盗不得財」）の罪を以て論ずべしとする。それでは、何故その場合、強盗未遂の罪を以て論ずるのか、その理由について疏は次の如く述べている。

為奴婢者、即与強盗十匹相似、故略人不得、唯徒二年、為部曲者、本条減死一等、故略未得、徒一年半、為妻妾子孫者減二等、故亦減強盗不得財二等合徒一年、

即ち、良人を略奪して奴婢となした者の罪は絞であるから、それは強盗によって財物十匹を得た罪（絞）と一致する。故に良人を略奪して奴婢となすことを得なかった者の罪は、強盗を犯して財物を得なかった罪を適用して徒二年とする。これを規準として良人を略奪して部曲、妻妾子孫とするを得なかった罪も、本文の減軽規定を援用して徒二年から一等宛逓減し、それぞれ徒一年半、徒一年とする。ここでは、事犯甲（良人を略奪して奴婢とする行為）の既遂罪の規定は存するが、その未遂罪の規定が存しないとき、それを比附の手法によって既存の法規から導き出しているのである。即ち、その場合、事犯甲の既遂罪とその性質が類似し、しかもその量刑が、一致する事犯乙（財物十匹を強盗する行為）の規定を探し出し、事犯乙の未遂罪（徒二年）を事犯甲に適用するのである。なお前掲疏文の前に、次の如き文が見えていることに注意しなければならない。

在律雖無正文、解者須尽犯状、消息軽重、以類断之、

右の文は、比附の操作についての一般的な準則を述べたものと思われ、律に明文なき場合の法の運用は、その犯状

を十分に調べて、当該事犯と刑罰の度合いが均衡し、且つ当該事犯と性質の類似する他の条項に依拠して処断すべきであるとする。これを前記賊盗律の例でいえば、略人の罪と強盗の罪とでは、その犯罪行為の対象は異なるが、行為の性質自体は、理に照らして類似するから（名例律43条疏に「略人為奴婢者、理与強盗義同」とある）、略人未遂の罪を強盗未遂の罪に比附することができるのである。これ即ち前掲文の「以類」ということである。又略人未遂の罪を徒二年としたのは、前述の如く強盗未遂の罪が徒二年とされたことと比較衡量した上で、そのように定めたのである。これ即ち前掲文の「消息軽重」ということである。このように唐律における比附は、その操作に当り、事犯の性質の類似性と量刑の妥当性とが屡々法的根拠をあげて説明され、それらが操作の際の規準となっていることが注目される。

二　因准の機能（その二）

以上、唐律に現われる比附について、縷々述べて来たが、それでは我が明法家の用いる「比附」なる語の意味内容は如何であろうか。早川庄八氏が指摘する如く、明法家の用いる「比附」は、唐律に見える比附と異なって、早くから前述の因准とほぼ同義に使用されて来たようである。早川氏は、その用例を二つあげられる（前掲書二一一頁以下）。その一つは天平宝字四年（七六〇）以前の正倉院文書に見えるものであり、他の一つは九世紀前半の讃岐千継・物部敏久の論案（「法曹類林」巻百九十七所載）に見えるものである。前者は六人部荒角なる者が曹司の周辺で人に藁を焼かせた行為に対する罪名の勘申であるが、それには雑律41条（庫蔵及び倉内で火を燃やした者は杖一百を科すという規定）と同42条（失火等により他人の舎宅・財物を延焼せしめた者は杖八十を科すという規定）とをあげ、この両条に「比附」すれば、前記の行為には罪名はないと答えている。右の「比附」は、「雑律両条に依拠して罪名を勘えるならば」という程の意味であって、雑律両条をいわば反対解釈したものである。又、後者は外位の帳内・資人が内職事に任ずるときは改めて内位に叙すという選叙令17条に「比附」して、内位の者を外職事に任ずるときは改めて外位に叙すべきことを述べたものである。ここでも、右の「比附」は、「選叙令17条に依拠して勘えるならば」という程の意味である。そうすると、この二つの「比附」は、相応の量刑を求めて性質の類似する他の条項を借用するという唐律の比附とは、その意味内容が異なっている。このように日本律令の編纂から余り隔っていない八・九世紀という早い時期に、しかも後者の例に見る如く、高名な明法家（物部敏久は「令義解」撰者の一人）によって、「比附」なる重要な法律用語が「因准」とほぼ同じ意味に使用されていることは注意すべきことであろう。

しからば、何故わが国では、「比附」なる語が因准と同義に使用されるに至ったのであろうか。その理由の一つとして、日本律編纂時における唐律の比附の理解の程度が問題となろう。前掲の唐賊盗律13条疏にある「金科雖無節制、又須比附論刑」云々と全く同一の文が我が養老賊盗律同条にも存するから、律の運用に比附なる技法を認めていたことは、我が国においても唐と変りはない。しかし、比附の操作に当って、唐律が事犯の類似性や量刑の妥当性にかなり注意を払い、屢々法的根拠をあげて、それを説明するのに対し、日本律がどの程度、それに配慮していたのかということになると、やや疑問に思われるところがある。確かに養老賊盗律13条においてもまた、「奴婢家人、法為主隠」として、何故に家人・奴婢の罪が子孫の罪に比附し得るのかという法的な根拠が示されている。しかし、日本律は唐の律疏を藍本として編纂される際に、往々にして唐の律疏に現われる比附に関する重要な原則的な説明を削除しているることが注目される。もとより日本律の大半は亡佚して、今日に遺されているのはその四分の一ほどに過ぎないけれども、その遺された律文を検しても、右の事実は或る程度、推測し得るように思われる。例えば前記賊盗律45条に見える比附の手法を用いた略人未遂罪の処断については、前述の如く唐律においては、それが疏文の中に記されているのであるが、養老律においては、略人未遂罪は「未得各減四等」として、律の本文中に規定されている。養老律がこのように唐の律疏の文を要約して、それを律の本文中に転載したのは、唐律では人を略して奴婢とする罪が絞であるのに対し、日本律では、それを改めて遠流とした為、その罪と賊盗律34条の強盗十五端を絞とする罪とのつり合いがとれず、従って比附の手法を用いることができなかった為であろう。(5) しかし、それ故にまた略人未遂罪を強盗未遂罪に比附する手法、及び比附に関する基本原則ともいうべき前掲唐の律疏の文をも、日本律ではすべて削除してしまう結果となったのである。

また唐賊盗律30条の疏に見える問答には、左の如き文が見えている。

問曰、発冢者加役流、律既不言尊卑貴賤、未知発子孫冢、得罪同凡人否、

答曰、五刑之属、条有三千、犯状既多、故通比附、然尊卑貴賤等数不同、刑名軽重、粲然有別、尊長発卑幼之墳、不可重於殺罪、若発尊長之冢、拠法止同凡人、律云、発冢者加役流、在於凡人便減殺罪一等、若発卑幼之冢、須減本殺一等而科之、已開棺槨者絞、即同已殺之坐、発而未徹者徒三年、計凡人之罪、減死二等、卑幼之色、亦於本殺上減二等科、若盗屍柩者、依減三等之例、其於尊長並同凡人、

唐賊盗律30条は、死者を葬った冢を発《あば》いた者の罪を規定するが、そこには尊卑貴賤の冢を発いた者の罪については規定するところがない。その為、右の問答は、尊長による卑幼の冢に対する罪を比附の手法によって案出したものである。(6) 即ち、その手法は、凡人の闘殺罪を規準にして、それと本条の諸罪とを比較衡量した上で、その減等方法を定めている。そうすると凡人の棺槨を開く罪（絞）は闘殺罪に等しいから、冢を発く罪（加役流）は闘殺罪より一等減、冢を発掘したが棺槨まで達しなかった罪（徒三年）は二等減、すでに冢が穿たれて隙穴のある場合、及び屍が外にあって、まだ殯埋されていない場合に、屍柩を盗んだ罪（徒二年半）は三等減となる。次に右の減等方法を卑幼の冢に対

する尊長の犯罪に適用して、各々の場合の量刑を案出する。即ち、尊長が卑幼の棺槨を開く罪は、尊長が卑幼を闘殺した罪と同じくし、尊長が卑幼の冢を発いた罪は、それより一等減、尊長が卑幼の冢を発掘したが、棺槨まで達しなかった罪は、それより二等減、尊長が卑幼の屍柩を盗んだ罪は、それより三等減とする。

さて、右の問答を養老律では、どのように修訂しているかといえば、問答体の文を論述体に直し、尊長の罪を各々の場合に従って唐律より更に何等か減軽しているが、その文章は、唐の律疏を殆どそのまま引き写したものである。処が唐の問答の答の部分の冒頭にある「五刑之属、条有三千、犯状既多、故通比附、然尊卑貴賤等数不同、刑名軽重、粲然有別」という文は、養老律では全く省かれている。この文の意は、凡そ次の如くである。「孝経」に五刑の属、三千とあるように犯罪の態様は頗る多く、それを逐一、法律に明文化することは不可能である。従って比附という操作が必要となる。尊卑貴賤の身分上の差は等しくないのであるから、それに対する罪名の軽重も、明確にその区別が存するのであると。即ち唐律では何故、この場合、比附という操作が必要なのかという基本的な説明がここで為されているのである。しかるに、この文が日本律で省かれていることは、比附という技法を理解するのに、必ずしも十分ではないといわざるを得ない。何故なら日本律も唐律と同様、凡人の闘殺罪を規準にして、比附なる操作を行なっているけれども、この文が省かれている為、それが「比附」という技法によるものであることがどこにも示されていないからである。

更に唐闘訟律56条の疏には、次の如き文が見えている。

教人部曲奴婢、告主期親以下、雖無別理、亦合有罪、教告主期親及外祖父母者、科不応為重、教告主大功以下緦麻以上、科不応為軽、雖無正文、比例為允、

唐闘訟律56条の本文には、他人の部曲・奴婢を教唆して主を告言せしめた罪（告言者の罪より一等減）は規定されて

いるが、他人の部曲・奴婢を教唆して、主の期親以下の親族を告言せしめた罪は規定されていない。右に関して、前掲疏文は、主の期親及び外祖父母を告言せしめた者に対しては不応為罪の重（杖八十・雑律62条）を、主の大功以下、緦麻以上の親を告言せしめた者に対しては不応為罪の軽（笞四十・同条）をそれぞれ科すとする。処で、右の疏には、末尾に「雖無正文、比例為允」（正文ナシト雖モ、比例スルヲ允《アタレ》リト為ス）という文が見えているが、その意は、それらの罪に関しては、律に明文がないけれども、「比例」（比較衡量）した上で、そのように科断するのが妥当であるというのである。それでは、疏は一体何と「比例」して、そのようにいっているのであろうか。疏がここで他人の部曲・奴婢を教唆して主の期親及び外祖父母を告言せしめた者に対し不応為罪の重を、又主の大功以下、緦麻以上の親を告言せしめた者に対し不応為罪の軽を科すといっているのは、本条に「教令人、告緦麻以上親、及部曲奴婢告主者、各減告者罪一等」とあるように、他人を教唆して緦麻以上の親族を告言せしめる罪、及び他人の部曲・奴婢を教唆して主を告言せしめる罪が各々告言者の罪から一等を減ずるということと比較衡量した上で、そのように科断するのが至当であるといっているのである。それが「雖無正文、比例為允」という文の具体的な意味内容である。そうすると、この文は簡短ながらも、法規欠缺の際における量刑案出の理由づけを述べているのであって、まことに重要な文であるといわねばならない。しかるに養老律においては、本条は逸文として、ほぼその全文が伝えられているにも拘らず、この唐の律疏の末尾に相当する文のみは見えていない。恐らく法文を簡潔なものとする為に削除されたのであろう。

以上、僅か三例ではあるが、唐の律疏に現われている比附や不応為罪を適用する上での原則、規準、又は理由づけともいうべき文が日本律には存在しないことを指摘した。これらは刑の減軽からする律文修訂の結果、削除されたり、又律文の簡素化という面から省略されたりしたものであろうが、その為に比附に関する配慮、とくにそれに伴なう量刑の妥当性や事案の類似性に対する関心が唐律の場合よりも稀薄になるという結果を招くことは否定し難いであろう。

右から推測するに、我が国では律令編纂当初から比附という唐の法解釈技術をどの程度まで正確に理解していたのか、やや疑問にさえ思われるのである。

ここに何故「比附」なる語が我が明法家によって、「因准」と同義に用いられたのか、その理由を尋ねて、日本律編纂時における「比附」の理解の程度が必ずしも十分ではなかったのではないかと推測して来たのであるが、それに加えて、我が明法家が「比附」を「因准」と同義に用いたのは、そもそも「比附」と「因准」との間には、技法上、類似する性質があったことにもよるのではないかと思われる。前述の如く、「因准」(＝因循)とは、その原義は弁論における対立が生じたとき、相手方を説得する為の自己の主張の拠り所を求めることであった。唐律の「比附」もまた、その手法は多様であるが、事犯に直接適用すべき条文が見当らないとき、類似の条文にその拠り所を求めて、量刑の妥当性をはかろうとするものであった。自己の主張の拠り所を既存の法規に求める点においては、「比附」もまた「因循」(＝因准)と同じ性質を有するといってよい。ただし「比附」は、同じ律法典の枠内において量刑の妥当性に配慮しながら行なわれる操作であるのに対して、「因循」は、法適用に当り、当該事案と関連性のある既存の律令条文等に依拠して、そこから妥当な法的規準を導き出す操作であり、「比附」よりも更に幅広い概念を有するものであった。そうすると「比附」もまた「因循」の一種であり、律法典運用における法規欠缺の際に行なわれる「因循」が即ち「比附」というものではなかったかと思われる。我が平安・鎌倉時代の明法家が「比附」と「因循」(＝因准)とを屢々同義に用いている理由の一半は、両者が何れも法適用の正当性の根拠を既存の法規に求めるところから生じたものではなかろうか。

三　因准の構造（その一）

前述せる如く因准の原義は、弁論における対立が生じたとき、相手方を説得する為の自己の主張の拠り所を求めることであった。それを更に敷衍すれば、新しく立法作業を行なう場合、又は事実関係に法規範を適用する場合、その立法や法適用の正当性の根拠を権威ある既存の法規に求め、そこに合法性、適法性、法的安定性を得ようとする技法ということができよう。

それでは因准なる操作が行なわれる場合、いかなる論拠に基づいて、いかなる議論の組み立て方が為され、いかにして結論の正当化が行なわれるのであろうか。即ち、因准の論理構造は如何という問題である。しかし、因准の論理構造を抽象的に析出することは、決して容易ではない。何故ならば、因准の態様は一様ではなく、その内部構造も複雑であり、しかも何よりも明法家は、それを明確に理論的な対象として説明していないからである。

ここではとりあえず、因准の三つの類型をあげて、明法家の議論の進め方を推測しながら述べてみたいと思う。

先ず第一の類型であるが、佐藤氏があげられた「明法条々勘録」15条の例（前掲論文三九六頁）を見よう。

一以僧為夫可聴否事

准令義解文可聴之由、先達或判之、可依用否云々

右戸令応分条義解云、僧尼嫁娶、及私畜財物、並是破戒律、犯憲章、

…………………

僧尼嫁娶、犯法違教、典憲不容、雖設還俗、離之、科更無可用夫之理乎、

ここには僧尼の婚姻は破戒違法の行為としながらも、僧尼が死亡した場合、その婚姻の事実は法的にこれを認めるとする「令義解」の説が先ず挙げられ、次にそれに「准」じて、僧が還俗した場合も、その婚姻の事実を認めようとする「先達の判」（先行の学説）が示されている。この場合の明法家の論理は、推測すれば恐らく次のようなものであろう。妻帯せる僧甲の死亡を事実関係Aとし、妻帯せる僧乙の還俗を事実関係Bとする。次に事実関係Aから、「（僧甲が死亡すれば）もはや僧としての甲は、この世に存在しない」、事実関係Bから「（僧乙が還俗すれば）もはや僧としての乙は、この世に存在しない」という命題を夫々抽出する。更に「令義解」が死亡した僧甲にその婚姻の事実を法的に認めているのは、「もはや僧としての甲は、この世に存在しない」という理由によるものであるとし、そうであるとすれば、妻帯せる乙が還俗した場合も、「もはや僧としての乙は、この世に存在しない」のであるから、その婚姻の事実は、法的に認められなければならないとする。即ち、この場合の明法家の論理は、A、B、二つの異なった事実関係の中から共通の要素を抽出し、それを根拠として、両者に同一の法的効果を認めようとするものである。

さて、ここで僧が還俗した場合、その婚姻を法的に認めようとする「勘録」所載の右の解釈が、その因准の根拠とした「令義解」の説についても暫く考えてみたい。この「令義解」の説とは、前述の如く僧尼の婚姻は違法の行為としながらも、僧尼が死亡した場合に限って、これを法的に認め、その遺産は妻子に相続せしめるというものであって、当時としては極めて斬新な律令解釈であった。今、「義解」の全文を左に掲げよう。

又問、僧尼嫁娶生子、亦既私有財物、既僧尼身死、若為処分、答、僧尼嫁娶、及私蓄財物、並破戒律、犯憲章、其若在生日、即国有恒典、然而僧尼其身既死、雖是違法、亦有妻子、即所有財物、当与其妻子、

右の問答の意は、凡そ次の如きものであろう。

（問）僧尼が嫁娶して子があり、しかも財物を私有していた場合、その僧尼が死亡したならば、その財物はどのよ

うに処分するか。

（答）僧尼が嫁娶し、又財物を私有することは戒律を破り、律令を犯したことになる。しかし国法は生存中にこそ適用さるべきものである。従って僧尼がすでに死亡しているならば、たといその僧尼が生前に違法な行為をしていたとしても、その所有せる財物は妻子に与えるべきである。

僧尼の婚姻は内典により、又その財物の私有は僧尼令18条によって禁止されている。従って律令法の趣旨からするならば、僧尼の死亡後といえども、その婚姻は無効とされ、その所有せる財物は官によって没収されるのが至当であろう。しかし当時は、すでに私度僧や妻帯せる僧が少なくなく、律令法をそのまま適用するならば、その妻子の多くは衣食の途を絶たれ、路頭に迷うことになろう。この社会の現実に対し、明法家は「其若在生日、即国有恒典」（其レ若シ在生ノ日ナラバ、即チ国ニ恒典アリ）、即ち当事者の生存中にこそ国法は適用されるべきものであるが、当事者が死亡した場合には適用されるべきではないという理由づけを行なって、律令法を事実上、改変し、それを社会の要請に適合させようとしたのである。

処で問題は、明法家が義解において提示した「其若在生日、即国有恒典」という右の法理である。「義解」の文には、この法理の根拠は何も示されていない。しかし、それは明法家によって何の根拠もなく、全く自由につくり出されたものではなく、これまた律令法から導き出された法理ではなかろうか。今、律令条文を探ってみると、或る特定の条文もしくは条項は、当事者が死亡した場合には、それを適用しないという条件を付しているものが認められる。例えば、次に掲げる養老廏牧令19条である。

凡軍団官馬、本主欲於郷里側近十里内調習聴、在家非理死失者、六十日内備替、即身死、家貧不堪備者、不用此令、

右の条文の意は、次の通りである。即ち軍団の官馬は、その官馬の飼育に当る兵士が自分の郷里十里内において調教したいと願い出たならば、これを許すが、その場合、正当な事由なく、その官馬を死失せしめたならば、兵士は替りの馬を賠償しなければならない。ただし、その兵士が死亡し、その兵士の家が貧しくして賠償の能力のない場合には、この令条は適用しないと。

又、養老名例律33条は、次の如く規定している。

(凡)以贓入罪、正贓見在者、還官主、…………已費用者、死及配流勿徴、別犯流及身死者亦同、余皆徴之、………

(傍線部は唐律により補う)

右の条文の意は、次の通りである。即ち贓を伴なう犯罪については、正贓(有体物の授受・奪取があった場合、その有体物の現物、又はその評価額)は、これを徴収して原所有者たる官もしくは主に返還すべきである。しかし正贓がすでに費用されて犯人のもとに現存しないならば、犯人が死刑または流刑に処断された場合、及び他罪によって流刑に処断された場合、もしくは原因の如何を問わず犯人が死亡した場合に限り、その追徴は一切免除すると。

右の二例の中、前者では官馬を死失せしめた兵士が死亡した場合は、損害賠償の義務を規定した令条は適用せずとし、後者では犯人が死亡した場合は、費用せる正贓の原所有者への返還を規定した律条は適用しないというのである。前述の如く「義解」が、律令法は当事者の生存中にこそ適用すべきであって、死亡した場合には適用すべきではないと述べて、事実上、僧尼の婚姻に関する律令法を改変するが如き大胆な説を展開し得たのも、恐らく律令法典に右の二例に示される如き条文や条項のあることに示唆をうけ、それを踏まえた上でのことであって、前記「義解」の法理は、それを一般化して作られたものではなかったかと思われる。もし、そうであるとするならば、これ又、明法家の用いる因准の一種ということができよう。

佐藤氏があげられたもう一つの因准の例（前掲論文三九六頁以下）、「勘録」16条も右とほぼ同じ類型に属するものである。

一質券田地事

物主者、依格制不預之、借人者、返償遅怠者、物主無所憑歟、負物返償之程、物主暫知行之、返償之時、計入所取之土貢如何云々、

右天平勝宝三年九月四日格云、禁断出挙財物以宅地園圃為質事、右云々、自今以後、皆悉禁断、若有先日約契者、雖至償期、猶任住居、稍令酬償者、

就之案之、本主猶領彼田地、稍可令酬償其借銭歟、然而雑令云、家資尽者、役身折酬云々、准的此令、物主暫知行之、返償之時、計入所取之土貢条、自叶三典之義、須絶両人之愁歟、

右の条文は、質に入れた田地は、引き続き債務者の許に留め置くべきか、それとも債務弁済まで債権者に引き渡すべきかについて論じたものである。右文の意は、凡そ次の通りである。天平勝宝三年（七五一）の格によれば、宅地園圃の質入れは、これを禁ずるが、この格の発布以前に質入契約が為された場合には、質入れした宅地園圃はなお債務者の許に留めて債務を弁済せしめよとある。この格の趣旨からすれば、債務者がそのまま質入れした田地を所有して債務を弁済するのが妥当であろう。しかし雑令19条によれば、出挙（利息付の消費貸借）による財物の貸借に関し、債務者による債務不履行の場合には、債権者は先ず債務者の家宅と資財とを以て債務の弁済に当てしめ、それらの弁済を以てしてもなお債務の全額に不足が生ずるときは、「役身折酬」、即ち債務者をして労役につかしめ、その時価による労賃を以て債務の全額を銷却せしめよとする。従って、この雑令に「准的」すれば、前記質入れした田地も債権者がこれを占有し、債務者による債務の弁済が為される際に、その田地の収益を以て弁済の一部に充当する方が法の

趣旨に叶い、債権者、債務者の双方にとっても納得するものとなろう。以上が「勘録」の著者、中原章澄の説である。

このように章澄が田地の質入れに関し、債務者留置説を駁して、「物主の知行」、即ち債権者留置説をとるに至った論拠は、前記雑令の「役身折酬」にあった。何故「役身折酬」が当該事案解決の論拠となり得るのか、その理由を章澄は詳しくは述べていないけれども、それを推測すれば恐らく次の如きものであろう。当該事案において債務の弁済が遅延した場合、質入れした田地が債権者の許に引き渡されていなければ、債権者にとっては債務の弁済を確実にする手段は何も存しないことになる。処が雑令には、出挙に関する債務不履行の場合、「役身折酬」なる制度、即ち国家権力を背景とした債権者による人的強制執行が認められている。この「役身折酬」の制によって債権者の許に抑留された債務者の人身は、いわば債務の弁済を確実にする為の人的担保といえよう。雑令にかかる人的担保を認めているとすれば、当該事案においても、債務の弁済を確実にする為の物的担保という意味で、債権者に対し、質入れされた田地の占有を認めてもよいのではないかというのが章澄の論法であろう。即ち、この場合の明法家による「准的」の論理は、雑令に規定された「役身折酬」の制を当該事案にそのまま適用するのではなく、雑令の「役身折酬」の制から債務弁済の為の担保という性質を引き出し、それを論拠にして債権者に対し、質入れされた田地の占有を認めようとするのである。

以上にあげた二、三の例は、因准の用例の中でも、最も多い類型であって、拡張解釈を一定程度まじえた類推の方法に近いものであろう。

次に因准の第二の類型であるが、これも佐藤氏があげられた「法曹至要抄」（中）33条の例（前掲論文三九七頁）に見られるものである。

一　以田宅不可為質事

天平勝宝三年九月四日格云、出挙財物以宅地園圃為質、皆悉禁断、若有先日約契者、雖至償期、猶任住居、稍令酬償、

案之、以田宅之類不可為質之旨、格制厳重、是則為令百姓安堵也、若無妨民業者、至于償期可令稍補、

右の条文は、田宅の質入れに関し、これを禁止すべきか、容認すべきかについて論じたものである。質入れを禁じた前述の天平勝宝三年の格に対し、「法曹至要抄」の著者は次のようにいう。田宅の質入れを禁じた格の趣旨は、そもそも百姓の生活を安堵させる為のものである。従って質入れしても、民の生活に何ら支障がないとすれば、田宅の質入れを認め、弁済期まで田宅を債務者の許に留め置いて、債務を弁済させるべきであると。ここに見られる明法家の議論の進め方は、次の通りである。先ずこの格の立法上の理由づけを探究して、「百姓安堵」を発見する。次にその理由づけを特に必要としない場合、即ち「無妨民業」の場合を想定して、この場合に限って、この法の効力を否定するというものである。

この格の立法上の理由づけである「百姓安堵」とは、民の苦しみをすくい、民をいつくしむという儒教の済民主義、撫民主義の思想に由来するものであり、律令法のよって立つ理念であり、原理であった。明法家の論理は、この済民主義、撫民主義という理念、原理が現実の生活に維持されている限り、この法は適用しないというものである。ここでは一定の要件が満たされている場合には、その場合に限って実定法規の効力を否定しているのであり、その為に律令法の理念や原理がその論拠として用いられているのである。これ即ち、田宅質入禁止の理由づけをいわば逆手にとって、質入禁止の例外的措置を作り出し、事実上、質入禁止の規定を骨抜きにしかねない技法である。

右の因准の類型に属するもう一つの例をあげよう。佐藤氏は、明法家の法解釈の中で、「明法家みずから、明らかに律令法を超える法理と意識し、かつ公然とそれを揚言するものが一つあった。それは、家業のためならば律令を破

ることも許されるとする学説である」（前掲論文四〇〇頁）として、その実例を三つあげられている。果してそれが佐藤氏のいわれるような法解釈であるかどうか、ここでは紙幅の都合から、右の三例の中、最も明確に律令法を否定したと見られる次の「勘録」3条について検討したい。

一雖違法養子、無子者可聴否事

正条雖制之、先達或聴之、以何可謂叶時宜哉云々、

右戸婚律云、養子所養父母無子而捨去、徒一年、其遺棄小児年三歳以下、雖異姓聴収養、即従其姓、戸令云、無子者、聴養四等以上親於昭穆合者、即経本属除附者、

違法養子事、設制之条、令典已明、雖須改正、性命将絶故、為令継家業、令収養之条、雖異姓有何事哉、然而許否可在時宜歟、執憲履縄、務従折中之故也、

すでに佐藤氏が述べている如く、律令養子法では、男子なき場合、養子は四等以上の親族の中から昭穆にかなう者（養子が養父にとって子の世代に属する者）を選ぶ必要があったが、ただ三歳以下の小児の遺棄された者は、異姓と雖も養子とすることが許されている。「勘録」の著者中原章澄は、これらの律令条文を明示した上で、家業を継がせる為に迎えた養子は、たとえ律令禁ずるところの異姓の者であっても、違法なりとして養親子関係を解消させる必要はないとするのである。

さて、ここで章澄は、先ず違法養子についての律令の規定が明白であり、それが発覚した場合には、原状回復が義務づけられていることを述べ、それにも拘らず、律令養子法否定の論拠として、次に「性命将絶故」と「為令継家業」との二つをあげているように思われる。右の論拠の中、「性命将絶故」とは、実は前掲「勘録」所引の戸婚律8条「遺棄小児年三歳以下、雖異姓聴収養、即従其姓」の疏文に当る文から引用されたものである（『唐律疏議』参照）(7)。そ

うであるとすれば、律文の上からは右の「性命」は遺棄された小児の「性命」を指すことになり、章澄は遺棄された三歳以下の小児の生命がまさに危険に瀕している場合は、異姓であっても、それを養子として迎えることは、律令も亦これを許していることを述べたことになる。即ち明法家は異姓ではあっても、律令が養子を許している例をここで指摘しているのであって、これを根拠にして、更に律令の禁ずる異姓養子を一定の要件が満たされている場合には容認する説を導き出そうとしているのである。

次に章澄が律令養子法否定のもう一つの論拠とした「為令継家業」であるが、これは佐藤氏のいわれる家業優先の法理である。この明法家の家業優先の法理も亦、我が律令法の中から導き出されたものではなかったか。そもそも家を継ぐという観念は、日本固有のものであり、中国には存在しなかった。そのことは、我が国が唐の律令を継受するに当って、封爵の相続を規定する唐の封爵令を家の相続を規定する継嗣令につくり変えていることに最もよく現われている。(8) わが律令でいう「継嗣」（養老継嗣令2条）、「承家」（同戸婚律9条）とは共に家を継ぐことであり、その具体的意味内容は、家産、家名、家の祭祀等と共に有位者にあっては父祖の官位を、庶民にあっては父祖の家業を継ぐことであった。(9)（「法曹至要抄」（下）13条の案文にも、「養子之法、無子之人、為継家業所収養也」とある。）このように我が律令において、特に家を継ぐということが重視されていることから見れば、佐藤氏のいわれる家業を継ぐ為ならば律令を破ることも許されるとする学説もまた我が律令法の法理の中に、その論拠を有するものであり、「律令法を超える法理」によるものとはいえないのではなかろうか。もとより明法家が家業優先の法理を説いたこと自体は佐藤氏の指摘された通りであり、また明法家自身も、その学説が律令法を超える法理であることを或は意識していたのかも知れないのであるが、明法家が公然と律令法を否定した上で、右の家業優先の法理を説いたものではないであろう。ここに見られる章澄の解釈技法は必ずしも優れているとはいえないが、しかし、それはあくまでも律令法の枠組の中において為された操作であることを建前とするものであり、明法家が律令法の枠組の外に出て、その解釈の正しさの根拠を律令法以外に求めることはなかったと思われる。なお、ここで注意すべきは、この場合も、明法家は律令養子法を全面的に否定しているのではなく、その法規がそのまま適用されると不都合な結果を招来する恐れあるとき、その法規の効力を一定の要件のある場合（ここでは養子になろうとする者の生命に危険があり、且つ家業を継ぐべき実子がいないとき）に限って制限するという建前をとっていることである。しかも、その場合でさえ、章澄は「許否可在時宜歟」として異姓養子の許されるのは、その時々の事情によるべきことを述べているのである。この点からも、明法家による家業優先の法理が律令法を公然と否定するものではなかったことは明らかであろう。

以上述べた「法曹至要抄」と「勘録」との二例に見られる明法家の解釈技法は、従来の実定法規については、その一般的効力を原則という形で、あくまでも保持しながら、しかし、それを従来通りに適用すると不都合な結果を生ずる恐れのある事案については、一定の要件つきで例外を設けるというものであって、ここには「因准」等の語は用いられてはいないが、やはり律令法の原理や理念に因准して、右の作業を行なっているのである。この論法は既存の法体系との整合性を保ちつつ、新しい法創造を行なう上で頗る重要な技法であるといえよう。

四　因准の構造（その二）

次に因准の第三の類型に属するものとして三つの例をあげようと思う。先ず一条兼良の「源語秘訣」に引かれる延喜七年（九〇七）の明法博士惟宗善経、同惟宗直本の勘文であり、史料には「因准」なる語は見えないが、これも因准の手法によって法規の欠缺を補ったものである。

勘申、東宮聞食姨喪、雖未成人可有御服以否、又仮令無御服者、例行神事不停止否事

右蒙上宣偁、上件両事臨時有疑、宜勘申者、喪葬令云、姨服一月、仮寧令云、職事官遭一月喪給仮十日、又条云、無服之殤、一月服給仮二日者、今案件文、七歳以下服親死日給仮也、七歳以下不可着親服、令条無之、名例律云、七歳以下雖有死罪不加刑、又職制律云、可着服人聞喪、匿不挙哀者、共徒罪以下也、由是案之、死罪之重不可加刑、何況徒罪以下、無可更論、既無罪者不可有御服、……仍勘申、

延喜七年二月廿八日

大判事兼明法博士　惟宗朝臣善経

主計頭兼明法博士　惟宗朝臣直本

右の勘文は、当時五歳であった東宮の保明太子が姨（母の姉妹）の喪にあった際、太子はその喪に服すべきか否かを朝廷が法家に勘申せしめた際に進められたものである。仮寧令によれば、官人の親族が死亡した際、その官人は親族との関係の親疎によって、それぞれ異なった日数の服仮を賜わるが、生後三月より七歳までの幼児が死亡した場合、その親族たる官人は「無服之殤」として喪服を着けずに心喪すべきであるとする。処が逆に七歳以下の幼児は、その親族が死亡した場合、いかなる喪に服すべきやについては律令に規定がない。右の勘文は、それについて答えたものである。今、勘文の内容について順を逐って説明を加えて行こう。

喪葬令17条によれば、舅（母の兄弟）、姨（母の姉妹）が死亡した場合の服喪の期間は一月と規定される。仮寧令3条によれば、服喪期間一月の親族が死亡した場合、職事官（現に職掌を有する官人）は十日の仮を給うとされる。又、同4条によれば、無服の殤、即ち生後三月から七歳までの幼児が死亡した場合、その者に対して一月の喪に服すべき立場にある職事官は、二日の仮を給うとされる。（明法博士等がこの仮寧令4条をここに引用したのは、死亡せる幼児がその

官人にとって、姨に当る場合を想定したからであろう。）今これらの条文を案ずるならば、七歳以下の幼児が死亡した場合、その幼児に対して喪に服すべき親族に賜わる仮の日数については、令条に規定されているが、逆に七歳以下の幼児に対して、その親族が死亡した際、喪に服すべきかどうかについては、令条に規定がない。このように明法博士等は、律令における法規の欠缺を指摘した上で、次の如き論理《ロゴス》を展開するのである。

(一)　名例律30条によれば、七歳以下の幼児は、完全なる責任無能力者として如何なる罪を犯そうとも科刑されない。

(二)　職制律30条によれば、喪に服すべき人が親族の喪を知りながら、それを匿して挙哀（死者の為に大声で泣く礼）をしなかった場合、それぞれの親族との関係の親疎によって異なった処罰がなされるが、その罪は何れも徒罪以下である。

(三)　七歳以下の幼児に対しては、死罪という重罪さえも許されるのであるから、当然、徒罪以下の軽罪は許される。従って七歳以下の幼児が喪に服すべき親族に対し、喪に服さなかったとしても無罪である。

(四)　すでに喪に服さずとも無罪である以上は、七歳以下の者に対しては服喪の義務がないといってもよい。

ここでは、明法家は事案に関連する律令条文をいくつか提示し、それらを組み合わせることにより、事案解決の為の新しい法理を導き出しているといってよい。

次に示す「法曹至要抄」（下）17条にみる明法家の因准の論理も、右に述べた明法博士の勘文の場合と同じ類型に属する。

一僧尼遺物弟子可伝領事

名例律云、僧尼若於其師与伯叔父同、於其弟子与兄弟之子同、戸令云、無子者、聴養四等以上親於昭穆合者、説者云、四等以上者、謂兄弟之子、儀制令五等親条義解云、兄弟之子猶子、引而進之、案之、遺財処分、為俗人雖儲法、為僧尼不立制、只以因准之文、可案折中之理、仮令僧尼身亡、有遺物有弟子、聖教経論之類、相承諸（護）法之者便可伝得、自余仏具衣鉢之類、各随状可均分、是則准俗人之法、兄弟之子者猶子、至収養之時為得分之親、今僧尼於其弟子可比俗人之養子歟、但准養子之条、随事可案得歟、

右の文は、その案文にあるように俗人の遺産相続については、すでに律令に明文があるが（戸令23条を指すものであろう）、僧尼のそれについては、明文を欠いている為、因准の文によって妥当な法理（「折中之理」）を案出しなければならないとして、その因准の手法を述べたものである。この案文に述べられた結論は、僧尼の遺産相続法は俗人のそれに准ずべきであるというのであって、被相続人の所有せる聖教経論の類は、護法を伝承する者一人が相続し、それ以外の仏具衣鉢の類は、護法伝承者を含む弟子達による均分相続とすべきであるとする[10]。これは恐らく戸令23条において、相続分は嫡子が二分、庶子が一分とされたことに準じて、護法伝承の弟子のみを嫡子に倣って特別に遇し、他の弟子は庶子に倣って均等に扱ったものであろう。

それでは何故、僧尼の遺産の相続について、それを俗人の場合に准ずることが可能なのであろうか。右に関して「法曹至要抄」のいうところは必ずしも明瞭ではないが、事書の次に示された名例律57条、戸令12条及びその「説者」（有力学説）、儀制令25条の「義解」等と案文の「兄弟之子者猶子」以下とを合わせ考えると、明法家による因准の筋道は、凡そ次の如きものとなろう。

㈠　僧尼における師と弟子との関係は、名例律57条により、俗人における伯叔父と兄弟の子との関係に擬すことができる。

㈡　兄弟の子は、四等以上の親であって、しかも昭穆に合する者であるから、戸令12条及びその「説者」により、伯叔父の養子となることができる。しかも兄弟の子は儀制令25条の義解により「猶子」（「礼記」檀弓）とされ、

養子として最適の者である。

(三)　養子となるときは、被相続人たる養親の遺産を相続することが認められる（戸令23条）。

(四)　故に僧尼とその弟子との関係は、俗人の養親と養子との関係に准ずることが可能となり、僧尼の遺産の相続に関しては、俗人の法を適用することができる。

この場合も、前記勘文の場合と同様、明法家は事案に関係する律令条文、もしくは条項、令の公定の注釈書たる「令義解」、律令の有力な注釈・学説である「説者」等を提示し、それらの論拠を組み合わせ、相互に関連させることにより法規欠缺の際の新しい法創造を行なうのである。尤も右の例からいえば、明法家が引用した名例律57条は、本来、寺院内における身分関係の刑法上の扱いについて規定したものであり、そこに見られる師と弟子との関係を伯叔父と兄弟の子との関係に比定するという法理は、罵詈・傷害・殺人等の律適用の対象となる可罰的行為に限られるものであった。従って、その関係を更に養親と養子との関係に移し変える明法家の論法には、多分に牽強附会の感を否めないが、実はそれがみそなのであって、そこに明法家の法解釈における理由づけの苦労があったとみるべきであろう。

右にあげた二例と同じ類型に属する因准の技法をもう一つ紹介することにする。即ち寛弘二年（一〇〇五）頃、明法博士惟宗允亮によって設定されたと思われる法家問答である。

問、十七之人犯盗者、猶徒役哉、将可聴収贖乎、答、名例律云、年十六已下犯流罪以下収贖云々、為其老小特被哀矜、並許収贖、戸令云、男女十六以下為少、廿以下為中、弘仁民部格云、以十八為中男者、令以十六為少、格加一年為中、便知十七既是小男也、夫挙軽明重、金玉通例、課役此軽、尚増年配役、罪科惟重、須加年科罪、依律准格、可聴収贖、（「政事要略」巻八十二・国史大系本六六八頁）

右の問答は、十七歳の者が盗罪を犯した場合、徒役に服せしめるか、又贖を収めて実刑を免除せしめるかの問題に関し、律令と格とを援用することによって、従来の十六歳以下を改め、十七歳以下の犯罪は実刑を科さず、収贖を聴すという新法を案出したものであって、これ又、因准の手法によるものである。明法家は、右の結論を得るに当って、どのような論理を展開しているのか、次に具体的にそれを見よう。

㈠　名例律30条によれば、年十六以下の者は、流罪以下を犯せば収贖が聴される。（従って、十七歳からは完全なる責任能力者として実刑が科される。）

㈡　戸令6条によれば、年十六以下を少とし、二十以下を中とする。（なお戸令5条によれば、男子の年十六以下は不課戸とし、課役がすべて免除される。）しかし弘仁民部格においては、右の戸令の規定は改められ、年十八から中男とされた。即ち、令は十六以下を少とし、十七以上を中としたが、格では一年を加えて十八を中男とし、十七以下を少男とした。

㈢　課役は罪科としての徒役よりも労働の程度が軽い。それにも拘らず、格では律令よりも年齢を一年増して十八から課役を科すこととしている。従って、課役よりも重い労働が科される徒役は当然、年齢を一年引き上げて十八からとすべきである。

㈣　故に十七歳で盗罪を犯した者に対しては、収贖が許さるべきである。

ここでは、律、令、格の条文を論拠とし、それに挙軽明重と因准（「依律准格」）との二つの法解釈の技術が用いられて、右の如き結論が理由づけられ、律条を改正する手続きをとることなく、法解釈によって事実上、律条の内容が変更されているのである。

以上、第三の類型に属する因准の技法は、前述の如く事案に関係する既存の律令格式の条文、公定注釈書たる「令義解」、有力学説、経書の一節等の諸法源を複数、論拠として提示し、それら相互の体系的連関を考慮しながら事案解決の為の法規準を創造しようとするものであって、いわば今日の論理解釈、体系的解釈に近いものということができよう。しかも、この法創造活動においては、殊に第二の「法曹至要抄」の例によく示されている如く、既存の法規の本来的な意味内容の単なる認識に過ぎないかのような装いをまとうことが重要なのであって、明法家は一見、形式論理を操るかに見せて、その実、新しい法創造を行ない、現実の要請に応えようとしたのである。

五　因准の構造（その三）

以上から明らかなように明法家による因准の技法の態様は決して一様ではなく、理論構成も複雑であって、その技法の内部構造を抽象的に析出することは容易ではないが、これら三種の因准の類型を通じて、なお因准なる操作にとって重要な原則があった。それは僧尼の遺産相続に関する前掲「法曹至要抄」（下）17条の案文の中に、遺産の処分については俗人の為に法が設けられて居りながら、僧尼の為にはその明文規定がないと述べた後に、「只以因准之文、可案折中之理」（只、因准ノ文ヲ以テ、折中ノ理ヲ案ズベシ）とあることである。この文は因准の仕組みを探る上で、一つの示唆を与えているように思われる。それでは、右の「以因准之文、可案折中之理」とは、一体どのようなことを意味するのであろうか。

「折中」(11)の語が見えるのは、唐賊盗律1条の疏の問答中であり、養老律も、それをそのまま受け継いでいる。その文とは、次の如きものである。

刑法慎於開塞、一律不可両科、執憲履繩、務従折中、

右文の意は、刑法を司る官吏は、類似の事案に対し、或る場合には法を適用したり、或る場合には法を適用しなかったりするというようなことがあってはならず、又、同一の律文を解釈することにより、それから異なった二つの科刑が導き出されるようなことがあってはならない、法の運用は衡平に為されなければならないというものである。「折中ニ従フ」とは、ほど良い判断をする、人情にかなった判断をする、人々をしてなるほど尤もだと思わせる判断をするというようなことを指し、結局、法を司る官吏は、法規の解釈、適用に際して、人々をして納得せしめるに足る中正な判断を下すことに努めなければならないことをいったものであろう。即ち、「折中」とは衡平、実質的正義、具体的妥当性等に近似する律令法の理念である。

そうすると前掲「法曹至要抄」の案文の言葉は、明法家が律令の条文を解釈、適用する場合（当該事案では法規欠缺の場合をいう）、因准という技法によって、人々をして納得せしめるような中正な法理を案出しなければならないということであろう。さて、因准のそもそもの原義は、屢々述べる如く弁論における対立が生じたとき、相手方を説得する為の自己の主張の拠り処を求めるということであった。そうすると、自己の主張の正当性の根拠を様々な諸法規、理論、原理等から成る既存の法体系に何らかの仕方で関連づけ、それとの整合性を維持して行くということが、先ず第一に果さるべき明法家の職務であるということができる。しかし何故、明法家にとって因准なる技法が必要とされたかといえば、それは現実社会からの実質的要求に適合した紛争解決の規準を合法的につくり出すことが明法家に要請されていたからに他ならない。そうなると、明法家は因准の手法によって、自分ではいかに巧妙な理由づけを以て既存の法体系から妥当な結論を導き出したと確信していても、その結論を含めて、その導き出し方が多くの人々によって支持されるものでなければ、その結論は現実には十分に機能しないことになる。即ち、明法家は多くの人々の満足の行くような法的決定を行なわなければならないのである。しかし一方、人々の満足の行くような法的決定とは決して唯一無二のものではなく、また永遠不変の真理でもない。それは極めて莫然としたものであり、場合によっては、人々の満足の行くような法的決定とは何であるか人々にとっても不明のことさえある。その際に、これこそが正しい法的決定であるとして多くの人々をして納得せしめる為の根拠や理由づけが必要となってくる。ここにおいて、明法家は一方では「折中」にかなった妥当な結論を導き出すことを視野に入れながら、他方では既存の法体系との整合性をはかるという操作を進めて行かなければならない。この二つの異なった要請のそれぞれにバランスよく応えて行くことを端的に表現したものが即ち前掲「因准ノ文ヲ以テ折中ノ理ヲ案ズベシ」という「法曹至要抄」の文ではなかろうか。

それでは折中と因准との関係は如何。それは次の如く言い得るであろう。折中とは因准なる操作に対して方向づけを与えるものであり、因准とはその法的決定が折中にかなっていることを証明する為の理由づけの操作であると。即ち、折中は因准を方向づけ、因准は折中を正当化するものといえよう。明法家がその勘答類において因准の論理を展開した後、屢々その文の末尾に「理得適中」（理、適中ヲ得）、「自叶三典之義」（自《オ》ラ三典ノ義ニ叶フ）等と結んで、その因准なる操作の結果、得た結論が折中の理にかなっていることを自《ミ》ら述べている[12]のも、そのことを示すものであろう。

かくして因准は折中という理念によって導かれると同時に、この理念が暴走するのに歯止めをかけるという重要な機能を担うものとなった。法の運用に当り、因准の要素が濃厚となって、折中の要素が稀薄になると、実生活から遊離した、法律家によるいわゆる机上の空論が横行し、折中の要素が濃厚となって、因准の要素が稀薄になると、法創造が恣意的に行なわれて、強者の支配する実力の世界となる。

しかし因准という論理と折中という理念とが互に他をチェックし、その関係が適切に維持される限り、既存の法体系との整合性を保ちながら新たな法創造が円滑に行なわれるということになるのである。この因准と折中との均衡のとれた関係とは、別言すれば立法作業や法適用の操作における法的決定の形式的理由づけと実質的理由づけとが、ほどよく調和している関係ともいえよう。立法作業におけるその一例として、前稿で指摘した日本律の六議の制の創出があろう。日本律は唐律の八議の中から「議賓」を削除し、且つ「議勤」を「議功」に合して、これをも削除した。「議賓」を削除したのは、王朝交代制のない我が国としては当然であるが、「議賓」を削除して、そのままにしておけば、八議は七議となってしまって、それでは数として落ち着きが悪い。そこで我が律令撰者は、この制の淵源である「周礼」と関係の深い「六」という数に依って、「議勤」を「議功」に合したのであろう。しかし、「議勤」と「議功」とは、前者が国家に「大勤労」ある者、後者が国家に「大功勲」ある者に夫々刑事上の特典を与えて優遇する制であって、両者は内容的に極めて類似するものであったから、これを合しても法文の上からみて少しも不自然ではない。むしろその方が合理的であり、現実に適しているともいえよう。かくして我が六議の制は、当時の国情にかなうと同時に、「周礼」という律令法体系の原理にも沿うこととなり、ここでいう折中と因准とのバランスがよくとれている例ということができる。(その点、我が八虐の制は、その創出に当って、唐の十悪から「内乱」を削除すると共に、家族道徳に対する犯罪である「不睦」を非人道的な犯罪である「不道」に合して、これをも削除した為、隋の大業律への因准は適切といえるが、折中の点からいえば、不十分な結果を生じたことを免れない。)

折中と因准との均衡がよくとれている例として、もう一つ法適用の場合から、それをあげるならば、延喜七年の惟宗善経、同直本の前掲勘文を指摘することができよう。前述の如く七歳以下の幼児が死亡した場合、その親族たる官人の服喪については律令にその規定があるけれども、逆に七歳以下の幼児は、その親族が死亡した場合、いかなる喪に服すべきか律令には明文がない。この勘文は、それに応えて、律令の条文に因准することにより七歳以下の者に対しては、服喪の義務のないことを導き出したものである。この勘文の解釈は、「法曹至要抄」(下) 40条に「七歳以下人不着服事」として、殆どその結論のみが引かれ（後述）、更に室町時代の末に一条兼良によって前記勘文が引用された後、「是によりて今の世に及まで、七歳以下の人は父母の喪にも着服の事はなき也」（「源語秘訣」）と述べられている。なお江戸時代に至って、貞享元年（一六八四）の服忌令に「七歳未満の小児、自他共に無服」[13]とあり、元禄六年（一六九三）十二月の触書にも、「七歳未満之小児之方えも服忌無之」[14]とあるのは、恐らく前代の「法曹至要抄」、「源語秘訣」の影響によると思われるが、そうであるとすれば、十世紀初めの勘文に発する明法家の学説が十七世紀末に至るまで法源として、その生命を保ち続けていることとなり、これ又、前記勘文に見られる惟宗善経等の因准の技法が甚だ巧妙であって、且つその結論が人情によくかなうものであったことに起因するのではなかろうか。

さて、ここに明法家による因准の議論の過程を整理するならば、それは凡そ次の三段階から成るといえるであろう。

㈠　提起された個別、具体的問題に即して、この問題を適正に解決する為の論拠を広く律令法体系の中から見つけ出すこと。

㈡　かくして見つけ出された法的論拠により、又は複数の法的諸論拠の組合せにより、当該個別、具体的問題を正しく解決する為の法的規準を創り出すこと。

㈢　かくして創り出された法的規準の適否は、もっぱら「折中」の視点から、これを検査、確認すること。

今、仮に㈠を発見、㈡を証明、㈢を結論と呼んで、部門分けをしてもよいであろう。㈠でいう論拠も、すでに述べた所から明らかなように、それは我が律令格式の条文、公定注釈書たる「令義解」を始めとして、「説者」なる不特定の有力学説、古記、令釈、穴記、讃記、朱説等の明法家の注釈、儀式、宣旨、太政官符、別当宣、更には唐の律令格式、及びその注釈から「礼記」、「左伝」、「論語」等の中国古典に至るまで、まことに多彩である。又、これらの諸論拠から、いかにして問題解決の為の新しい法的規準を創り出して来るか、㈡の方法も前述の如く決して一様ではない。即ち論拠の見つけ方も、証明の仕方も、提起された問題状況によって様々に異なるのである。

このように因准は、「折中」という実質的正義にかなった具体的妥当性を得る為の論理的プロセス、即ち理由づけを重視する法的思考様式であった。明法家は、律令政府首脳、その官僚の意向、更には時代の趨勢、民心の動向までも見据えながら、衡平感覚を働かせて、それらに適合した妥当な法的決定を当時の実定法的規準である律令法体系全体の中から理由づけようとしたのである。「令集解」や「政事要略」等に現われる八世紀から十一世紀初頭に至る明法家の私記や勘答類を一見するとき、我々は当代の明法家が法規と現実とのはざまにあって、かかる法的結論を得る為の法思考を苦悩しながら行なっていたと推測してよいであろう。さて、前掲「政事要略」所引の惟宗允亮が考案せる法家問答の後には、次の如き注記が認められる。

　　寛弘二年三月廿七日政、強盗類多治大丸承伏、進過状已畢、問注年之処、称十七、仍為視後学、作此問答、

右の注記によれば、前掲法家問答は、実は寛弘二年（一〇〇五）の強盗の事案を利用して、允亮自らによって後学の為に学習のサンプルとして作成されたものであった。ここに当時の明法家による法解釈技術の習練が実証されるのであり、その修得が家学としての明法道の基礎を支えていたのである。かくして因准の技法により、いかに説得力のある折中の法理を生み出して行くかが明法家としての腕の見せ所となったのであり、古来、大法律家と呼ばれ、名裁判官と謳われた人々は、いわば因准の名手であったともいえよう。明法家は、その腕前を磨く為、日夜研鑽に努めたのであり、「政事要略」や「法曹類林」等の法律書は、その為の格好の教材としての性格をも併せ有するものであったといわねばならない。

六　因准の推移

しかし平安時代の後期、十二世紀半ば頃から明法家による因准の技術も次第に生気を失って来たようである。何故、生気を失って来たのか、その理由を一言にして説明するのは難しいけれども、社会構造の急激なる変化に伴なって、律令法と現実生活との距離が法解釈・法適用の手法だけでは、もはや埋め難いものとなって来たこと、又律令国家の変質に伴ない、特定氏族の世襲による官庁業務の請負的運営が進行し、明法家もその例から免れるものではなかったこと[15]、更に明法家の勘文が私人である訴訟当事者によっても求められて訴訟裁定の場に持ち出されることから[16]、明法家と権門との間に利権的な結びつきが生じてきたと想像されること等と無関係ではないであろう。それらが明法家の学問意欲の上に暗い影を投じることになり、その解釈理論の急速な衰えをもたらすことになる。そもそも因准なる操作を行なう為には、何よりも先ず律令法体系の原理に関する豊かな教養と律令全条にわたる正確な知識とを不可欠とする。それなくして明法家が因准を行なわんとすれば、それはいきおい牽強附会な解釈に陥らざるを得ず、その結論も説得力を欠くことになる。それがまた明法道の権威を失墜せしめ、一般から疎んじられる原因をつくることにも繋がるのである。

かくして明法家によって因准が安易に用いられるに至った結果、同一の事案に対しても、様々な法的規準が創り出されることとなり、かかる因准の濫用を抑制する為の工夫として、律令に因准することは認められるが、格式には許されないとする説[17]、我が国とその状況を余りにも異にする問題については、中国の制に因准することは認められないとする説[18]、僧尼に関する事案は俗人に関する規定に、又俗人に関する事案は僧尼に関する規定に夫々互に因准することはできないとする説[19]等が生じた。しかし、これらの説は因准なる技法の使用可能なケースの種類を限定する為の工夫であって、明法家の行なう因准の理論的プロセスにメスを入れて、その矛盾、撞着を律令法全体系からする理論によって批判し、その濫用を防ごうとするものではなかった。そこには、すでに明法家としての職業倫理の弛緩、頽廃の芽が生じていることは明らかであった。

ここに従来の明法家が苦心して展開した因准の技法、即ち当該事案が何故その律令条文等に因准し得るかという苛酷な緊張の強いられる思索の行程は一切省略され、その理由づけの労苦は忘却されて、ただ結論のみが次代の明法家に伝えられることになる。例えば、次に掲げる「法曹至要抄」（下）40条の文に見る如くである。

一七歳以下人不着服事

仮寧令云、無服之殤、注云、生三月至七歳者、義解云、謂未成人死曰殤也、

案之、七歳以下者、無服之殤也、仍父母以下有服之等親、雖令死去、不可有服仮矣、

右の文は、七歳以下の者は、父母以下の服親の喪に服さないことを述べたものであるが、そこには僅かに仮寧令4条の「無服之殤」なる語とその本注、及び「義解」の文のみが引かれ、そこから直ちに結論が示されている（前章、因准の論理的過程における㈡の証明の部分が脱落）。この「法曹至要抄」の文は、恐らく延喜七年の惟宗善経・同直本の前掲勘文によったものであろうが、両者を比較するとき、右の文には何故、七歳以下の者には服喪の義務がないのか、それを理由づける為に善経・直本が苦心して律令条文から案出した因准の論理は、その片鱗だに見ることができない。

明法家の因准の技術が生彩を欠いて来ていることは、因准による法創造の場合にも現われている。例えば、明法家が新しく因准なる技法を用いる場合にも、それは律令条文中の章句の断片を律令法全体の理論構成と切り離して摘出し、その章句の断片的な意味のみに依拠して結論を引き出しているのであり、その場合、当該事案と既存の法規が本

来その適用を予定している事案との間の、事柄の本質的特徴における共通性や類似性等は殆ど問題にされないのである。かかる事例は枚挙に遑がなく、従来からも多く指摘されているが、ここでは、その一例として「法曹至要抄」(下) 30条を掲げることとする。

一不孝子死去、父母并服親着服、又父母并服親死去、不孝子可着服事

名例律云、其婦人犯夫及義絶者得以子蔭、疏云、為母子無絶道故、

案之、夫婦雖有義絶之法、父子可無義絶之道、仍不孝之子死去之時、父母并服親最可有服仮之、又父母并服親死去之時、不孝之子同着服之条、不可有其疑矣、

右の事書の大意は、「不孝」の子が死去した場合、父母及びその服親(喪に服すべき親族)は共に喪に服すべきあり、又、逆に父母及び服親が死去した場合にも、「不孝」の子は喪に服すべきであるというのである。律令法には、当時でいう「不孝」(親が自分の気持ちに沿わない子に対し、親子関係を断絶する行為。勘当ともいう)の制がなかった為、右の如き場合、喪に服すべきかどうかの問題が生じたのであろう。これに対し、明法家は前掲名例律15条を引いて、右記の結論を出したのであるが、その名例律とは、婦人(妻妾)が夫に対して非行を加えたとき、又は義絶に当る行為を犯したとき、自己の生んだ子の蔭の利益は、これを受けることができるというものである。何故かかる場合においても婦人は子の蔭を受けることができるのか、前掲疏文はそれを理由づけて、母と子との間には義絶の道がないから(「為母子無絶道故」)であると説明したのである。処が「法曹至要抄」は、右疏文の「母子無絶道」から案文にある「父子可無義絶之道」を導き出し、更にそれによって父母と「不孝」の子との間には互に服喪の義務があるとした。これ一種の因准によるものではあるが、その技法は決して巧みであるとはいえない。何故ならば前掲名例律に規定されている婦人がその子の蔭を受けることができるということと父母と「不孝」の子とは互に服喪の義務があるとする

ことの間に、事柄の共通性や類似性の存することが理由づけられておらず、その結論は律文全体の法理を踏まえて案出されたものではないからである。明法家は、ただ案文にある「父子可無義絶之道」という結論を得たいが為に、律文の中から「母子無絶道」という言葉を探し出し、当該律文全体の法意とは無関係に、それを摘出したに過ぎない。当時の明法家は、果して名例律15条を正しく理解し得る学力を有していたのであろうか。

平安後期、及び鎌倉期の明法勘文には、かなり長文のものが多いが、そこに引用される律令条文も、勘文にみえる法的判断に直接関係しないものが多い。例えば寛喜三年（一二三一）五月十一日の「中原章行勘文」[20]は頗る長文にわたるものであるが、その内容の大部分が訴訟当事者に対する問注の際の申詞（陳述）や原被両造が証拠として提出した文書の引用に終っている。全文の十分の一程度の最後の部分が章行の勘注であり、それには戸令、名例律、戸婚律、闘訟律等が多く引用されているが、それらの律令条文と結論との論理的な繋がりは稀薄であり、律令全体の法理の中から、この問題の解決の規準を導き出してはいない。

ここに因准の論理《ロゴス》を維持し、それを発展せしめんとする明法道の学風は失われ、明法家が因准によって妥当な法的規準を創造しようとする場合においても、その因准は極めて安易に行なわれ、因准と折中との均衡のとれた関係は崩れて、折中を正当化する為の因准の厳格な思考は後退し、折中のみが前面に押し出されて、やがてそれが独り歩きし、法創造に対する合理的なコントロールという因准の機能が正常に果されない事態を招来することになる。かくして「折中」の名の下に、次々と新法が生まれ、折中の為ならば、いかなる法の定立もゆるされるという、いわば実力の支配する中世法の世界が現出するのである。[21]しかし、因准の技法がこのように安易に使用されて、次々に新法が生み出された当代においてさえも、明法家は明法家たることを断念しない限り、律令法そのものを全く否定し去ることはできなかった。因准の技法は衰えたりとはいえ、それでもなお明法家は古法たる律令法から因准の技法によって、実質上、新法を創り出しているのだという安堵感だけは手放すことができなかったのである。そして明法家にそのような意識のある限り、明法道も何とか辛うじて生きながらえたのである。「法曹至要抄」等の法書に掲げられている律令条文や学説等は、単なる権威づけやこけ威しの為にのみ、そこに引用されているのではない。因准の手法によって、そこから折中の理が創り出される為の法的根拠として、建前上それは極めて重要な意味を有していたのである。明法家による因准の技法が衰えた平安時代後期から鎌倉時代にかけて、それはもはや形骸化した存在に過ぎなかったけれども、それでもなお明法家は、それにすがって、それをば自己の生命の拠り所としていたのである。

しかし、鎌倉時代、十三世紀の初めに明法博士中原明基によって撰進された「裁判至要抄」には、新しい時代の到来を予告する次の如き型の法解釈が明瞭に現われている。

一祖父母父母譲可用後状事

闘訟律云、子孫違犯教令徒二年、又条云、告祖父母父母者絞、説者云、死生亦同、

案之、祖父母父母教命死生不変、然則数度雖改易、以最後之状可受領、依無告言理訴之道也、凡子孫雖私蓄財、偏可任祖父母父母意也、

右の文が「法曹至要抄」（下）11条を受けて書かれたものであることは、すでに先学によって指摘されている(22)。即ち、祖父母父母の譲状が複数あるときは、その最後に書かれた譲状を以て有効とすべきであり、その理由づけの根拠は、闘訟律44・47条であって、子孫が祖父母父母の教令に違犯したり、又子孫が祖父母父母を告言することは違法な行為であるからだというのである。ここでの明法家の論理は、父祖の意思は絶対なものであって、子孫はその教令に違犯できないばかりか、已に対する父祖の非行をも告言できないとすれば、その譲状は最終の父祖の意思を尊重して後状を用いるべきであるということであろうが、ここまでは「法曹至要抄」が前掲闘訟律等の条文に因准して創り出

した新しい法解釈であった。処が「裁判至要抄」は、この「法曹至要抄」の右の解釈に止まらず、更に「凡子孫雖私蓄財、偏可任祖父母父母意也」（子孫が祖父母父母から譲られたものばかりではなく、自分で蓄えた財物に対しても、祖父母父母はその意思に任せて、子孫の財産権に干渉することができる）という新解釈をも打ち出したのである。これは親権の強化を期待する当時の社会の要請を受けて、「裁判至要抄」が独自に附加したものであるが、前述の「法曹至要抄」が闘訟律から導き出した父祖の譲状は後状を用うべきであるとする解釈に比べると、そこには論拠となるべき新しい律令条文等は何ら引かれておらず、それは唯、子孫には「告言理訴之道」が無いとする「法曹至要抄」の解釈に便乗して書き加えられているに過ぎない。しかし、「裁判至要抄」が独自に附加したこの立言は、極めて重大なる法的効果を伴うものであった。それにも拘らず、この新法定立の根拠が何ら新しく提示されていないということは、この頃、明法家による法の解釈技術はまさに危殆に瀕していたといわざるを得ず、すでに明法道が気息奄々たる状態にあったことを窺わせるに足るものである。明法道の死は、目前に迫っていたといえよう。

むすび

以上述べたところから明らかなように、明法家は新しい法理を創造する場合、決してそれを恣意的、無制約的に案出するのではなく、その為には比附、因准、或は挙軽明重（挙重明軽）等の解釈技法によって、その法創造の正当性を理由づけるべく、あらん限りの努力をしつつ、現実の要請に応えたのであった。この明法家達の法解釈の技術が巧妙であるか、稚拙であるかは、明法家その人の学識や力量によって異なり、時代によっても差があったであろうが、明法家として生きて行く限り、かかる技術を操作し続けたのであり、又そのことによって明法家は法に忠実であるという外観を保つことができたのである。

明法家が一方では現実社会からの要請に応えて新しい法的規準を提示しつつ、他方では既存の法体系との整合性を維持して行くというとき、その「既存の法体系」とは、法律要件と法律効果とが明確に定められている当時の実定法規、即ち律令格式の諸条文を主たる対象とするものではあるが、しかしそれのみに止まるものではなく、それらの諸条文を立法上、権威的に理由づけている唐の律令格式、更には律令法の基本的原理や理念としての儒家の経典にまで及ぶものであった。

ここにおいて注目すべきは、早川氏が前掲論文において紹介された「平戸記」所載、寛元三年（一二四五）の陣定に見える公卿達の言である。彼等の殆どが日本のいわゆる「宗廟」を解するに唐の律令の宗廟を以てしたが、とくに式部大輔菅原為長は、文章道の出身ということもあって、「漢書」や「礼記正義」の文を引用して、明法博士中原章久・章行等の律の解釈を批判し、次の如くいっている。「本状ニ正文ナクモ、礼経ニ深誡アリ」（前掲書一三二頁）、「我ガ朝ノ律令ノ集解、疏義ノ釈ハ、ミナ経史ヨリ出ヅルコト、法家ノ先賢ハサダメテ了知セルカ」（同一三三頁）と。ここでは「礼経」や「経史」が一種の法原理として、我が律令条文よりも更に権威あるものに位置づけられている。即ち、当該事案に適用すべき法規が律令条文中に存しないとき、又律令の特定条文をそのまま適用しては、その妥当性に疑いが生ずるとき、唐の律令のみならず、これらの「礼経」や「経史」に現われる原理や理念の援用によって、当該律令条文を補充修正すべきことが当時の公卿達によって明確に主張されているのである。(23)

しかし、元をただせば、実はかかる技術こそ、かつての明法家のお家芸なのであった。「律集解」や「令集解」に集成された諸家の学説、或は「政事要略」所載の法家の私記や勘答類等に引用されている夥しい儒家の経典や唐律令等を一見するとき、それは自ら了解されよう。明法家による唐律令や経書の研究の怠慢は、即ち明法家による因准の技法の衰頽をも招いたのであって、前記「平戸記」所載の明法家による「宗廟」の解釈に、それが如実に現われている。即ち、当時の明法家の解釈は、日本律令制定当時の理解としては正しいものであったにせよ、現実社会からの要請には何ら応え得るものではなかった。しかも、明法家が「宗廟」の解釈において、それを頑なに守ったことは、明法家の因准の技術が衰えたことと、いわば表裏一体の関係にあった。法解釈における堅固性、安定性の視点と対をなすべき、もう一方の柱である柔軟性、弾力性の視点は、当時の明法家の頭脳からは、すでに消え失せていたのである。このことは、明法道の衰頽を如実に物語っているといわざるを得ないであろう。かかる衰頽を招来させた重大なる遠因の一つで特に今日の法学教育との関連において興味深いものに、明法家養成における或る変化をあげ得るのではないかと思われる。即ち、官吏養成機関である律令制下の大学の教科カリキュラムの変化である。

八世紀の初頭、我が国が律令法を唐から継受して、官吏養成機関である大学を設けたとき、そこには律令を専門に教授すべき教官やそれを専門に学習すべき学生から成る組織は存在しなかったといわれる。(24) 教授、学生を含めて、明経道のみならず、明法道、文章道をも修得し、いわば諸道を兼学することが律令の定める大学の制の原則であった。従って、明法試の受験に志す学生は、単に律令のみに止まらず、更に経学をも併せて勉学しなければならなかったのである。しかるに、この制はやがて神亀、天平に至って解体し、明経科、文章科、明法科がそれぞれ独立することになると、律学（明法）博士は、もはや経学を担当する義務はなく、明法生もまた「孝経」、「論語」は別として、「礼記」以下七経の学習は必要なく、専ら律、令を修めれば事足りることとなった。

しかし、律令の解釈、適用に際しては、経学の知識は必要欠くべからざるものであり、とくに明法家が法規と現実とのはざまにあって、法的安定性と具体的妥当性とを兼ね備えた法的結論を得る為の思考を苦悩しながら行なわんとするとき、律令法の原点である経書に立ち帰って、そこに打開の道を探ることは、最も有効な手段、方法であった筈である。このように考えるならば、我が律令制定者が当初意図した大学制度は、その目的に最もよく適うものであったといわねばならない。我が律令制定者は、優れた明法家たる為に求められる学識及び教養が極めて広く且つ深いものであることを早くから十分に承知していたのである。明法科の独立は、いわゆる法律専門家集団の速成には一応の成功を収めたであろうが、それはやがて来たるべき明法道の衰頽を招く素地をつくることにも繋がったのである。

註

（1）もとより法適用の場合にも、史料には「因准」や「准的」等と並んで、「因循」という語も現われる。

（2）律令研究会編『譯註日本律令五 唐律疏議譯註篇一』（東京堂出版、昭和五十四年、滋賀秀三執筆）三〇二頁。

（3）中国法における比附については、中村茂夫『清代刑法研究』（東京大学出版会、一九七三年）第二章「比附の機能」、仁井田陞『中国法制史研究　刑法』（東京大学出版会、一九五九年）第二章「宋代以後における刑法上の基本問題――法の類推解釈と溯及処罰――」、戴炎輝『唐律通論』（正中書局、中華民国五十三年）第二章「唐律の特質」等参照。

（4）律令研究会編、前掲書三〇四頁。中村前掲書一七六頁以下参照。

（5）この賊盗律45条の日唐律間の相違について、仁井田陞氏は開元度における永徽律修正の可能性を予測されるが、高塩博氏は、その可能性を明確に否定される。詳細は同氏の『日本律の基礎的研究』（汲古書院、昭和六十二年）一七六頁以下参照。但し、高塩氏は略人未遂に関する唐の律疏の文を要約して、養老律がそれを本文に転載した理由について、「養老律は疏文を大幅に削除し、併せて同条を簡潔明解な条文に衣替させた」とされるが、日本律における上記の修訂の理由は、それのみではなかろうと思われる。

（6）この条文の解釈に際しては、律令研究会編『譯註日本律令七 唐律疏議譯註篇三』（東京堂出版、昭和六十二年、中村茂夫執筆）一七九頁以下を参照した。

（7）唐の律疏によれば、当該個所は、「其小児年三歳以下、本生父母遺棄、若不聴収養、即性命将絶、故雖異姓、仍聴収養、即従其姓云々」とある。なお、右に相当する文は、前掲「勘録」3条により、わが養老律にも存在したと思われる。拙稿「日本律逸文三題」『國學院法政論叢』第一六輯一頁以下（平成七年）（本書第一巻附録所収、三三三頁以下）参照。

（8）中国の家と日本の家との相違については、滋賀秀三『中国家族法の原理』（創文社、昭和四十二年）五八頁以下参照。

（9）石井良助『日本相続法史』（創文社、昭和五十五年）二五頁以下参照。

（10）「法曹至要抄」の文を、このように解すべきことは、「裁判至要抄」に次の如くあることによって了解されよう。

一僧尼遺財弟子可伝領事

　案之、僧尼未分之遺財、弟子等可均分領知、縦有布十端者、十人弟子各可得一端之類、但聖教経論之類、相承護法之者、便可伝領、不可入財物之内歟、

（11）折中については、拙稿「折中の法について」『國學院雜誌』第八六巻第一一号（本書第一巻所収）参照。

（12）例えば、「政事要略」巻八十一所載の讃岐永直の勘文に、「准此為牒、理得適中」（国史大系本六三五頁）、「法曹類林」巻百九十七所載の同永直の勘文にも、「准見主亡（省カ）文、聴留有及従還、理得本適中」（国史大系本二一頁）、「明法条々勘録」16条にも、「返償之時、計入所取之土貢条、自叶三典之義、須絶両人之愁歟」等とある。その他、明法家が自己の法解釈を正当化する為に用いた慣用語に「於義無難」（義ニオイテ難ナシ）、「以允義」（以テ義ニカナフ）等があるが、類似の用語は「唐律疏議」にも見えているから、これらの語は、すべて唐の法律家が用いた文言であろう。

（13）石井良助編『御当家令条・律令要略』（近世法制史料叢書2、創文社、昭和三十四年）二七一頁。

（14）高柳眞三・石井良助編『御触書寛保集成』（岩波書店、昭和九年）五一一頁。

（15）佐藤前掲論文四〇四頁以下参照。

（16）上杉和彦「摂関院政期の明法家と王朝国家――中世公家訴訟制度成立史の一視角――」『史學雜誌』第九五編第一一号（昭和六十一年）四七頁以下参照。

（17）「政事要略」巻五十四所載の私記に、「何者格式無比附因准故」（国史大系本三四八頁）、「法曹類林」巻二百所載の中原明兼の法家問答に、「至于式文者、無可比附法之故也」（国史大系本二八頁）等と見える。

(18) 徳大寺実基の「政道奏状」10条（前掲『中世政治社会思想　下』所収一四五頁）に、「雖有古賢之説、和漢異事、偏難因准之上、……」等と見える。

(19) 「拾芥抄」（下）第二十所載の中原範政の勘答に、「内外道分、因准義別」（内外ノ道分レ、因准ノ義ハ別ナリ）、（故実叢書本四八頁）等と見える。なお範政の勘答と同様の文は、「法曹至要抄」（下）58条にも存する。

(20) 竹内理三編『鎌倉遺文古文書編第六巻』（東京堂出版、昭和三十八年）二六二頁以下所載。

(21) 中世の折中については、笠松宏至「折中の法」『法と言葉の中世史』（平凡社、一九八四年）所収参照。

(22) 坂本太郎「法曹至要抄とその著者」『律令制度』（坂本太郎著作集第七巻、吉川弘文館、平成元年）所収一八六頁、田中稔「裁判至要抄に見える悔還権について」赤松俊秀教授退官記念事業会編『赤松俊秀教授退官記念国史論集』（昭和四十七年）所収四九七頁。

(23) 「葉黄記」等によれば、寛元四年十一月の文章得業生菅原在匡と同菅原公長との座次相論をめぐって、諸道勘文の徴せられたことが伝えられている。その際の主な論点の一つに違法養子とその場合における養父の蔭の問題があった。（詳細は利光三津夫「公家法における法と例」『日本歴史』四八七号［昭和六十三年］所載参照。）右の点に関し、明法博士中原章行、同中原章久は、律、令、格、「令義解」等を引用し、「雖有以法捨例之義、可無以例破法之理歟」として、違法養子を無効とする立場を主張した（中原章行・章久勘文、竹内理三編『鎌倉遺文　古文書編第九巻』東京堂出版、昭和五十年、三四三頁以下）。一方、参議左大弁藤原経光は、「史記」、「漢書」等を引用して、違法養子については、その咎なきことを述べ、「偏称法令之明文、可棄経史之本説乎」と論じている（「藤原経光勘文」、前掲書三四二頁以下）。このように当該事案においても、明法博士の法解釈が律令、格の枠内に止まっているのに対し、公卿の法解釈は、中国の経史を我が律令の「本説」とし、それを論拠にして従来の律令解釈を修正しようとする。寛元二年の石清水八幡宮事件と同じ構図を示している。

(24) 律令の大学の制に関しては、早川庄八「奈良時代前期の大学と律令学」『日本古代官僚制の研究』（岩波書店、一九八六年）所収による。なお神亀・天平の学制改革により、狭い意味での法律専門家の養成は不要であるとする我が律令制定者たちの有した理念が放棄されて、一部の専門学者の業と化した律令学がやがて、その学問上の地位を低下させてしまったことについても、早川論文に的確に指摘されている。西洋中世の大学においても、専門の法学の学習にとって、自由学芸が重視されたことについては、久保正幡「大学とは何か——ボローニアの歴史を顧みて思う——」『國學院大學日本文化研究所紀要』第四二輯（昭和五十三年）参照。

〔附記〕本稿作成に当っては、植松秀雄、服部高宏、律令研究会々員等の諸氏から貴重な御助言を賜わった。ここに銘記して深謝の意を表するものである。

第五　古記と令釈
――その法解釈の手法について――

はじめに

周知のように、古記と令釈とは、日本古代の律令法学を代表する二大注釈学派の著述である。両者については、その成立年代や著者の推定、その引用書目や引用法規の考証、或いは「令集解」引載の他の私記との関係の指摘等に関する文献学的研究は、従来から多くの成果が挙げられて今日に至っているが、その法解釈の手法等にみる、それぞれの学説の特色に関する法律学的研究は、戦前の瀧川政次郎博士の論文、「大宝令の註釈書「古記」に就て」(『日本法制史研究』所収、昭和十六年刊、昭和五十七年復刊、名著普及会)以降、それほど進展していないのではなかろうか。

瀧川博士は、前記論考において、古記学説の特色として、次の四点を挙げられている。

㈠　実際的、且つ常識的であり、時行事や今行事等を多くあげていること。
㈡　具体的事例による条文解釈が多く、当時の慣習、俗説が豊富なこと。
㈢　令釈が中国の故事を引くことが多いのに対し、日本の俗説、史実等をあげて日本的なこと。
㈣　その学説は一般に非概括的、非普遍的であり、その議論の進め方は一体に素朴であり、その文章及び用語には生硬、古拙なるものの多いこと。

一方、令釈について瀧川博士は、その学説の特色を総括されてはいないが、右の古記学説の特色に相対応するものが令釈学説の傾向を示すとされているようであり、特に令釈が中国の古典をあげ、故事を掲げて字句の解釈を施している点は、古記と甚だ対照的であると述べられている。その後、博士は昭和三十六年、「平安初期の法家」（『歴史教育』第九巻第六号）なる論文において、奈良・平安時代の律令法学に二大潮流があり、その一つは令釈であって、「法文の文理解釈に力を注ぎ、「法意」の何たるかを明らかにすることを念とするもの」であり、他の一つは古令私記（古記）であって、「今行事に重きを置き、法文を実際に適するように解釈することを念とするもの」であるといわれている。

このような瀧川博士の結論には、古記の議論の進め方を「素朴」、その文章等を「生硬」「古拙」と断じ、令釈の法解釈を「文理解釈」と呼ぶなど、筆者にも全く異論がない訳ではないが、その大筋においては正鵠を射ているのではないかと思われる。従って本稿は、右の瀧川博士の結論の域を多く出るものではないが、博士の注目された㈣の古記の議論の進め方を中心に、令釈のそれと対比しながら、以下、若干の史料を通じて両者の法解釈の手法について再度検討を試みることとしたい。

一　戸令7目盲条の解釈

それでは、『令集解』（国史大系本二六五頁以下）によって、先ず戸令7目盲条の両者の解釈をみることとする。次にその条文を掲げる。

凡一目盲、両耳聾、手無二指、足無三指、手足無大拇指、禿瘡無髪、久漏、下重、大癭瘇、如此之類、皆為残疾、癡、瘂、侏儒、腰脊折、一支癈、如此之類、皆為癈疾、悪疾、癲狂、二支癈、両目盲、如此之類、皆為篤疾、

右の条文は、身体の障害や疾病の程度に応じて、残疾、癈疾、篤疾の三段階に区分する規定であり、律令法はその段階に応じて税法上、或いは刑事法上、それらの障害や疾病をもつ人々に対し種々の特典を与えて保護したから、本条は庶民の生活にとっても重要な規定であったといえよう。なお本条は唐令及び古記の文から考えて、大宝令も養老令とほぼ同文であったと思われる。

先ず古記の解釈であるが、令文「如此之類、皆為残疾」の下にある集解の文を次に掲げることとする。

朱云、……跡云、凡残疾有二種者為癈疾、々々有二種者為篤疾、以次臨時合定、故云之類、古記云、残疾有二種以上者、随状斟酌入癈疾、癈疾有二種以上者、亦准此入篤疾、但雖有二種以上、其身当為残疾、癈疾者、猶為残疾、為癈疾耳、

古記は、令文「之類」を解釈するに当って、その例示として残疾が二種以上あるものは癈疾、癈疾が二種以上あるものは篤疾とする案をあげている。これは「之類」という抽象的、一般的な用語の内容を具体化したものであって、「之類」の解釈としては一つの原則を示したものといえよう。ここに古記の法解釈における或る種の手堅さ、即ち堅

固性を看て取ることができる。しかし注意すべきは、古記はこの原則をただ墨守するのではなく、そこに「随状斟酌」といっていることである。これは「状況に応じて取捨選択を加えて」という程の意味である。従って古記は、右の原則に例外のあることを認めているのであって、ここに古記の法解釈における柔軟性を看て取ることができる。この「随状斟酌」を更に説明したものが「但」以下の文である。その意味は二種以上の障害や疾病があっても、その人にとって、その障害や疾病がなお本条にいう残疾、癈疾の程度に止まっていると考えられるならば、それはやはり残疾、癈疾とすべきであるというものである。

このように、古記は、令文「之類」を解釈するに当って、二種以上の残疾は癈疾、二種以上の癈疾は篤疾とするという一つの原則を立てながらも、それには例外のあることを認め、この原則の適用に当っては、障害や疾病をもつ本人の身体状況を総合的に判断して、それが本条の立法趣旨に合致するかどうか慎重に考えるべきであるとしているのである。なお前掲集解の文の古記の前にある跡記は、右の古記の学説を簡潔にまとめたものであろう。

次に令釈の解釈についてみてみよう。令文冒頭の「凡一目盲、両耳聾、手無二指、足無三指」の下にある集解の文を左に掲げることとする。

釈云、案手无二指、謂一手无二指、若左右並无二指、不可為残疾、朱云、……跡云、……穴云、令釈云、二残疾為癈疾、二癈疾為篤疾、今臨取捨不必膠柱、假左右手各无二指、豈為癈疾乎、但一手无四指、手与足各无大拇指等、量心合為癈疾、凡如此之類、皆臨時処分、今粗挙体例、

右の令釈の解釈によれば、令文「手無二指」とは一手に二指のないことであって、もし左右共に二指がない場合は残疾とすべきではないとしている。その意味は左右並に二指のないものは、障害の程度を一段階上げて癈疾とすべきであることをいったものである。又令文「手足無大拇指」の義解の解釈は、「謂、拇大指也、或手、或足、無大拇指

者是也、若手足共無者、自須従癈疾也」とし、令釈も「拇、音莫后反、賈逵注国語曰、大指也、余与義解无別」としている。即ちここでも義解と令釈は、令文の「手足無大拇指」とは手、又は足に大拇指（親指）のない場合のことであり、手足共に大拇指のない場合は、それを残疾ではなく癈疾とすべきであるといっているのである。更に令文「腰脊折」の義解の解釈は、「謂、腰脊不相須也、若共折者、自合篤疾」とし、令釈も「釈云、背膂為脊、音資昔反、余与義解无別」としている。即ち義解と令釈は、令文の「腰脊折」とは、腰か脊かその一つが折れているということであって、腰と脊の両方が折れているということではない、両方が折れている場合は、それは癈疾ではなく篤疾とすべきであるといっているのである。以上の諸例から令釈は、二種の残疾をもつものは一段階進めて、これを癈疾とし、二種の癈疾をもつものはやはり一段階進めて、これを篤疾とするという説をとっており、義解もそれを踏襲していることが了解されるのである。

さて、次に前掲令文冒頭の集解の文から穴記の解釈をみてみよう。そこには令釈が引用されて、「令釈云、二残疾為癈疾、二癈疾為篤疾」とあり、次にそれに対する穴記のコメントが記されている。即ち、それは「令釈は二残疾を癈疾とし、二癈疾を篤疾とするが、何を癈疾、もしくは篤疾とし、また何を癈疾、もしくは篤疾としないか、その決定に当っては柔軟に対処する必要がある。たとえば左右の手に各々二指のないものをどうして癈疾とすることがあろうか。（それはなお残疾に止めるべきである。）但し、一手に四指のないものや手と足とに各々大拇指のないもの等は、令の立法趣旨を勘案して癈疾とすべきである。このような類のものは、みな状況に応じて適切に処理しなければならない。今、凡その具体的な事例をあげてみたまでである」というものである。

このように、穴記が令釈の「若左右並无二指、不可為残疾」という解釈を批判していることからすれば、令釈の「二残疾為癈疾、二癈疾為篤疾」という説は、前記古記説のいう原則のみを認め、その例外は認めないものであったと思われる。もし令釈の説がそうであるとするならば、令釈の論理は頗る明快であって、例外を認めることにより原則が骨抜きになることもないであろう。しかし、この場合、例外を一切認めないとすると、令釈の解釈自体、不都合なことが起きてくる。一支癈は癈疾であるから、二支癈は二癈疾であり、即ち篤疾であるとする場合は問題はないが、一目盲は残疾であるから、両目盲は二残疾であり、即ち癈疾であるとすると、両目盲を篤疾とする本条令文の規定と齟齬することになるのである。後代の令私記に令釈の説が受容されず、義解も上記原則の個別的な適用は認めるものの、原則自体には言及していないというのも、右のことに起因するのではなかろうか。

以上、本条の法解釈をみる限り、令釈の解釈には形式的、画一的、機械的なところがあるといえよう。これに対し古記の解釈をとるとすると、すでに穴記が具体例を示しているように、先ず二残疾を癈疾、二癈疾を篤疾とするという原則を立て、次にこの原則に当該疾病や障害をあてはめ、更にそれが本条の立法趣旨に合致するかどうかを検証しなければならない。別言すれば、本規定にある具体的例示を総合して、そこから本規定のいう「残疾」「癈疾」「篤疾」とは日常生活において、どの程度の支障を来す疾病や障害をいうのか、それぞれの段階に共通するその性質を抽出し、それに先の原則をあてはめた結果が相当するかどうかを個別に判断しなければならない。古記の解釈はそのような厳しい思考の作業を必要とするものであって、そういう意味でその解釈は決して直線的ではない。即ち、その解釈は諸般の事情を勘案して総合的に判断する繊細な知の働きを必要とするものである。なお古記は「残疾有二種以上者」「癈疾有二種以上者」といって、残疾・癈疾の合併症を二種だけに限っていない。令釈、跡記等の私記は、何れも二種に限定しているが、この点も古記の解釈に思考の幅の広さや柔軟性を看て取ることができよう。

二　廏牧令7毎乗駒条の解釈

1

古記と令釈の法解釈の手法をみるため、もう一つの史料をあげることにする。それは廏牧令7毎乗駒条における両者の解釈である。養老廏牧令同条は、牧の馬牛の飼育の任に当る牧子や牧を管理する牧長、牧帳が法定の責任増殖数を超えて馬牛を増殖せしめた場合の褒賞を規定している。ここで扱うのは前段の牧子の場合である。即ち本条には、次のように記されている。

凡牧馬牛、毎乗駒二疋、犢三頭、各賞牧子稲廿束、

養老廏牧令5牧毎牧条によれば、牧の馬牛は群毎に牧子を二人置き、馬牛は皆百をもって群とするとあり、同6牧牝馬条によれば、牧の馬牛の法定の責任増殖数は馬牛各百に対し、毎年駒（子馬）、犢（子牛）各六十とされている。従って前掲廏牧令7条は、馬又は牛の数、百を飼育する牧子に対し、法定の責任増殖数六十を超えて、駒二疋、もしくは犢三頭を増殖せしめる毎に、各稲二十束を与えることを規定したものということができる。なお大宝廏牧令同条が養老令とほぼ同文であることは、学令集解4在学為序条の古記によって明らかである（国史大系本四四七頁）。

それでは、牧子二人の功労に軽重のあった場合、その褒賞の稲二十束はどのように配分したらよいであろうか。右について集解諸説は種々論ずるところがあるが、令釈の説は、ここには見えていない。しかし令義解の説は令釈の説をそのまま踏襲していると思われるので（後述）、ここで古記の説と義解の説を比較することは、即ち古記の説と令

釈の説を比較することと同じ結果になるのである。従って以下、古記の説と義解の説の両者について検討を加えることとしたい。

賞物の配分に関する古記と義解の両説の結論は、後述するように牧子二人の功労に首従（軽重）が定め難い場合、牧子二人に対し各々稲十束宛、均分するという点では同じであるが、牧子二人の功労に首従があった場合、古記は稲二十束の三分の二を首に、その三分の一を従に配分するものとし、一方、義解は稲二十束の十九分の十を首に、その十九分の九を従に配分するものとする。今、牧子二人が駒二疋、もしくは犢三頭を増殖せしめたとして、その賞物である稲二十束の配分額を計算するならば、古記では首に十三・三束、従に六・七束となるのに対し、義解では首に十・五束、従に九・五束となり、これを百分比で示せば、古記では首に六六・六、従に三三・三パーセントとなるのに対し、義解では首に五二・六、従に四七・四パーセントとなる。即ち古記説では首従間の差は二倍となるが、義解説では首従間でそれほどの大差はない。どうして古記説と義解説とで、このような著しい相違が生ずるのであろうか。両説の相違を生んだ歴史的背景に関しては別途考えることとして、ここでは右の異なる結論を導くまでの両者の論理の組み立て方について考察することとする。

2

先ず牧子二人の配分の方法に関する古記の文を次に掲げよう（国史大系本『令集解』九二〇頁）[1]。

問、各賞牧子稲廿束、未知、人別給歟、答、牧子二人合廿束賞、
問、以廿束給二人、若為等分也、答、①a若有首従者、依闘訟律誣告条分賞法給之、b案廏庫律、牧馬牛准所除外死失、
及課不充者、二牧子笞廿、不言皆、依首従法、即首笞廿、従笞十、今以廿束稲為三分、二分給首、一分給従、更

稲数加者、准此為分法、各加一分給也、②但於謂首従難定、若不得定者、均分給耳、……

右の第一の問答においては、廏牧令本条の「各賞牧子稲廿束」は、二人の牧子各々について稲二十束を給うのかと問い、それは牧子二人に対し合計して稲二十束を給うのだと答えている。第二の問答においては、牧子二人に対し合計して稲二十束を給うとすれば、その二十束は二人にどのように配分すればよいかと問うている。この第二の問に対する答は、古記説の主要な部分を成しているから、次にやや詳しくみて行きたい。

この個所の古記の文脈は、大別すれば傍線部①と②との二つの部分から構成されている（前掲文参照）。①では牧子二人の功労に首従があった場合、その賞物である稲二十束をどのように配分するかを述べたものであり、②では牧子二人の功労に首従が定め難い場合、その賞物である稲二十束を均分することを述べたものである。ここで重要なのは①の文であり、それは更にa、b二つの部分から構成されている。即ち先ず牧子二人の功労に首従があれば、「闘訟律誣告条分賞法」によるとあって（a）、次に「案廏庫律」として廏庫律1牧馬牛死失課不充条の律文が引かれ、その首従法による刑の比率をもって、牧子二人に稲二十束を配分するとしている（b）。

それでは、aの「闘訟律誣告条分賞法」とは何か。それは闘訟律56教令人告事条の「分賞法」を指すものである。[2]この闘訟律56条は、古記、義解の両説に深く関わっているから、以下煩瑣にわたるが、その内容についてみていきたい。先ず養老闘訟律56条の本分冒頭部分を次に掲げることとする。

（凡）教令人告事、虚応反坐、得実応賞者、皆以告者為首、教令為従、

右の本文に対する注文（唐律の疏文に相当）は、次に掲げる通りである。

イ　得実応賞者、謂告博戯盗賊之類、令有賞文、或告反逆、臨時有加賞者、皆以告者為首、教令者為従、

ロ　其応賞在令有文、分賞元無等級、為首従之法、須准律条論之、又不可徒杖別作節文、約従杖一百之例、仮如教

人告杖一百罪、虚即告者為首、合杖一百、教令為従、合杖九十、即従者十分減一、応賞義亦准此、仮有軽重不同、並准十分為例、（「者」「准」は唐律により補い、「級」「義」は唐律により改めた。）

右の闘訟律56条の本文の大意は、人を教令（教唆の意）(3)して告言せしめた場合、その告言が虚ならば反坐の刑を科すが、その告言が実であって褒賞が与えられる場合も、すべて告者を首とし、教令者を従とするというものである。次に注文イは、人を告言して褒賞が与えられる場合の例として博戯や盗賊の類の告言をあげ、令文にその規定があるとし（捕亡令5・13条）、反逆罪を告言して臨時に賞が与えられる場合もそれに当るとしている。注文ロは、唐律では問答体になっているが、その答の部分は日本律とほぼ同文である。即ち、この注文は本条の本文において、その告言が実であって賞物が与えられる場合、みな告者を首とし、教令者を従とするとあるが、その賞物は首従間で、どのように配分するかを問題としている。次に注文ロの訳文を掲げる。

告言して賞物が与えられることについては、令にその明文があるが、その賞物をどのように配分するかについては、令にはその等級が定められていない。すでに本条の本文において賞が与えられる場合は、すべて告者を首とし、教令者を従とするとあるから、先ずこの告言を虚であると仮定して、名例律42条の首従法によって従犯は首犯から一等を減じて量定し、その刑の比率をもって首従それぞれに賞物を配分すべきである。

また徒罪と杖罪とでは賞に等差を設けてはならない。(4)すべて杖一百の例として扱うことにする。たとえば人を教令して杖一百の罪を告言せしめた場合、もしその告言が虚ならば告者を首犯として杖一百、教令者を従犯として杖九十を科す。即ち従犯の罪は、首犯より十分の一が減じられる。その告言が実であって賞物が与えられる場合も、この比率によって、その配分は従は首より十分の一を減ずる。たとい告者と教令者とに対する刑の差が一等でない場合であっても、(5)すべて杖一百の告言として扱い、その杖数の比率によって賞物配分の比率とする。

以上の闘訟律56条の注文イ、ロの内容を簡潔にまとめるならば、次のようになるであろう。

㈠ 人を教令して告言せしめ、その告言が虚であった場合、教令者の罪は告者の罪から一等を減ずる（名例律42条の首従法の適用）。

㈡ 告言が実であって賞物が与えられる場合、告者と教令者に対する賞物配分額は、その告言が虚であったと仮定して告者と教令者に科せられる量刑の比率による。

㈢ その量刑の比率は、すべて告者が杖一百、教令者が杖九十の場合を規準とする。

以上から告者と教令者とに与えられる賞物配分の比率は、すべて告者が十、教令者が九となる。但し前掲注文が告者と教令者に対する賞物の配分をその告者が虚なりし場合の告者と教令者に対する量刑の比率によるとしながらも、その量刑の比率を一率に告者杖一百、教令者杖九十の場合としたのは何故かといえば、恐らく告言が虚であって反坐の刑が科せられるとすると、告者と教令者に対する量刑の比率は、個々のケース毎にすべて異なり、それに従って教令者に対する賞物配分の比率もすべて異なることになるから、褒賞の実務が煩瑣なものとなり、且つ不公平な結果が生ずると考えられたからであろう。

3

古記は大宝闘訟律56条の当該個所を具体的に引用していないが、唐律同条と養老律同条逸文とがほぼ同じ文であることからして、大宝律同条も養老律と大差はなかったと推断してもよいであろう。それでは前掲古記aの「闘訟律誣告条分賞法」とは、どのような意味であるか。前掲養老闘訟律からすれば、それは告言という法律行為において、もしその告言が実であって賞物が与えられる場合、先ずその告言が虚であると仮定して反坐の刑を科し、告者を首とし、教令者を従として従は首より一等を減じ、次にその刑の比率をもって告者と教令者に対する賞物配分の比率とするというものであろう。

次に前掲古記bの「廏庫律」云々であるが、これは大宝廏庫律1牧馬牛死失課不充条の冒頭の部分である。養老廏庫律同条も、この部分は大宝律と全く同文である。この文の意味は、牧の馬牛につき法定の死耗許容数（自然死等による畜産の減少許容数）を除いて馬牛を死失せしめた場合、又は法定の責任増殖数を充たさなかった場合、牧子は馬牛二（疋・頭）につき笞二十の刑を科すというものである。

以上を念頭に置いて、前掲古記の文a、bの意味するところを次に掲げることとする。

a　もし牧子二人の功労に首従があるならば、闘訟律56条の「分賞法」（前述）によって、その賞物である稲二十束を配分する。

b　廏庫律1条によれば、牧の馬牛を飼育する牧子が法定の死耗許容数を除いて馬牛を死失させたり、又は法定の責任増殖数を充たさなかったりした場合、その牧子は馬牛二（疋・頭）につき笞二十が科せられる。但しこの廏庫律1条には、「牧子笞廿」とあって、「牧子皆笞廿」とはないから、牧子二人の罪は名例律42・43条の「首従法」によって論じられ、牧子の首犯は笞二十、従犯は笞十となる。

牧子がその飼育する馬牛を増殖せしめて官に利益を与えた場合は、駒二疋、犢三頭の増殖につき、各々賞物として稲二十束が与えられるが、その増殖の功労に首従があるときは、賞物の稲二十束は駒二疋、犢三頭、即ち馬牛二（疋・頭）を不当に死失等させた場合の首犯たる牧子と従犯たる牧子に対する量刑の比率をもって配分する。(6) 従って、その配分額は首たる牧子が稲二十束の三分の二（十三・三束）、従たる牧子がその三分の一（六・七束）となる。右の両者の配分額を基礎配分額とし、稲の束数が増加しても、この比率をもって配分額を増加せしめる。

前掲古記①の文は、結局 aを前提として、そこからbの結論を引き出しているのであるが、その為に古記は、どのような推論の作業を行なっているのであろうか。それは凡そ次のように整理することができよう。

(一) 特定の犯罪の告言は、それが虚であれば刑罰が科せられ、それが実であれば褒賞が与えられる（闘訟律41条、捕亡令5・13条）。牧子による馬牛の飼育は、それが官に損失を与えれば刑罰が科せられ、官に利益を与えれば褒賞が与えられる（廄庫律1条、廄牧令7条）、両者は虚と実、損失と利益という正反対の行為の結果によって、それぞれ刑罰と褒賞がもたらされるという点において類似する。

(二) 告言の実なる場合の告者と教令者に与えられる賞物の配分額は、その告言の虚なる場合の告者を首犯とし、教令者を従犯として科せられる刑罰の比率による（闘訟律56条注文）。

(三) 故に牧子による馬牛の飼育においても、官に利益を与えた場合の牧子首従に与えられる賞物の配分額は、官に損失を与えた場合の牧子首従に科せられる刑罰の比率によるべきである。即ち首と従の比率は二対一となる。

それでは、次に義解の説を検討し、その論理の組み立て方についてみて行きたい。義解の文は左に掲げる通りである（国史大系本『令集解』九二〇頁）。

(1)A 謂、依律、牧馬牛准所除外死失及課不充者、二牧子笞廿、三加一等、此律既不称皆、即知、合為首従也、B 凡賞罰之道、理当均一、准律科罪、既有首従、拠令分賞、何無軽重、C 即以廿束為十九分、十分給首、九分給従、(2)若首従難知者、二人各受十束、

右の義解の文も前掲古記の文と同様、その文脈は大別して傍線部(1)と(2)の二つの部分から構成されている（前掲文参照）、(1)は牧子二人の功労に首従（軽重）がある場合、賞物の稲二十束の配分について述べたものであり、(2)は牧子

二人の功労に首従が知り難い場合、二人に各々十束宛均分することを述べたものである。(2)の文意は前掲古記②の文と同じであるが、(1)の内容は前掲古記①の文とはかなり異なっている。従って、ここでは(1)にみえる義解の論理について検討を加えたい。

(1)の文は、更にA、B、Cの三つの部分から構成されている。この三つの文の大意は、凡そ次の通りである。

A　廏庫律1条によれば、牧の馬牛を飼育する牧子が法定の死耗許容数を除いて馬牛を死失させたり、又は法定の責任増殖数を充たさなかったりした場合、その牧子は馬牛二（疋・頭）につき笞二十が科せられ、三（疋・頭）毎に一等が加重される。この廏庫律1条には、「牧子笞廿」とあって「牧子皆笞廿」とはないから、牧子二人の罪は名例律42・43条の首従法によって論じられる（従は首より一等減）。

B　凡そ褒賞と科罰とは正反対の関係にあって、その法理は同一である。律によって刑罰を科す場合に首従がある以上、令によって賞物を与える場合にも軽重があって当然である。

C　従って牧子の功労に首従がある場合は、闘訟律56条の注文により賞物である稲二十束を十九等分し、その十分を首たる牧子に、その九分を従たる牧子に与える。（即ちその配分額は、首たる牧子が十・五束、従たる牧子が九・五束となる）。

以上から義解の推論の作業は、凡そ次のように整理することができよう。

㈠　褒賞と科罰の方法は正反対の関係にあるが、その法理は同一である。

㈡　馬牛を飼育する牧子二人が官に損失を与えた罰則規定（廏庫律1条）には、牧子の罪に首従が存する。

㈢　故に牧子が馬牛を増殖せしめて官に利益を与えた場合の褒賞規定（廏牧令7条）の牧子に対する賞物の配分にも、首従があって然るべきである。

(四)　牧子首従に対する賞物の配分額の比率は、告者（首）と教令者（従）に対する賞物の配分額の比率（闘訟律56条注文）を適用する。即ち首と従の比率は十対九となる。

4

以上の古記と義解の論理の進め方をみると、両者の間で、それはかなり異なることが窺われる。即ち牧子二人の功労に首従がある場合、その賞物の配分に差等を設けるべきであるとする点においては両者とも同じであるが、その結論に至るまでの推論の方法が両者によって異なる為、首従に対する賞物配分の比率も大きく相違する結果となっている。

古記は牧子首従に対する賞物配分の比率を定めるに当って、当該行為の結果、それが虚か実かによって科罰と褒賞という正反対の法律効果をもたらす告言という行為に注目し、その告者（首）と教令者（従）に対する賞物配分の比率を刑罰が科せられる場合の首従の量刑の比率に求めた闘訟律56条の法理を借用した。つまり古記は、科罰のときの首従に対する刑の比率をもって褒賞のときの首従に対する賞物配分の比率とする闘訟律56条の法理を論拠としたのである。この古記の推論の手法は、唐律にいう比附の一種であると思われる。従って古記の説では、告言という行為と牧における畜産の飼育という行為との類似性が重要となって来るであろう。即ち、その類似性とは告言における虚と実、馬牛飼育における損失と利益という共に相反する結果によって、それぞれの行為に刑罰と褒賞が与えられるという両者の類似性である。古記は、この点について何もいっていないけれども、廏牧令7条の牧子首従に対する賞物配分の比率を廏庫律1条の牧子首従に対する量刑の比率に求める為の論拠として闘訟律56条を引用した推論の過程には、当然そのことが視野に入っていた筈である。古記が自説の為の論拠とした闘訟律56条の法理を指して、「闘訟律誣告条分賞法」といっていることは、古記の関心が告者と教令者に対し、賞物配分の方法はどのようにして求めることが正しいかという点にあったことを示すものである。

右の古記説に対し、義解説では、功労に首従がある場合、その賞物はあらゆる場合を通じて闘訟律56条の告言の場合の首従に対する賞物配分の比率をもって、一律に首に十九分の十を、従に十九分の九を与えるという考えがその前提になっている。従って義解説では、牧子褒賞の場合の賞物配分には「首従」があるべきであるとすることに、その主張の力点が置かれることになる。その為に義解は、「凡賞罰之道、理当均一」という賞罰に関する律令法上の原則ともいうべきものを論拠として引用し、この原則からの演繹によって廄庫律1条の牧子の科罰に首従が規定されている以上、牧子の褒賞にも首従があって然るべきであるという論を展開する。そこには古記説のように、この場合、賞物配分の比率をどのようにして求めることが正しいかという、その比率確定の為の正当化については殆ど顧慮されていない。従って古記説では、官に損失を与えた場合の牧子首従に科せられる刑罰の比率と官に利益をもたらした場合の牧子首従に与えられる賞物配分の比率は正しく対応しているが、義解説には、その対応はない。義解説では、「凡賞罰之道、理当均一」といいながらも、個々のケース、個々の事情を捨象して、一律に闘訟律の告言の場合の賞物配分の比率をもって、すべての場合の賞物配分の比率としているからである。

以上から義解説では、ただ牧子に対する賞物配分には首従があることのみを正当化することができれば、それで足りるのであって、どのような比率をもって賞物を首従間に配分するのが正しいかということについては、殆ど関心がなかったのである。義解の結論である稲二十束を十九分して十分を首に、九分を従に与えるべきであるとする賞物配分の比率が何に拠っているのか、その根拠が何ら明らかにされていないことも、それをよく示している。これを前掲義解の推論の過程でいえば、㈢から㈣の結論に至る理由、即ち何故、牧子首従に対する賞物配分の比率に闘訟律56条の告者（首）と教令者（従）に対する賞物配分の比率を適用し得るのか、義解はその理由を示すべきであった。しかしその理由が示されていないから、稲二十束を十九分して十分を首に、九分を従に与えるべきであるとする義解の結論は、いかにも唐突な感を禁じ得ない。義解説は、古記説に比べてやはり説得力に欠けるといわざるを得ないのである。

5

繰り返し述べるように、賞物の配分額は古記説をとれば首従間の差は二倍となるが、義解説をとれば首従間に、さほどの大差はないことになる。それでは両説の中、何れが本条適用の実際において妥当性を有するであろうか。闘訟律56条によれば、誣告罪については告者も教令者も同じく反坐の刑が科せられ、ただ処罰上、告者を首犯とし、教令者を従犯とする。同条において教令者を従犯としたことについては、すでに「何らか職業的知識をもった、師と呼ばれる類の人間が背後で策を授けたとき、これを共犯者とは別途にそれとして重く処罰すべき要請が顕著に感ぜられ、それにこたえて特別の明文規定がおかれた(7)」といわれている。即ち唐律では、違法な告言や誣告の教唆者を共犯者としてとらえることができない為に、この特別規定を置いて教唆者を厳しく罰することにしたのである。

一般に従犯は首犯より罪一等が減軽されるから、杖一百以下笞十以上にあって、首従間の刑の対比の差が最も大きいのは、首が笞二十、従が笞十という組み合わせであり、その差が最も小さいのは、首が杖一百、従が杖九十という組み合わせである。前述のように誣告の教令者を重く罰することが闘訟律56条の立法趣旨であったとすれば、逆にその告言が実であって賞物が与えられる場合も、教令者の行為を重くみて、告者と教令者との間の賞物配分の差をできるだけ小さくすることが本条の立法趣旨にかなうものであった筈である。本条の注文において賞物を与える場合に、告者（首）を杖一百、教令者（従）を杖九十と仮定し、この刑の比率をもって賞物配分額を一律に従は首より十分の一を減ずると定めたのも、本条の立法趣旨に沿った解釈ではなかったかと思われる。

以上のような意味をもつ闘訟律56条の賞物配分の比率を義解はそのまま牧子首従に対する賞物配分の比率としたのである。処で官牧の組織とその運営の方法は、大宝・養老の廏牧令及び廏庫律に詳しく定められ、牧には牧長一人、牧帳一人、牧子若干が配属された。牧の長帳の採用については廏牧令4牧馬帳条に規定されているが、牧子の点定については令に明文をみない。牧子は恐らく牧に隷属する馬戸及び附近の民戸から然るべきものを点定したと思われ、馬戸の課丁は番上して牧に出勤し、その長上するものが牧子であった。牧の長帳及び牧子の任務は、牧の馬牛の死亡や闌逸を防ぎ、馬牛の病気や盗難を予防し、馬牛を肥やし、繁殖せしめることであった。牧長はその管理・運営に当り、牧帳はその文書事務を行ない、牧子はそれらの下にあって牧の馬牛の飼育に当った(8)。しかし馬牛の群毎に置かれる牧子二人の間の任務には、法制上の区別はなく、それは等しく馬牛の世話に当るものである。従って牧子二人の功労に首従の差を設けることは、古記が「首従難定」、義解が「首従難知」というように実際上困難であったと思われ、その場合は古記も義解も、共に賞物は二人に均分すべきであるとしている。これを逆に考えれば、牧子二人の功労に首従の差を認めなければならない場合とは、両者間の功労に決定的な差があった場合のことであって、それ以外には起こり得なかったのではなかろうか。そうであるとすれば、闘訟律56条の賞物配分の比率をそのまま借用して牧子首従間に最小限の差しか認めない義解説よりも、廏庫律1条の量刑の比率から牧子首従間の賞物配分の比率を最大限の二倍とした古記説の方が現実にかなった法解釈であったといえよう。

6

さて、古記の説と比較して縷々述べて来た上記の義解の説は、実は令釈の説を踏襲したものであった。廄牧令集解7毎乗駒条の本文、「凡牧馬牛、毎乗駒二疋、犢三頭、各賞牧子稲廿束」の下にある集解諸説には、確かに令釈の説は全く見えていない。しかしそれは恐らく令釈の説が義解の説と同じであったから、集解編者は、あえて令釈の説を記載しなかったものと思われる。義解が令釈の説を踏襲することの多いのは、前述の戸令集解7条においても見たところである。更にこの廄牧令7条の場合には、右の事実を傍証する史料がいくつか存する。集解同7条の本文、「其牧長帳、各通計所管群賞之」の下にある「釈云」には、「又牧子長帳各以所由為首、賞罰以闘訟律誣告首従之法為定」とあって闘訟律56条が引かれ、また前条、即ち廄牧令集解6牧牝馬条の本文、「各一百毎年課駒犢各六十」の下にある「釈云」にも、「六十疋以上者、充牧子二人、課乗二疋賞稲廿束、首十分、従九分、有課欠者、亦依上法科罰、准闘律為法故也」とあって、牧子首従に対する賞物配分の比率はやはり闘訟律56条によって首に十分、従に九分とされている。以上からすれば令釈もまた、その内容は義解の説と同じであり、義解の説が令釈を踏襲して作られたものであることは疑いなきに近い。また右の令釈が闘訟律56条の規定を「闘訟律誣告首従之法」と呼んでいることも注目すべきことである。即ち古記は前述のように同条を「闘訟律誣告条分賞法」と呼び、そこから告者と教令者に対する「分賞」、即ち賞物配分の正しい方法をいかにして求めるかということに関心を有していたのに対し、令釈は義解と同様、闘訟律56条が賞物配分に「首従」を定めていることに関心を有していたのである。

因みに廄牧令9失馬牛条は、牧にある官の馬牛を亡失せしめて百日の期限内に、その馬牛を捕獲することができなかった場合、亡失当時の馬牛の価格に準じて、その十分の七を牧子から、その十分の三を長帳から徴収すると規定している。集解同条によれば、令文の「七分徴牧子」を解釈して、古記は「謂二分徴首、一分徴従、若不得定首従者、均分徴」とし、その亡失の責任に首従があった場合、牧子首従に対する賠償額の比は二対一とする。この首従に対する比率は、やはり廏庫律1条の首従に対する量刑の比率によるものであろう。一方、義解は「謂、皆拠首従法徴之、若首従難定者、即須均徴也」とし、また令釈も「為首従可徴」として、この場合、両者等しく「首従」によって、その賠償額を定め、徴収すべきであるとする。義解、令釈共に、その「首従」の内容については明らかにしていないが、集解同条の朱説には「謂並依首従徴者、作十九分者」云々とあるから、やはり前記闘訟律56条の首従に対する十対九の比率を指すものであろう。

三　両学説成立の背景――むすびに代えて――

前章で述べた廏牧令7条の義解の解釈が令釈の解釈を踏襲し、その内容も令釈とほぼ同じものであったとするならば、同条にみる令釈の解釈は古記の解釈に比べて、その論理の運びには単純明快なところのある反面、その推論の作業には緻密さに欠け、またその論証には飛躍する部分もあったように思われる。そのことは本稿冒頭に述べた戸令7条における古記と令釈との両学説の性格の相違にも通ずるものがある。即ち令釈が闘訟律56条の告者と教令者とに対する賞物配分の比率を何のためらいもなく、そのまま廏牧令7条の牧子首従に対する賞物配分の比率としたことは、適法性を厳格に追及しようとする古記の合理的な解釈に比べて、そこにやはり形式的、画一的、機械的な傾向を看て取ることができよう。また古記の解釈が個別具体的事情に配慮して法文の現実への適用に重きを置いた、いわば実践的解釈であったとすれば、令釈のそれは現実から或る程度遊離した机上の学問的性格を免れず、今、仮にそれを思弁的解釈と呼ぶこともできよう。もとより本稿で取り上げた一、二の事例から直ちに両者の学説をそのように断定することには慎重でなければならず、また令釈は古記の解釈を踏襲することも多くあったと思われるから、両者の解釈がすべてそのような性格をもつものではないけれども、両者には一面において右にみるような傾向を強く有していたことも亦、否定し難いであろう。

それでは両者の学説の相違する原因は、どこにあると考えればよいであろうか。古記と令釈の著者については、異論のあるところでもあるが、筆者は瀧川博士の説、即ち古記は大和長岡、令釈は山田白金とすることが、諸般の事情から推して、最も妥当性のある見解ではないかと思うものである。両人とも養老律令の編纂に携った当代屈指の法律家であり、考課令集解1内外官条引載の「或釈」[9]が唐令釈の文を引いて「大和山田説亦同此義」と述べていることからすれば、後代の明法家にとっても、大和長岡と山田白金とは、やはり当時律令学の双璧であったことを窺わせる。

大和長岡[10]は、大和の旧族の出身であって、その卒伝に「少好刑名之学、兼能属文、霊亀二年、入唐請益、凝滞之処、多有発明、当時言法令者、就長岡而質之」（『続日本紀』巻三十）と記されているから、大宝律令施行に伴い、諸司や官人から発せられた法解釈、法適用上の種々の疑問に答えた令官、令師の学問の系統を受け継いだ人物と思われる。その為か古記には問答体の注釈が多く、その内容も瀧川博士のいわれるように、実際的、常識的、日本的特色をもち、その注釈の文を読むと、あたかも法実務の現場にあるが如き感に襲われることが屢々である。古記は大宝令の母法である唐永徽令を「本令」と呼び、唐開元令を「開元令」と呼んで両者を区別しているようであるが、古記のこの特徴なども、古記の著者が大和長岡であって、霊亀二年（七一六年、開元四年）に請益生として渡唐し、最新の開元三年令を日本に将来したことに因ると考えれば納得が行くように思われる。なお前記考課令集解1条の「或釈」の引く「大和山田説」が同条古記の説とその内容が一致するという事実[11]は、少なくとも古記の著者を大和長岡とする説とは矛盾しないであろう。

一方、山田白金は前名を「百済人成」という帰化系の人物であるといわれているが[12]、その曾孫山田春城の卒伝には

「曾祖白金為明法博士、律令之義、無所不通、後言法律者、皆咸資准的」（「文徳実録」巻十）とあるように、やはり当時、明法の権威であった。早川庄八氏によれば、養老律令施行後の天平宝字元年（七五七）九月、平城宮において藤原仲麻呂の主導の下、山田白金による新令講書が開始されると共に、仲麻呂によって設置された説令所において新令の解釈の治定作業が行なわれたが、この講書において治定された解釈を記録した書が令集解に引載されている「新令私記」であり、しかもそれは山田白金自身の令私記であろうと指摘されている。更に早川氏は、令釈について、八世紀後半の時期に、もう一度講書が行なわれ、その時の注釈書が編述されて、それが「令釈」と呼ばれたのではないかという推測をも述べられている(13)。

右の令釈の成立事情については、今暫くこれを措くとしても、早川氏の指摘された令集解引載の新令私記の十一例中、その半数以上が令釈とその注釈内容及び文章表現が一致するということは、令釈なる注釈書が新令私記の説を多く祖述した書であったと考えて差し支えないであろう。そうであるとすれば、令釈の著者も山田白金か、それに近い人物ということになるであろう。また新令私記が仲麻呂の主導の下、山田白金によって治定された新令の解釈を記録した書であるとすれば、その学説の多くを受け継いだ令釈もまた必然的にそのような性格をもつ注釈書とならざるを得ないであろう。「本朝法家文書目録」に令釈が令義解と並んで、「令釈一部七巻卅篇」として、その巻立てや篇目が掲げられているのは、令釈が勅撰の令義解の先蹤として当時最も権威ある令注釈書であったからであるが、それでは何故、令釈がそのように権威ある書であったかといえば、それは令釈が新令私記の学説を直接受け継ぐ正統な令注釈書であると当時認識されていたからではなかろうか。

このように推考して令釈の法解釈上の手法をみて行くと、成る程と首肯されるところが多い。たとえば令釈には、古記の問答体の注釈を論述体の注釈に改めるなど、問答体の注釈よりも論述体の注釈の形態が多く採られており、また古記に比べて、その注釈の内容も簡潔に要領よくまとめられている場合が多いが、これらの令釈の特色は、そのもとになった新令私記が令全篇にわたる講義録であったという、その体裁から来るものであろう。また古記による先行注釈の引用方法、即ち「一云」の引用方法は、古記自身の説と対立する注釈のみならず、解釈の直接の対象とはならない他の事項についての注釈も、古記自身の説と同格に併記されていること、しかもそれらの説に対して古記自身による意見が付されていないことが多いことなどを考えると、古記には令の解釈、適用上の参考意見がそのまま記されているという感を受ける。即ち古記には大宝令運用上の質疑に対して、令師等が与えた解答類をそのまま天平年間の或る時期にまとめた実務的注釈書という性格が一面では強いように見受けられるのである。

右に対して令釈による先行注釈の引用方法は、古記とまことに対照的である。即ち、令釈が「或云」「或説」等として古記を含む他説を引用する場合は、令釈は、それらの他説に対して「非也」として批判を加えていることが多い。そのことは令釈が他説に対し、是非の判断を下していることを意味する。その際、令釈は他説を「非也」とするだけではなく、「何者」というように、その非とする理由を挙げている場合もある。(14) 我々は、この令釈の引用方法の中に、令釈が自説の正当性を強く主張すると同時に、新令の解釈の統一化をはかろうとする政策的な意図を読み取ることができよう。これらの令釈の法解釈の手法に対しては、すでに早川氏の指摘した新令の法解釈の治定作業を直接行なった藤原仲麻呂の態度に通ずるものをやはり感ぜざるを得ない。また令釈には、屢々古記にあえて対抗するが如き解釈が見えるのも、大宝令の解釈の治定に自ら刀筆をふるって活躍した祖父不比等の事蹟に倣って新しい法解釈を樹立しようとした仲麻呂の意欲の反映とみることができないであろうか。仲麻呂は、周知の如く天下の家ごとに孝経一本をおさめて孝道を奨励し、太政官等の令の官制の名称を悉く改め、皇太后や上皇等に対する尊号を撰進し、保良宮を造営するなど、その政策には国情を顧慮しない、唐風を憧憬する形式的なものが多かったといわれている。令釈の成立を溯って考え、そこに仲麻呂の存在が影を落しているとすれば、令釈の法解釈の手法に、すでに指摘した現実から遊離した形式的、画一的、直線的傾向が認められることや古記に比べて中国の故事や古典を引用する傾向の多いことなどは、仲麻呂の性癖や嗜好と共通するものがあるといえよう。

以上、本稿では古記と令釈という当代の二大律令学説に関し、戸令と廏牧令との二個条の解釈を通じて、両者の法解釈の手法にみられる際立った相違点を摘出し、併せてその基づく原由を探ってみたのであるが、今後は更にその他の諸条文を逐条毎に検証し、我が古代律令法学の性格と実態とを解明して行く必要があるであろう。

註

（1）古記のこの文に付された国史大系本の返点は、今、次のように訂正する。「答、牧子二人合㆓廿束賞㆒」→「答、牧子二人合廿束賞、」、「依㆓闘訟律誣告条㆒、分㆓賞法㆒給之、」→「依㆓闘訟律誣告条分賞法㆒給之、」、「但於㆑謂㆓首従㆒難㆑定、若不㆑得㆑定者、」→「但於㆑謂㆓首従難㆑定、若不㆑得㆑定者、」

（2）古記のいう「闘訟律誣告条分賞法」について、三浦周行・瀧川政次郎共編『令集解釋義』（昭和六年刊、昭和五十七年復刊、国書刊行会）の標註は、これを闘訟律41誣告条の疏、「遂相誣告者、准誣告軽重、反坐告人」を指すとするが、失考であろう。

（3）闘訟律56条の「教令」が現代法の教唆に当るものであることについては、律令研究会編『譯註日本律令五 唐律疏議譯註篇一』（滋賀秀三執筆、昭和五十四年、東京堂出版）二六〇頁参照。

（4）闘訟律56条の「不可徒杖別作節文」の解釈は、律令研究会編『譯註日本律令七 唐律疏議譯註篇三』（奥村郁三執筆、昭和六十二年、東京堂出版）四〇六頁による。

（5）闘訟律56条の「軽重不同」の解釈は、戴炎輝『唐律通論』（中華民國五十四年、國立臺灣大學法學院事務組）二二一頁による。なお告者と教令者とに対する刑の差が一等でない場合とは、他人を教令して、その子孫を告言せしめる場合等をいう。

（6）養老廏庫律1条逸文は、「凡牧馬牛、准所除外死失、及課不充者、一牧子、笞廿、三加一等、過杖一百、廿加一等、罪止徒

二年」とあり、大宝廏庫律同条は、前掲養老律の「三加一等」以下に相当する文はまだ復原されていないが、恐らく「三加一等」は養老律と同文であったと思われる。従って駒二疋、犢三頭を不当に死失せしめた場合の牧子首従に対する量刑は、馬牛二（疋・頭）を死失せしめた場合と同じ量刑となる。但し古記は、右の駒二疋、犢三頭死失の場合の首従に対する量刑の比率をもって馬牛増殖のすべての場合の首従に対する賞物配分の比率とし、駒四疋、犢六頭以上を増殖せしめた場合は、駒四疋、犢六頭以上を死失せしめた場合の首従に対する量刑の比率を採用していない。首従に対する賞物配分の比率が馬牛増殖の数によって変動することからする実務上の煩雑さ等に配慮したものであろう。これは前述の闘訟律56条が首従に対する賞物配分の比率を誣告罪の軽重に拘らず一律に十対九と定めていることと同様である。

（7）前掲律令研究会編『譯註日本律令五』二六四頁。

（8）官牧の組織とその運営については、瀧川政次郎「律令時代における淀川河畔の牧場」『増補新版日本社会経済史論考』（昭和五十八年、名著普及会）五六九頁以下、山口英男「八・九世紀の牧について」『史學雑誌』第九五編第一号（一九八六年）等参照。

（9）令集解に十一例現われる「或釈」については、詳しくその性格を考究する必要があるが、現時点における筆者の推測を述べれば、以下の通りである。「或釈云」が「或る注釈書に云う」というような不特定の令注釈書を意味するものではなく、「釈云」、即ち令釈と共に当時権威のある令注釈書であったことは、集解引載の「或釈云」が何れも「釈云」の直下に続けて引用されていることによって容易に推測される。「或釈」は令釈よりも先行する、令釈とは別個の令注釈書であって、新令の私記ではあるが、それは「旧説」としても引用されているから、恐らく大宝令の注釈書の影響を濃く受けている書であり、令釈との関係でいえば、何らかの理由により令釈の文の一部分が集解の当該個所に引載されない場合、令釈とその解釈が異なる場合、令釈の解釈が不十分な場合等に集解編者によって令釈とセットとして、その文が引用されたと思われる。但しそれが集解編者自身によって移記されたものか、「或釈」の文がすでに令釈に記されていたものかは不明であり、また「或釈」の文が選叙、考課、禄の三令の集解にしか見えない理由等も不詳である。拙稿「令集解引載の「或釈」について」『國學院大學日本文化研究所報』第四一巻第六号（平成十七年）（本書第一巻附録所収）参照。

（10）大和長岡については、瀧川政次郎「大和宿禰長岡――その日本的性格について――」『國學院法學』第七巻第三号（昭和四十五年）等参照。

（11）考課令1条の令文「当司長官考其属官」について、古記及び「大和山田説」は、義解、令釈等と異なり、被管の寮司等の官司は、すべて所管の省の長官が勤務評定を行なうと解釈する。

（12）但し近時出土した二条大路木簡により百済人成と山田白金とは別人の可能性が高いという説がある。『奈良国立文化財研究所学報』第五四冊（一九九五年）四〇九頁参照。

（13）早川庄八「新令私記・新令説・新令問答・新令釈――天平宝字元年新令講書についての覚えがき――」『日本古代の文書と典籍』（一九九七年、吉川弘文館）所収。

（14）古記と令釈における先行注釈の引用形態については、宮部香織「『令集解』所載の諸注釈にみる先行解釈の引用――古記と令釈について――」『國學院大學日本文化研究所紀要』第九七輯（平成十八年）参照。

171　第六　日本律の枘鑿

第六　日本律の枘鑿
――その立法上の不備について――

はじめに

瀧川政次郎博士には、『律令の枘鑿』（『律令の研究』所収「附録第一」一頁以下、復刻版、刀江書院、昭和四十一年）と題する論考があるが、それには現存の養老律令を分析することによって、天智朝以来の我が歴代の律令編纂者が前代の律令を改訂し、隋唐の律令を取捨するに当って、並々ならぬ苦心を致したことを推察し得ると共に、一方においては多くの主義一貫しない、いわゆる枘鑿相容れざる矛盾、混乱の生じたことが見出されると指摘されている。博士は、これらの矛盾、混乱を「一　条文間に於ける矛盾」、「二　条文間に於ける重複」、「三　用語の混乱」の三者に分けて論じられているが、就中、「一」と「二」とは当時の法典編纂作業の具体的内容、中国律令継受の実態、我が律令法学の水準等を探究する上で重要な示唆を与えるであろう。

博士は、「条文間に於ける矛盾」を更に「(イ)唐制改変によりて生ぜる矛盾」、「(ロ)唐令省略によりて生ぜる矛盾」、「(ハ)前令改変によりて生ぜる矛盾」、「(ニ)唐制の矛盾を継承せるもの」の四者に分けて考察されているが、(イ)では養老戸令と同戸婚律、養老関市令と同雑律との条文間の矛盾二例、(ロ)では養老儀制令と同闘訟律との条文間の矛盾一例、(ハ)では養老官位令と同選叙令・公式令・衣服令との条文間の矛盾一例、(ニ)では養老廐牧令と同廐庫律との条文間の矛盾一例がそれぞれ挙げられている。また博士は、「条文間に於ける重複」を更に「(イ)条文全体の重複」と「(ロ)条文一部の重複」との両者に分けて考察されているが、(イ)では養老選叙令と同宮衛令との条文間の重複一例、(ロ)では養老公式令と同名例律・断獄律との条文間の重複一例が挙げられている。

このように瀧川博士の論考は、主として養老令と養老律との条文間の矛盾・重複、及び養老令の条文相互間の矛盾・重複について考察されたのであるが、養老律の同一条文中や条文相互間の矛盾・重複についても、近時その事例がいくつか指摘されている。即ち(1)名例律6条悪逆の疏文と賊盗律15条との矛盾、[1](2)職制律30条と雑律14条との矛盾、[2](3)名例律15条の疏文中の矛盾、[3](4)闘訟律51条の疏文中の矛盾、[4](5)名例律11条の本文の語句の重複、[5](6)名例律12条と名例律8～11条、同17～20条との重複等である。[6]今、瀧川博士の表現を借りるならば、(1)(2)(3)(6)は「唐制改変によりて生ぜる矛盾」であり、(4)は「唐制の矛盾を継承せるもの」であり、(5)は「前令改変によりて生ぜる重複」である。とりわけ注目すべきは(6)であって、それは我が養老律撰者が唐の名例律12条の内容を十分に理解せず、不用意に修正継受して立法した結果、他の名例律諸条と重複を生じた事例であり、そこには単なる養老律撰者の不注意としては済まされない問題が存在している。

この度の拙稿では、瀧川博士を始めとする諸氏の研究の驥尾に付して、養老律諸条間の矛盾、及び養老律の同一条文中の解釈をめぐる矛盾や疑義等について、なおその事例を博捜して上述の先学の研究を補うと共に、日本律の枘鑿の有する法史学上の意義についても、若干検討を加えたいと思う。なお養老律の本文本注の下に二行割で記された、唐律の疏文に相当する文は、本来律文であって、疏文と呼ぶべきものではないと考えられるが、今、唐律に倣って、便宜これを「疏」もしくは「疏文」と呼び、また日唐律の条文番号は、律令研究会編『譯註日本律令二・三　律本文篇』上下巻（東京堂出版、昭和五十年）によることとした。

一　名例律32彼此倶罪条(7)

唐律本条は、(1)贓の没収、もしくは原主への返還、(2)犯禁物の没収、(3)簿斂の物（反逆罪において没収される犯人所有の全財産）と恩赦との関係について規定する。(8) (3)には、反逆縁坐による人身の没収と恩赦との関係も併せて規定している。先ず、それに関する唐の律疏を「唐律疏議」によって掲げよう。

即縁坐家口、雖已配没、罪人得免者亦免、

疏議曰、謂反逆人家口合縁坐没官、罪人於後蒙恩得免、縁坐者雖已配没、亦従放免、其奴婢同於資財、不従縁坐免法、

問曰、但是縁坐遇恩、罪人得免、其有罪人不合免者、縁坐亦有免法以否、

答曰、謀反大逆、罪極誅夷、汚其室宅、除悪務本、罪人既不会赦、縁坐亦不合原、去取之宜、皆随罪人為法、

其謀叛已上道、及殺一家非死罪三人、支解人、縁坐雖及家口、其悪不同反逆、又律文特顕反逆縁坐、為与十悪同科、不得請減及贖、自同五流除名配流如法、自余縁坐流、並得減贖不除名、雖云合流得減贖者、明即与反逆縁坐不同、赦書若十悪不原、非反逆縁坐人、仍従恩免、以其身非十悪又非反逆之家故也、

上記の疏文の大意は、次の通りである。反逆縁坐による家口の没官は、すでに「配没」、即ち没官という最終的な手続きが完了したとしても、犯人が恩赦によってその処刑を免れたときには、家口も、その没官をゆるされる。但し没官された奴婢は、資財と同じく扱われ、その没官はゆるされない。

また、問答の大意は、次の通りである。（問）本条によれば、縁坐の家口がゆるされるのは、犯人がゆるされたときであるとされる。犯人がゆるされないときでも、縁坐の家口がゆるされることがあるのかどうか。（答）謀反大逆罪の縁坐と謀叛已上道・殺一家非死罪三人・支解人の罪の縁坐とは分けて考えるべきである。前者は犯人が恩赦にあわない限り、縁坐の家口もゆるされない。即ち縁坐の家口の免不免は、一に犯人の免不免に従うのである。しかし後者は縁坐が犯人の家口に及ぶけれども、前者とは異なり、赦書に十悪はゆるさずとあって犯人がゆるされない場合でも、その縁坐には恩赦が適用される。

それでは何故、反逆罪の縁坐とそれ以外の縁坐とは恩赦の適用が異なるのか。その理由として上記問答の「答」は二つの根拠をあげている。その一つは「謀反大逆、罪極誅夷、汚其室宅、除悪務本」云々とあって、反逆罪とそれ以外の謀叛已上道等の罪とでは、その罪質が異なるというのである。もう一つは「律文特顕反逆縁坐、為与十悪同科、不得請減及贖、自同五流除名配流如法」とあって、「律文」がその根拠となっている。この「律文」とは、次に掲げる名例律9条（請章）のことである。

諸皇太子妃大功以上親、応議者期以上親及孫、若官爵五品以上、犯死罪者上請、……流罪以下減一等、其犯十悪、

反逆縁坐、殺人、監守内姦盗略人、受財枉法者不用此律、

ここでは、「反逆縁坐」は「十悪」等と並んで記され、皇太子妃の大功以上の親等がそれらの罪を犯した場合には、上請の特権は剝奪され、且つ流罪以下の犯罪も一等を減軽しないと規定されている。また、名例律10条（減章）では、七品以上の官や官爵によって請の特典を得るものの一定範囲の親族が流罪以下を犯せば、「各従減一等之例」とするが、これは流罪以下の犯罪における一等減軽の原則は、十悪や反逆縁坐等の罪には適用しないということである。更に名例律11条（贖章）では、議請減の資格のあるものや九品以上の官、及び官品によって減の特典をもつものの一定範囲の親族が流罪以下を犯せば、贖をゆるすとしながらも、「反逆縁坐流」は五流の一つとして減贖をゆるさず、除名の上、配流するとしている。前掲名例律32条の問答中の「律文特顕反逆縁坐」以下の文は、以上の名例律の諸規定を指していっているのである。

このように「反逆縁坐」の家口に対しては請減贖の特典が剝奪され、且つ除名が付加され、その流刑も除名の上、実刑が科せられるのであるが、反逆罪以外の縁坐には、そのようなことはない。従って以上の名例律の諸規定によれば、両者は全く異なる扱いを受けていることになる。前掲問答が反逆罪の縁坐とそれ以外の縁坐とで恩赦の適用が異なるとする法的根拠は、主として以上の名例律の諸規定によるのである。

さて、前掲唐名例律32条に相当する日本律は、どのように記されているであろうか。前掲唐律の本文と養老律の本文とは全く同一であり、また前掲唐律の疏文と養老律の疏文とはほぼ同じである。但し唐律の問答の部分は、例によって養老律ではそれが論述体に書き変えられている。今、その個所を次に掲げることとする。

但是謀反大逆、罪極誅夷、罪人既不会赦、縁坐亦不合原、去取之宜、皆随罪人為法、其謀叛已上道、及殺一家非死罪三人、支解人、縁坐雖及家口、其悪不同反逆、又律文特顕反逆縁坐、為与八虐同科、不得請減及贖、自同五

流除名配流如法、自余縁坐流、並得減贖不除名、雖云合流得減贖者、明即与反逆縁坐不同、赦書若八虐不原、非反逆縁坐人、仍従恩免、以其身非八虐又非反逆之家故、

上記の文を前掲唐律の問答と比較してみると、唐律の問の部分については、冒頭の「但是」の二字が養老律に採り入れられている以外は、すべて養老律では省かれている。唐律の答の部分については、「汚其室宅、除悪務本」の八字が養老律では削除されているが、他の部分は唐律の「十悪」が養老律では「八虐」に改められている以外は、両者はほぼ同文である。従って養老律においても、反逆縁坐とそれ以外の縁坐とで恩赦の適用を異にするという理由は、唐律と全く同一であると考えてよい。とくにその有力な法的根拠である「律文特顕反逆縁坐、為与八虐同科、不得請減及贖、自同五流除名配流如法」という文は、「八虐」を除いて他は唐律と全く同一である。そうすると、この文中の「律文」も、当然前掲唐名例律9条に相当する養老律を指すこととなる。しかるに養老名例律9条には、「反逆縁坐」の語が見えない。今、養老名例律同条を次に掲げよう。

凡応議者祖父母父母伯叔姑兄弟姉妹妻子姪孫、若五位及勲四等以上、犯死罪者上請、……流罪以下減一等、其犯八虐、殺人、監守内姧他妻妾、盗略人、受財枉法者不用此律、

「反逆縁坐」の語は、上記の養老律本文に見えないばかりでなく、その疏文中にも、また「政事要略」巻八十二に掲げられた養老律の当該個所にも見えないから、それは養老律が唐名例律9条を継受する際や後人が養老律のテキストを筆写する際に、誤って脱落したというものではなく、養老律の撰者が本来、意識的にそれを削除したと考える方が自然である。

それでは何故、養老名例律9条は、この「反逆縁坐」を削除したのであろうか。それは恐らく次の如き理由によるものであろう。

唐賊盗律1条によって、反逆縁坐の刑の具体的内容についてみれば、次の通りである。

諸謀反及大逆者皆斬、父子年十六以上皆絞、十五以下及母女妻妾、子妻妾亦同、祖孫兄弟姉妹、若部曲資財田宅並没官、男夫年八十及篤疾、婦人年六十及癈疾者並免、余条婦人応縁坐者準此、伯叔父兄弟之子皆流三千里、不限籍之同異、

即ち犯人の父、及び十六以上の男子は絞、十五以下の男子、母女妻妾（子の妻妾も含む）、祖孫兄弟姉妹、部曲は没官、伯叔父、兄弟の子は流三千里、以上が反逆縁坐の刑の具体的内容である。このように唐律の反逆縁坐には、絞という死刑が含まれているから、前掲名例律9条において皇太子妃の大功以上の親などが反逆縁坐を犯した場合は、「不用此律」として上請という特典が与えられないことには意味がある。処が養老賊盗律1条によって、反逆縁坐の刑についてみれば、それは次の通りである。

凡謀反及大逆者皆斬、父子若家人資財田宅並没官、年八十及篤疾者並免、祖孫兄弟皆配遠流、不限籍之同異、

養老律では犯人の父子と家人とは没官、祖孫兄弟は遠流であって、反逆縁坐の刑には死刑は存しない。死刑がない以上、養老律の反逆縁坐は上請の対象にはなり得ないのである。養老名例律11条には、

其加役流、反逆縁坐流、子孫犯過失流、不孝流、及会赦猶流者各不得減贖、除名配流如法、

とあるから、反逆縁坐の遠流が減贖をゆるされないことは、この条文を適用すれば、それで事足りるのであって、養老律ではあえて名例律9条に、その適用除外例として「反逆縁坐」を規定する必要はなかったのである。ただ問題は没官であるが、人身の没官は律の五刑二十等には存しない刑種であって、唐断獄律23条の疏文によれば、流三千里に比定されている。この条文は日本律では亡びているが、恐らく存在したものと思われるし、遠流ですでに減贖がゆるされないならば、それより重い没官が減贖をゆるされないのは当然であるから（名例律50条の「挙軽明重」の適用）、わ

ざわざそのことを名例律に規定することもなかったであろう。このように解すれば、養老名例律9条に「反逆縁坐」の語が存しないことは、この四字を本条に記す必要がなかったとする立法者の意図が働いた為であって、脱字ではないとすることができよう(9)。

このように養老名例律9条において、「反逆縁坐」が撰者によって意識的に削除されたとすれば、次に本条と前掲養老名例律32条の疏に見える「律文特顕反逆縁坐」云々の文との矛盾をどのように理解したらよいのか。恐らく養老律の撰者は、名例律32条を立法するに当り、すでに名例律9条において「反逆縁坐」を削除したことを失念して、唐名例律32条の問答の文章を殆どそのまま踏襲したのであろう。その結果、養老名例律9条と同32条の疏文とは齟齬を来すことになったのである。もし名例律9条と整合せしめて同32条の疏の前掲個所を改めるとすれば、それは「律文特顕反逆縁坐、自同五流、不得減贖、除名配流如法」とでもすべきであろう。但しその場合、上記の「律文」は名例律9条ではなく、同11条を指すこととなる。

さて、もう一つ養老律本条の疏には立法上、不備な個所が存する。唐律本条の問答は、「反逆縁坐」以外の縁坐の例として、「謀叛已上道」と「殺一家非死罪三人・支解人」とをあげている。唐賊盗律4・12条によれば「謀叛已上道」の縁坐は、犯人の妻子が流二千里であり、もし犯人が部衆百人以上を率いて謀叛の実行に着手した場合には父母妻子は流三千里であり、また「殺一家非死罪三人・支解人」の縁坐は、妻子が流二千里であって、以上いずれもここで例としてあげられている反逆罪以外の縁坐は流刑に処せられる。このことは、問答の「自同五流、除名配流如法」の下に続く「自余縁坐流、並得減贖、不除名」云々の文と対応しているのである。処が養老賊盗律4・12条によれば、「謀叛已上道」の縁坐は、犯人の子が中流であり、もし犯人が部衆十人以上を率いて謀叛の実行に着手した場合には父子は遠流に処せられるが、「殺一家非死罪三人・支解人」の縁坐は、犯人の子が徒三年となるに止まる。従って

「殺一家非死罪三人・支解人」の例は、前掲「自余縁坐流、並得減贖、不除名」云々の文とは整合しないことになる。「殺一家非死罪三人・支解人」の縁坐は、ここでは不適切な例といわざるを得ない。

二　賊盗律40盗五等親財物条

唐賊盗律38恐喝取人財物条は、次に掲げる通りである。

諸恐喝取人財物者、口恐喝亦是、準盗論加一等、……

疏議曰、……

若財未入者杖六十、即緦麻以上、自相恐喝者、犯尊長以凡人論、強盗亦準此、犯卑幼各依本法、

疏議曰、……即緦麻以上、自相恐喝者、犯尊長以凡人準盗論加一等、強盗亦準此者、謂別居期親以下卑幼、於尊長家行強盗者、雖同於凡人家強盗得罪、若有殺傷、応入十悪者、仍入十悪、犯卑幼各依本法、謂恐喝緦麻小功卑幼、取財者減凡人一等、五匹徒一年、大功卑幼減二等、五匹杖一百、期親卑幼減三等、五匹杖九十之類、

この規定の中、「緦麻以上、自相恐喝者」以下の文意は、凡そ次の通りである。卑幼が恐喝の手段をもって緦麻以上の尊長の財物を取得した場合は、賊盗律40条による親族相盗減例を適用せず、凡人間の恐喝と同様に扱い、逆に尊長が緦麻以上の卑幼に対して恐喝の手段をもって財物を取得した場合は、賊盗律40条の親族相盗減例を適用する。[10]

それでは親族相盗減例を規定した唐賊盗律40条とはいかなるものかといえば、それは次に掲げる通りである。

諸盗緦麻小功親財物者、減凡人一等、大功減二等、期親減三等、……

疏議曰、緦麻以上相盗、皆拠別居、卑幼於尊長家強盗、已於恐喝条釈訖、其尊長於卑幼家窃盗若強盗、及卑幼

於尊長家行窃盗者、緦麻小功減凡人一等、大功減二等、期親減三等……

上記の疏によれば、賊盗律40条で扱う親族とは、「別居」、即ち同居共財の関係にない親族をいい、卑幼の尊長の家における強盗が凡人間の強盗をもって論じられる以外、即ち尊長の卑幼の家における強窃盗、及び卑幼の尊長の家における窃盗は、親疎の度に応じて、すべて凡人の強窃盗罪より一等から三等を逓減されるというのである。

また、前掲賊盗律38条の本注「強盗亦準此」と上の賊盗律40条との関係について、中村茂夫氏は次のようにいわれる。即ち「（賊盗律38条の）「強盗亦此レニ準ズ」との注・疏は、恐喝を規定する本条の構成からすれば、挿入的に述べられたものと見られる。……何れにせよ、普通には賊40に置かれるものであろうが、既にここで取り上げたため、同条疏では、「卑幼於尊長家強盗、已於恐喝条釈訖」と断わるという形になっている[11]」と。この指摘は、後述の日本律の枘鑿の理由を考える場合、重要である。

さて、次に前掲唐賊盗律38、40の両条に相当する養老律の規定について見よう（養老律の疏に当る部分は、細字双行で記されているが、今便宜上、括弧に入れて一行書きとした）。

凡恐喝取人財物者、口恐喝亦同、准盗論加一等、……若財未入者杖六十、即五等以上親、自相恐喝者、犯尊長以凡人論、強盗亦准此、（謂下条強盗五等以上尊長、並依凡人強盗之罪、不在准親減例、）犯卑幼各依本法、（……即五等以上、自相恐喝者、犯尊長以凡人論准盗加一等、犯卑幼各依本法、謂恐喝五等卑幼、取財者減凡人一等、五端徒一年、四等以上逓減一等、）

凡盗五等親財物者、減凡人一等、四等以上、逓減一等、（五等以上相盗、皆拠別居、其有相盗、不限強窃、）……

養老賊盗律38条と唐律本条とを比べてみると、本文については、「五等以上親」と「緦麻以上」と、その親族の呼称が異なる外は、ほぼ同じである。しかし本文「犯卑幼各依本法」に関する疏文については、日唐間でややその表現が異なっている。即ち唐律では尊長が卑幼を恐喝して取財した場合、緦麻・小功、大功、期親の親族関係の親疎に応じて各々その量刑が具体的に例示されているのに対し、養老律では、「謂恐喝五等卑幼、取財者減凡人一等、五端徒一年、四等以上逓減一等」とあって、尊長が五等の卑幼を恐喝して取財した場合、その刑は「五端徒一年」と例示されているが、その他は「四等以上逓減一等」として簡潔に全体を総括した表現となっている。これは親族関係の親疎を測る尺度として唐律令が喪服の制によっているのに対し、養老律令が数値をもって表現する五等親制をとっていることから、養老賊盗律40条が「四等以上、逓減一等」と記して、唐律同条の如く「緦麻小功……減凡人一等、大功減二等、期親減三等」というように一々個別具体的に規定していないことに相応したものである。

次に本注「強盗亦準《(准)》此」に関する疏文であるが、日唐両者の文章はかなり異なっており、養老律が唐律の疏文を踏襲したという形跡は認められない。もっとも日本律は唐の永徽律疏を藍本としたものであり、「唐律疏議」は開元律疏をテキストとしている。従ってこの個所の日唐両者の相違は、永徽律疏と開元律疏との相違としても考えられるが、恐らくそうではなかろう。即ち前述の如く、「犯卑幼各依本法」の疏文においても、養老律は唐律の文を踏襲せずに賊盗律40条と整合するように、その表現法を変えているからである。

さて、上の本注「強盗亦準此」は、上文で卑幼が尊長を恐喝した場合、親族相盗減例に従うことなく、凡人間の恐喝を以て論じ、窃盗に一等を加重すると述べたことを承けて、卑幼の尊長に対する強盗の場合も、親族の特例なく凡人間の強盗と同様に扱うことをいったものである。唐律の疏文は、そのことを述べると共に、更に卑幼が強盗によって尊長を殺傷した場合、十悪に入るべきものがあれば、十悪を適用すべきであるとする。即ち唐律のこの疏文は、まさに上記の本注を注釈したものである。

処がこの本注に対する養老律の疏文は、その内容を唐律とやや異にしている。即ち、この疏文は「謂下条強盗五等以上尊長、並依凡人強盗之罪、不在准親減例」というものであって、「下条」、即ち賊盗律40条においては五等以上の尊長に対して強盗を働いたものは、凡人間の強盗罪を適用し、親族相盗減例にはよらないというのである。従って、この養老律の疏文は、賊盗律38条の本注を直接注釈したというよりは、むしろ賊盗律40条を解釈する際の注意規定という性格を有するものである。つまり養老律においては、この本注は文意明瞭として解釈せず、その代わりに上の如き疏文を挿入したのである。

それでは何故、養老律は上の如き賊盗律40条に関する注意規定ともいうべき文をここに挿入したのであろうか。その理由は、唐賊盗律40条の疏文にあるように思われる。即ち、そこには「卑幼於尊長家強盗、已於恐喝条釈訖」とあって、卑幼が尊長の家において強盗を働いた場合の罪については、すでに恐喝条、即ち賊盗律38条において注釈したと記されている。賊盗律38条の本注は、前述の如く本来賊盗律40条に規定せらるべきものであったが、恐喝罪との関連でやむを得ず賊盗律38条におかれたのである。養老律では、上記唐賊盗律40条の疏文をうけて、賊盗律38条の本注の下に前掲「謂下条強盗五等以上尊長」云々の疏文をおき、唐賊盗律40条の疏にある「已於恐喝条釈訖」というような説明的な記述を省いたのであろう(12)。

しかし、それにしても不可解なのは、養老賊盗律40条の疏に「其有相盗、不限強窃」とあることである。この文は前掲養老賊盗律38条本注の疏と明らかに矛盾する。何故、養老律撰者は賊盗律40条の疏に卑幼の尊長の家における強盗は親族相当減例を適用しないことを明記しておかなかったか。賊盗律38条本注の疏に、その旨を記しておいた為に省いたのか、それとも賊盗律38条本注の疏に、その旨を記したことを失念して、賊盗律40条の疏に「不限強窃」としたのか、それについては不明であるが、その為に賊盗律38条の疏と同40条の疏との間に矛盾が生じたことは確かである。養老賊盗律40条のみを見る限り、卑幼の尊長に対する強盗は、親族相盗減例の適用外であることを知ることはできない。やはり日本律の枘鑿というべきであろう。

三　賊盗律50共盗条

唐律本条は強窃盗の共犯に関する規定であるが、その主たる内容は次の通りである。(13)強窃盗の共犯者の刑は、贓物の総額に対して科し、各人の分前に対して科すものではない。また、造意者、随従者のいずれにおいても、盗みの現場に臨んだか、もしくは贓物の分前を取得したかのことのある限り、造意者一人を首犯とし、随従者を従犯とする。（首犯に対しては律の規定を適用し、随従者に対しては首犯より一等を減ずる。）造意者が現場に臨まず、且つ分前も取得しなかったときは、これを従犯とし、随従者の中で、現場において指揮命令を主導したものを首犯とする。

本条において問題となる個所の唐律を先ず掲げよう。

主遣部曲奴婢盗者、雖不取物仍為首、若行盗之後、知情受財、強盗窃盗並為窃盗従、

疏議曰、……

問曰、有人行盗、其主先不同謀、乃遣部曲奴婢、随佗人為盗、為遣行人元謀作首、欲令部曲奴婢主作首以否、

答曰、盗者首出元謀、若元謀不行、即以臨時専進止為首、今奴婢之主、既不元謀、又非行色、但以処分奴婢、随盗求財、奴婢之此行、由主処分、今所問者、乃是佗人元謀、主雖駆使家人、不可同於盗者元謀、既自有首、其主即為従論、計入奴婢之贓、準為従坐、假有奴婢逐佗人、総盗五十匹絹、奴婢分得十匹、奴婢為五十匹従徒三年、主為十匹従、合徒一年之類、

上記の本文についての大意は、次の通りである。主人が自家の部曲奴婢に命じて窃盗を行なわせたときは、主人は贓物を受け取らずとも、常に首犯とし、部曲奴婢を従犯とする。部曲奴婢が主人とかかわりなく自ら強窃盗を行ない、主人が後に事情を知って贓物を受け取ったときは、主人は受け取った贓物の額だけについて窃盗の従犯とする。

さて、次に養老律本条について見るならば、先ずその本文は、唐律の「部曲」が養老律では「家人」となっている外は、両者ほぼ同一である。しかし前掲唐律の問答の部分は、養老律ではそれを論述体に修正している為、その文章に若干改変が加えられている。今、養老律の当該個所を掲げるならば、次の通りである。

(1)若有人行盗、其主先不同謀、乃遣家人奴婢、随他盗人而盗者、即元謀為首、家人奴婢為従、主為家人奴婢従、

(2)盗者首出元謀、若元謀不行、即以臨時専進止為首、今奴婢之主、既不元謀、又非行色、但以処分奴婢随盗求財、奴之此行、由主処分、然主唯駈使家人、不可同於盗者元謀、既自有首、其主即為従論、計入奴之贓、准為従坐、

(3)仮有奴婢逐他、惣盗五十端、奴婢分得十端、奴婢為五十端従徒三年、主為十端従、合徒一年、

上記養老律の疏文の大意は、凡そ次の通りである。

(1)窃盗を行なおうとする他人があり、家人奴婢の主人がそれと同謀はしなかったが、自家の家人奴婢に命じて、その他人に従って窃盗を行なわせたときは、その窃盗の造意者である他人を首犯とし、家人奴婢をその従犯とし、且つ主人を家人奴婢の従犯とする。

(2)盗罪の首犯は原則として造意者である。しかし造意者が盗みの現場に行かず（しかも贓物の分配も受けなかったときは）、これを従犯とし、現場において指揮命令を主導したものを首犯とする。今、奴婢の主人は造意者でもなければ、また現場に臨んだ訳でもない。ただ自家の奴婢に命じて他人に従って財物を求めさせただけである。奴（婢）のこの行為は主人の命令によったものである。主人は唯自家に属する人物を駆使しただけであるから盗犯の造意者と同じく

扱うべきではない。すでに造意者である他人が首犯であるのだから、主人はその従犯として論ずべきである。即ち奴（婢）の分得した贓の額を計って窃盗の従犯とする。

(3)たとえば奴婢が（主人の命令によって）他人に従って総額布五十端の窃盗を行ない、その中、十端の分配を受けたとすれば、奴婢は窃盗五十端の従犯として徒三年、奴婢の主人は窃盗十端の従犯として徒一年の刑とする。

さて、(1)の「即元謀為首、家人奴婢為従、主為家人奴婢従」という文は、唐律の問答には見えていない。これは養老律が唐律の問答体を論述体に改めるに当って、文意を理解し易くする為、最初に結論を提示したものであって、養老律が独自に挿入した文である。しかし、この文中の「即元謀為首」と「家人奴婢為従」は、それでよいとして、「主為家人奴婢従」は理解し難い。即ち家人奴婢は、すでに元謀（造意者）たる他人の従犯なのであるから、主人が更にその従犯である奴婢の従犯というのでは意味をなさない。今、(2)の「其主即為従論、計入奴之贓、准為従坐」という文をみると（この個所は唐律でも、ほぼ同文である）、文中の「従」は、首犯である元謀、即ち他人の従犯という意味であって、主人はただ奴婢の分得した贓物の額についてだけ、元謀たる他人の従犯としての罪に問われるというものである。そのことは具体例を掲げて奴婢と主人の刑の量定を試みている(3)の文からも明らかである。

以上から養老律の「主為家人奴婢従」は、(2)の説明の文や(3)の例示の文と矛盾し、意味不明の文といわざるを得ない。養老律の撰者は、この唐律の問答を正しく理解していたかどうかもやや疑問である。もし上記の文を訂正するとすれば、「主計家人奴婢所受贓為従」とでもすべきであろう。

更に養老律のこの個所には、立法上、不備な点がもう一つある。それは、(2)の「主唯駈使家人、不可同於盗者元謀」の「家人」である。この語は唐律の問答でも同じく「家人」である。唐律の「家人」の意味は、衛禁律26条の疏に「家人不限良賤」とある如く、良賤いずれにも使用されるが、この賊盗律の問答の「家人」は、その家に属する奴婢を指している。(14) 日本律令では、唐律令の「部曲」に相当する賤民の名称を「家人」としたから、日本律令には賤民を意味する身分上の「家人」と良賤に限らない、一家に属する人を意味する「家人」との両者が存することになった。(15) それを区別する為、養老律では、例えば唐衛禁律26条の「家人相冒」を「家内人相冒」とし、また唐職制律56条の「監臨官家人」を「監臨官家口」というように改めている。ここでは唐の部曲に相当する賤民である「家人」の共犯が問題となっているから、一家の中の人を意味する「駈使家人」の「家人」は、前者と区別する為にも、「家内人」もしくは「家口」の語を用いるべきではなかったかと思われる。

四　名例律19免官条

先ず唐律本条を次に掲げよう。

諸犯姦盗略人及受財而不枉法、……

　疏議曰、……

若犯流徒、獄成逃走、

　疏議曰、……

問曰、免所居官之法、依律比徒一年、此条犯徒流逃走、即獲免官之坐、未知免所居官人逃亡、亦入犯徒免官以否、

答曰、免所居官之色亦有罪不至徒、本罪若其合徒逃者、即当免官之坐、若犯杖罪逃走、便異本犯徒流、以其元是杖刑不入免官之法、

祖父母父母犯死罪被囚禁、而作楽及婚娶者免官、
疏議曰、……

本条は免官という刑事処分、及びそれに該当する犯罪について規定する。免官とは職事・散官・衛官と勲官との二系統の官双方について、品の最も高い一官、及びそれから一等だけ低い歴任官を削り、三載の後はじめて再叙任をゆるし、その際、以前の品から二等を降した官に叙するというものである。なお上掲の問答に見える免所居官とは、職事・散官・衛官と勲官とのうち、いずれか一官を削り、一周年の後に、以前より一等降した官に復帰せしめる刑事処分である。(16)

さて、上掲問答の意味であるが、それは凡そ次の通りである。(問) 免所居官は、名例律23条によれば徒一年に相当する。本条によれば、徒流の罪を犯して逃走すれば免官の処分となる。もし免所居官の処分に相当する人が逃亡すれば、徒罪を犯したとして免官の処分とすべきかどうか。(答) 免所居官の処分に該当する罪でも、その主刑が徒刑に至らないものもある。免所居官の処分に該当する罪で、しかもその主刑が徒刑であって逃走するものは、当然免官の処分とする。しかし免所居官の処分をうけるものでも、その主刑が杖刑に止まるものは、その主刑が徒流のものとは異なるから免官の処分とはしない。

上の問に見える名例律23条とは、除名、免官、免所居官の閏刑に処せらるべき身分のものに関わる誣告反坐、官司出入人罪、蔵匿、過致資給等の罪に対する刑を量る為に、除名等の閏刑を正刑の尺度をもって換算する法を規定したものであり、除名は徒三年、免官は徒二年、免所居官は徒一年に相当するものとする。(17) 上掲の唐名例律19条の問答は、結局、本文の「犯徒流、獄成逃走」の「徒」とは、犯人の罪の主刑が「徒」であるものをいうのであって（但し疑罪及び過失の「徒」を除く）、官人に科せられる閏刑である除名、免官、免所居官を正刑の尺度によって換算した「徒」

ではないことを述べたものである。

さて、本条に相当する養老律をみると、唐律本文の「姦」を「奸、謂奸他妻妾及与和者」とし、唐律本注の「爵」を削り、且つ本文本注の「及」を省いている以外は、両者同文である。但し養老律では例の如く、唐律の問答を論述体の文に改変している。次にその部分を掲げよう。

其免所居官之法、依律比徒一年、此条犯徒流逃走、即獲免官之坐、若其合杖逃者、即不入免官之法、為比徒之法便以異本犯徒流故、

上記の文を唐律の問答と比較してみると、養老律では唐律に存するかなりの部分を省略して、結論として「為比徒之法便以異本犯徒流故」という唐律にはない文を置いている。この結論には誤りないが、養老律の「若其合杖逃者、即不入免官之法」の意味は頗る分りにくい。この文の意味は、免所居官の処分に該当する罪を犯したものでも、その罪の主刑が杖罪であって逃走した場合は免官の処分はうけないということである。そのことは唐律問答の「免所居官之色、亦有罪不至徒」云々という答の文を読んで始めて理解することができる。唐律問答では、免所居官の処分に該当する罪でも、その罪の主刑が徒罪に至らない杖罪のもののあることを指摘しているが（例えば、監臨の官が監臨内の雑戸、官戸、部曲妻及び婢を姦すれば、名例律20条により免所居官の処分をうけるが、その主刑は雑律22条により雑戸以下は杖一百、婢は杖九十に止まる）、養老律を読む限り、省略文が多い為、それがよく理解できないのである。以上は日本律の枘鑿の例ではないが、やはり立法上の不備というべきであろう。

五　その他

養老賊盗律12非死罪条の本注には、「同籍及二等親、外祖父母為一家」とあって、唐律の「期親」を「二等親」とし、唐律に存しない「外祖父母」を新しく「一家」の中に加えている（唐律では外祖父母は小功親であるから、「一家」の中には入らない）。しかし養老律本条の疏文には、「同籍及二等親為一家、謂同籍不限親疎、二等親雖別籍亦是」とあって、ここには「外祖父母」は見えない。そうすると養老律では本注と疏文とで、「一家」の内容が異なることになるが、これは単純に疏文が「外祖父母」を脱落したとみてよいであろう。即ち養老律本注では、唐律に存しない「外祖父母」を新しく「一家」の中に入れたけれども（養老律では、唐律と異なって外祖父母を特別に扱っている条文が他にもある。職制律30条、戸婚律46条逸文等）、疏文作成の段階で恐らく唐律の疏文をそのまま踏襲した結果、唐律の「期親」を「二等親」に変更しただけで、「外祖父母」を「一家」の中に加えることを失念したのであろう。

このような日本律の不注意による単純なミスは、探せばまだ多く発見できるであろう。例えば養老賊盗律53公取条の疏には、「謂馬牛駝騾之類、須出闌圏及絶離繋閉之処」とあるが、この「馬牛駝騾」は唐律本条の疏もその通りである。養老律撰者は唐律を継受する際、唐律の「馬牛駝騾驢」は「馬牛」として、「駝騾驢」を削除するのが原則である（例えば職制律53条、廏庫律4条、雑律34条等）。従って上記疏文中の「駝騾」も本来削除すべきものであったが、それを失念したのであろう。

なお日本律では、唐律を継受する際、唐律の疏文中に存する誤謬をも、そのまま無批判に継受している例が多く認められる。唐名例律18十悪反逆縁坐条の疏に、「有蔭者依贖法、本法不得蔭贖者、亦不在贖限」とあるのは、論理の混乱であり、蔭贖はここでは問題とならない筈であって本来贅文ともいうべきものであるが(18)、養老律はそれをそのまま踏襲している。また唐名例律24犯流応配条の疏には、「役満一年及三年、或未満会赦、即於配所従戸口例、課役同百姓、応選者須満六年」とあって、末尾の「六年」は「六載以後」とあるのが正しく、唐の律疏の不注意な用語法とされるが[19]、これに相当する養老律も「六年」としている。更に唐賊盗律8謀殺故夫父母条の本注「故夫、謂夫亡改嫁、旧主、謂主放為良者、余条故夫旧主準此」に対する疏「謂殴詈告言之類、当条無文者、並準此」の意味は、「故夫」「旧主」の定義が故夫の祖父母父母や旧主を殴詈・告言した罪を規定した条文に見えていなくとも、本条本注の定義を準用するというものである。しかし唐律には、故夫の祖父母父母や旧主を殴詈した場合の規定は存するが（闘訟律30・36条）、それらを告言した場合の規定は見当らない[20]。日本の闘訟律は逸文しか伝わっていないので、正確なことは不明であるが、養老賊盗律8条の疏には、やはり唐律と同じく「告言」の語が存する[補]。

おわりに

以上、瀧川博士や先学の驥尾に付して、日本律の枘鑿といわれる事例をいくつか検討して来た。養老律はその全体の四分の一程度しか伝わっていないから、もしそれが全巻現存していたとすれば、その枘鑿は、更に多く発見されるであろう。しかし、ここに若干検討して来た事例だけからも、日本律編纂の完成度やその立法技術は、それほど高いものではなかったことが十分推測されるであろう。

もとより唐の律・律疏は、戦国時代以来、約一千年にわたる中国法律学の結晶であり、それは「唐に至って一応完成の極に達し、もはや加筆の隙を与えぬ古典と化し[21]」ていた。即ち唐の律・律疏は、その一部を変更しても、すぐそれが全体系に影響を及ぼす程、論理的に緻密に出来ており、立法者の神経がその隅々まで行き届いている極めて繊細な法典であった。従って、この完成された法典を藍本として、更に国情に合った日本の律法典を作り上げ、しかも律全体の論理的整合性を保とうとすることは、まさに至難の業であったに違いない。しかし、そのことは十分考慮するとしても、養老律の撰修に当って、その最後の仕上げが十分に為されたとは必ずしも思われない。すでに述べた如く、養老律には立法上の不注意なミスが目立つ点が先ず指摘されよう。即ち一方では国情に合わせて唐の律・律疏を改変しておきながら、他方ではその関連規定の改変を怠って、唐の律・律疏をそのまま用いているというような個所が多い。また唐律の問答の部分は、唐の律疏中にあっても、とりわけ難解な個所ではあるが、それを養老律で論述体の文章に翻案するに際し、時には理解し難い文章が作られたり、重要な説明の部分が省略されたりして[22]、そこには十分に推敲された形跡が認められない。更に唐の律疏そのものに内在する誤謬については、殆どそのまま養老律ではそれが踏襲されている。そのことは養老律撰者が唐律の誤謬に気づいていないということであって、唐の律疏の内容を十分に消化していないことを示すものに他ならない。日本律が唐の律疏の内容を十分に消化していないことは、養老名例律32条の疏文が唐律に倣って高祖の父昞の諱を避けて、やはり「丙」を「景」に代えていることにも現われている。俗な言い方をすれば、養老律撰修に対する評価は、百点を満点として七十点程度ということになろうか。その出来ばえは決して優秀とはいえないが、さりとて不合格という成績でもない。その撰修の努力は認められて然るべきであろう。

以上の日本律の枘鑿に関する結論を踏まえて、最後に二つの事柄を指摘しておきたい。

その一つは凡そ次のようなことである。このように現存の養老律には様々な問題点が存するから、養老律を読解する場合、養老律だけを見ていても、理解の行き届かない個所が多い。やはり唐の律疏を座右に備えて、その相当部分を先ず読んでから養老律を読む方がはるかに理解し易い。それは筆者が学生諸君と共に大学や大学院の演習において、養老律と「唐律疏議」とを比較しながら読んで来た経験からして間違いなく言えることである。そうであるとするならば、王朝時代の明法家とて同様であったに違いない。もとより日本律は唐の律疏から独立した法典である。しかし日本律編纂の直後から、その運用に関わる官人達は、恐らく傍に唐の律疏を備えて、もし日本律の解釈に疑義が生じた際には、即刻、唐の律疏に溯って、その理解に努めたことであろう。唐の律疏は、日本律の解釈とその適用にとって、なくてはならないものであったのである。従って唐の律疏は早くから日本律の補充法としての機能を果していたのであり、その関係は日本令と唐令との関係よりも更に一層緊密なものがあったように思われる。その意味で日本律と唐の律疏とは一体であったのであり、唐の律疏は本朝の法典に準じられて然るべきものであった。このように考えれば、「本朝法家文書目録」所載の「律疏」は、唐の永徽律疏と解しても一向に差し支えなく、[23]それは当時の明法家にとって最も権威ある法律書の一つであったと推測される。

日本律の枘鑿の結論から導かれるもう一つの事柄は、やはり瀧川博士が「律令の枘鑿」において、その「結論」として述べていることの重要性である。博士は養老律令に存する枘鑿の事例をあげた後、養老律令にかくの如き枘鑿が多く存するとすれば、これを解釈する王朝の明法家の間に意見の扞格をみるに至るのは当然の帰結であるとし、かかる明法家による法文の解釈の不一致より生ずる弊害を立法行為によって除去せんとしたものが称徳朝の删定律令であり、公権的注釈書の選述によって除去せんとしたものが仁明朝の令義解であるとされた。そして、「結論」の末尾を「而して、大宝律令に存在する斯くの如き枘鑿を矯めることこそ、実に養老律令撰修の大眼目であったのである」と結ばれた。

養老律令編纂の動機や意図については、政治的側面にそれを求める傾向が顕著であるが、一方、瀧川博士の指摘される「大宝律令に存在する枘鑿を矯める」目的のあったことも看過すべきではない。否むしろ養老律令編纂の根本的な理由は、やはり大宝律令の「刊脩」（「続紀」、天平宝字元年五月の勅）であって、新法典の編纂と捉えるべきではない。また、養老律令に前述の如く、なお多くの枘鑿があったとするならば、その「刊脩」の事業は、養老二年以前から始められ、二年以後にも引き続き行なわれたであろう。養老律令編纂の時期が不明瞭なのは、その「刊脩」という作業の性質によるものであって、「続紀」天平宝字元年十二月の太政官奏に、その撰修の年代を「養老二年」とするのは、その年度の「刊脩」が最も大規模なものであった為に、そのように記されたのではなかろうか[24]。日本律令の枘鑿に関する研究は、このように養老律令編纂の動機や目的、或はその時期等についても大きな示唆を与えるであろう。

註

（1）島善高「日本律二題」國學院大學日本文化研究所編『日本律復原の研究』所収（国書刊行会、昭和五十九年）六六七頁。

（2）高塩博「養老律令の博戯規定について」『日本律の基礎的研究』（汲古書院、昭和六十二年）二七二頁以下。

（3）井上光貞他『日本思想大系3　律令』（岩波書店、昭和五十一年）四九二頁。

（4）高塩博「名例律婦人有官位条について」（註（2）前掲書所収）二五七頁。

（5）小林宏「「律令」所感——日本思想大系3に寄せて」國學院大學日本文化研究所編『日本律復原の研究』所収（註（1）前掲）八〇四頁。

（6）高塩博「名例律婦人有官位条について」（註（2）前掲書所収）二四四頁以下。

（7）本条に関する枘鑿については、すでに註（5）拙稿（前掲書八〇三頁以下）において述べたことがあるが、記述が簡略に過ぎた為、ここで再論することとした。

（8）律令研究会編『譯註日本律令五 唐律疏議譯註篇一』（滋賀秀三執筆、東京堂出版、昭和五十四年）一八九頁以下による。なお本条の解釈も同書によるところが大きい。

（9）井上他、註（3）前掲書では、「反逆縁坐の四字脱か」（四九〇頁）とするが、その推測は疑わしい。

（10）律令研究会編『譯註日本律令七 唐律疏議譯註篇三』（中村茂夫執筆、東京堂出版、昭和六十二年）二〇八頁参照。

（11）同上書、二〇八頁以下。

(12) 養老律では、前条中にすでに解釈しおわったというような唐の律疏中にある説明的な章句は省略する傾向にあった。例えば唐賊盗律54条の疏には、「其通計之法、已於戸婚律解訖」とあるが、この文は養老律では省かれている。
(13) 律令研究会編『譯註日本律令七』二五三頁（註（10）前掲）による。
(14) 同上書、二五二頁。
(15) 井上他、註（3）前掲書、五六八頁参照。
(16) 律令研究会編『譯註日本律令五』（註（8）前掲）一二〇頁以下・一二四頁による。
(17) 同上書、一四一頁参照。
(18) 同上書、一一四頁参照。
(19) 同上書、一四四頁参照。
(20) 律令研究会編『譯註日本律令七』（註（10）前掲）九三頁参照。
(21) 律令研究会編『譯註日本律令五』（註（8）前掲）三四二頁参照。
(22) 唐律の問答において法解釈の技術の一つである「比附」適用の場合の法的根拠やその必要な理由を示す重要な個所を養老律では省略することがある。拙稿「因准ノ文ヲ以テ折中ノ理ヲ案ズベシ――明法家の法解釈理論――」『國學院法學』第二八巻第四号（平成三年）一〇頁以下（本書第一巻所収、一〇六頁以下）参照。
(23) なお小林宏・高塩博「律集解と唐律疏議」國學院大學日本文化研究所編『日本律復原の研究』所収（註（1）前掲）六五頁以下参照。
(24) 拙稿「刑法草書と式目と律令と――前近代の法典編纂――」『創文』三八一号（創文社、平成八年）、同「前近代法典編纂試論」『國學院法學』第四〇巻第四号（平成十五年）（本書第三巻所収）参照。
(補) その他、日本律の立法上の不備について、本書第一巻、二一三頁註（14）の名例律18条、二五七頁の闘訟律46条、二六二頁の雑律23条、三三一・三三二頁註（3）の賊盗律47条参照。

第七　日本律編纂の意義について

はじめに

大宝・養老の律、即ち日本律の編纂については、高塩博氏の論考「日本律編纂考序説」（『日本律の基礎的研究』所収、昭和六十二年、汲古書院）があって、すでに十分に委曲が尽くされており、今更改めて論ずるまでもないように思われる。高塩論文の特色は、従来の研究が何れも日本律が唐律の個々の条文の規定内容をどの程度変更したかという点に主として関心が払われていたのに対し、日本の「律」法典が唐の永徽律の公定注釈書である「律疏」（永徽律疏）を下敷として、それに加除変更を加えながら作り出されたという事実を重視し、その視点から編纂作業の具体的過程を「唐律疏議」と伝存養老律との比較の上に立って克明に追究したことにある。その研究は、日本律編纂の根元的な問題の解明に大きく貢献するものとして評価し得るであろう。

本稿では、基本的には右の高塩論文の研究方法に立ちつつも、日本律の編纂について筆者の最近感じていることを二、三述べることとし、そこから当時の我が律令学の実態を把握する手懸りを得ると共に、併せて唐の律疏の我が法史上に遺した軌跡を探る端緒を見出したいと思う。なお次の二点について、予めお断りをしておきたい。大宝律が現存していないこともあって、大宝律と養老律とでは、その内容や体裁について、どの程度の相違があったか現在ではまだ十分に明らかではない。しかし筆者は、大宝律に存する立法上の不備を養老律において修訂したことは十分に考えられるにしても、両者にはそれほど大きな相違はなかったのではないかと一応推測している。従って本稿では、そのことを前提として議論を進めたい(1)。また日本律撰者の直接参照した唐律及び唐の律疏は永徽度のものであり、一方、「唐律疏議」の藍本は開元二十五年度の刊定を経た律疏であるが、この開元律疏は大体において永徽律疏と同じ内容を伝えているといわれている。従って本稿における日本律と唐の律疏との比較も、養老律と「唐律疏議」との比較をもってすることとした(2)。

一　日本律編纂の創造性

令集解所載の古記、令釈、跡記等の天平から延暦期にかけての令私記にみる日本律の引用は、その唐律の疏に当る文に対して、「律云」「案律」「依律」というように、「律」字を冠して引用するのが一般的であり、それは「冊府元亀」「旧唐書」「通典」「唐会要」等の中国の典籍における唐律の引用が疏文に対しては必ず「疏」字を冠していることと甚だ対照的である。又前記日本の令私記では、疏に当る文を律本文、律本注と区別せずに引用することもあり、逆にそれらと区別するときには、疏に当る文には「注云」という語を冠している。この事実から高塩氏は、「日本律は唐律の疏文を註釈文としてではなく律文として継承したから、日本律の疏文は本文や本注と同じ律文としての扱いを受けていた」（前掲書一五四頁）とし、養老律が(イ)唐律疏の書き出しの冒頭にある「議曰」の語を悉く削除し、(ロ)唐律疏に存する問答形式の疏文を悉く平叙体の文に改めるか削除するかし、(ハ)唐律疏の疏に当る文をいくつかに分断して、それを本文の間に小刻みに挿入してその分量をできるだけ削減したのも、疏に当る文をいかにも律文であるかのように構成し直す為であったとする。その他、唐の律疏では律の全条文にもれなく疏文を付しているのに対し、養老律ではその原則を継承せず、疏に当る文のない条文を設け、又唐律の名例以下断獄に至る篇目、及び十悪、八議等の標目に付された疏もすべて削除している。それらの作業も疏文に存する註釈文としての色彩を薄める為であり、「律」としての体裁を整備する為であったとする（前掲書一五四頁以下）。

以上の指摘は、日本律編纂の根本に関わる問題であるから、ここでもう一度考えてみたい。もし古記、令釈等が日本律令編纂当初の撰者の意識を伝えているとすれば、それらの私記にみえる日本律の引用が唐律の疏に当る文に「律」字を冠して引用し、疏に当る文を律本文、律本注と区別して引用するときには、その冒頭に「注云」という語を冠していることの意味は、日本律の法典としての性質を考える上において極めて重要である。また我々はすでに次の事実を指摘したことがある、即ち古記、古答や令釈等において引用される「疏」「律疏」は、少ない事例ではあるが、何れも唐の律疏（永徽律疏）を意味し、これらの私記において日本律中の疏に当る文を指して「疏」「律疏」という語を使用することは殆どなかったという事実である。[3] 以上のことを併せ考えると、日本律撰者は唐律の疏に当る文を取りこみながら、それをも含めて全体をあえて「律」と呼び、決して「律疏」とは呼んでいないことになる。また日本律中の唐律の疏に当る文を唐に倣って「疏」といってもよいように思われるが、これをもあえて「律」もしくは「注」といって、決して「疏」とはいっていないことになる。これは日本律撰者の独自の主張のように思われるが、そうであるとすれば、日本律撰者は何故そのことに固執するのであろうか。

さて大宝律令の編纂においては、令法典の編纂は律法典のそれに先立って行なわれ、令法典は文武四年（七〇〇）三月以前に、その編纂は終了したとされている。従って、この大宝令の編纂に次いでつくられるべきものは、令法典との均衡上、先ず律法典であって、「律疏」、即ち律法典の公定注釈書ではあり得ない。律法典なくして、律疏だけをつくることはできないという意識が当時の日本に強く存在したのであろう。しかし一方、律疏がなければ律法典の適正な運用が不可能であることも、当時の日本ではすでに広く知られていたに違いない。元来、唐律の「疏」とは、唐代初期、儒教の経典に存する鄭玄、馬融等の古注を更に敷衍して、「正義」又は「疏」と称する公定の注釈書が撰定されたことに倣って唐律に付けられた詳細な注釈である。しかも唐の律疏が撰定された直接の理由は、「旧唐書」刑法志所載の高宗の詔に「律学未有定疏、毎年所挙明法、遂無憑準」とあるように、科挙の一つである明法試の為の準拠となるべき公定の注釈をつくることにあった。しかし律疏撰定の理由は、それだけに止まるものではない。「律疏序」（唐名例律篇目疏）には、「今之典憲、前聖規模、章程靡失、鴻纖備挙、而刑憲之司、執行殊異、大理当其死坐、刑部処以流刑、一州断以徒年、一県将為杖罰、不有解釈、觸塗睽誤、皇帝彝憲在懐、納隍興軫」とあり、ここには官司によって律文の解釈が異なると、刑罰の執行に不公平な結果を生じ、民が苦しみ、国家の治安の乱れる恐れのあることが示唆されている。律は裁判に当り、それに準拠して刑罰を科す実定法規範であるから、令に比べてその解釈を一層厳格にし、それを統一しておく必要があったのである。従って律と律疏が共に国家統治上の必須の法律文献である事情は、日本においても唐と変りはなかった。そうすると当時の日本において、唐に倣って日本律と日本律疏の両者を編纂するという方法も可能性としては存在した筈である。しかし、その方法がとられなかったのは何故か。

周知のように唐にあっては、永徽二年（六五一）に永徽律が制定施行され、その二年後の永徽四年に永徽律の公定注釈書である永徽律疏が成立した。即ち唐にあっては、律と律疏とは、その編纂の時期を異にした。しかし大宝期の日本では、永徽律と永徽律疏の両者は、これを同時に参看することができたのである。そうであるとすれば日本律撰者が律法典を編纂すると同時に、それに律疏としての機能をも持たせようと考えたとしても、それは極めて自然なことであろう。日本律撰者にとっては、その方が律と律疏の両者をそれぞれ別個に編纂するよりも、編纂に要する労力や経費を削減することが可能となり、且つ律の運用にも便利であると思われたに違いない。更に日本に伝来した唐の律疏が敦煌発見の唐職制律疏断簡の如き体裁をもった、律と疏とを含む一種の取り合せ本であって、そこから日本律撰者が示唆を得たことも十分考えられよう(4)。唐律の改訂版といわれる後代の明律が、やはり唐の律疏からその公定注釈書としての機能をも取り入れた律法典をつくり出していることをみれば、事情はやや似ているということができよう。但し日本律と上記の職制律疏断簡の如き唐の律疏とでは、その書写上の体裁が類似しているといっても、次のことは留意されてよいことと思われる。即ち日本律撰者の目指したものは、あくまで律疏の機能を取り入れた律法典の編纂であって、いわば律が主、律疏が従の位地にあり、その逆ではなかったということである。恐らく唐の永徽律疏の原本は、律文を取りこんだ律疏ともいうべきものであって、その点では日本律と唐の律疏とでは、書写上の体裁は類似していても、その撰定の目的は大きく異なっていたのである。日本律撰者は、このような意識から律法典に取り入れる律疏の内容と体裁について考えを巡らしたようである。

先ず律法典に取り入れる律疏の内容についてである。今、唐の律疏の内容をみると、そこには用語の明確な定義づけ、関連する他の律条の規定や令・式等の他の法典の規定との適確な対応、問答体を導入しての疑問点の明快な解決、当該規定の古典的根拠の提示など(5)甚だ多岐にわたっている。日本律撰者は律法典の中に律疏としての機能を取り入れるに当って、律の運用にとって当面必要不可欠である解釈の統一という視点から右に列挙した唐の律疏の内容に一定の制限を施した。

日本律が唐律の疏文をどのように継受したかを知る為には、唐律の十悪条の疏と日本律（養老律）の八虐条の疏に当る文とを比較してみると理解し易い。日本律では、唐の十悪の各項目に付けられた本注の語句・章句の定義的説明、十悪の各項目の適用上の注意事項、各項目の関連規定の照応等については概ね継受されているが、十悪の各項目に関する経書等による原理的な説明は全く無い。又本注の語句・章句に関する経書等による説明や字書等による訓詁的な注釈も省略されることが多い。その他、中国における故事、沿革、習俗、服制等の記述は殆どすべて削除されている。このように日本律八虐条は、唐律十悪条の疏文の中から、その解釈・適用に際し、さしあたり必要不可欠のもののみを抽出して、他はこれを捨去しているのである。そうすると日本律撰者は、唐の律疏の中から律法典の運用に当面必要な注釈は、これを選び出していることになり、注釈を簡素なものにすることは考えていたとしても、それには一定の方針があったことを窺わせるものである。

このように日本律撰者が律法典に取り入れるべき律疏の内容を右の如く限定したのは、律の運用を簡便ならしめるという機能上の問題があったと思われるが、重要なことは次に述べる律法典としての体裁を保つ為にも、それは必要であったということである。

それでは日本律撰者が律疏を律法典に取り入れる場合の体裁であるが、そもそも唐律には本注と称する注釈が伴っており、そこには律本文中の語句・章句の解釈上の定義や律文適用上の留意事項、補充事項等が簡潔に述べられている。しかも、この本注は律本文と同時に制定されたものである。今度新しく編纂される日本律にあっても、その疏に当る文は、唐律の本注のように律文と同時に制定されるものであって、唐律の疏文のように律文と時を異にして制定されるものではない。そうであるとするならば、日本律撰者が新しく編纂する日本律に唐律の疏に当る文を付して、そこに律文の解釈を一定にする為に当面必要な最小限度の注釈を盛りこんで、それをいわば律法典の本注に準ずるものとして扱い、律の本文、律の本注、律の疏に当る文の三者を一体のものとして考えたとしても、それほど不自然なことではないであろう。

このようにみて来ると、先に高塩氏が列挙した唐の律疏と日本律の疏に相当する文との体裁上の相違点、即ち母法である唐の律疏を継受するに際して、日本律撰者が唐の律疏に対して施した様々な独自の改変の作業の性質もよく理解が行くように思われる。今、「唐律疏議」によって唐律の本注をみると、そこには「謂」という文字がその冒頭に置かれる場合が屢々認められるが（例えば名例律16・20・23・25・26・32・35・36・37・45・54条等）、「議曰」の文字が置かれているものは一つもない。一方、養老律の疏に当る文の冒頭にも、「謂」が置かれている文が多いが、「議曰」が置かれているものは一つもない。また唐律の本注の文には問答体の注釈は一つもない。一方、養老律の疏に当る文が唐の律疏中の問答体の注釈を平叙体の注釈に改めていることは前述の通りである。また養老律には疏に当る文が全く見えない条文が存することは高塩氏の指摘する通りであるが、唐律にも本注の全く見えない条文も存する。更に養老律において名例以下断獄に至る篇目や八虐・六議の標目に疏に当る文が存しないのは、唐律の前記篇目や十悪・八議の標目の疏に中国におけるそれらの淵源や沿革が記されている為、養老律ではこれを削除したものと思われるが、そもそも唐律の前記篇目や標目には本注は存しないのである。このように唐律本注の体裁上の特徴は、養老律の疏に当る文と共通するところが多い。とりわけ養老律が律本文を分断して小刻みに疏に当る文をそこに配置したのは、高塩氏のいうようにその分量を削減し、且つ解釈の便宜を計ると共に全体を律法典らしくする為であったと思われるが、これとても唐律の本注の体裁に倣ったものではなかろうか。何故なら唐律の本注も、律本文を分断して解釈の対象となるべき語句の直下に小刻みに挿入される場合があるからである。（例えば名例律17条「公罪、謂縁公事致罪、而無私曲者」、同47条「称部曲者、部曲妻及客女亦同」、衛禁律5条「謂已下直者」等の本注は、それぞれ律本文「公罪者」、「部曲」、「応宿衛人」の直下に配されている。）そもそも日本律が疏に当る文の分量をできるだけ削減し、簡潔な注釈を作るように心懸けたこと自体、唐律の本注に倣ったともいえよう。[6] 高塩氏は疏文の分量を削減する方法の一つとして、「唐律疏が中国の典籍を引用して注解を施している箇所を養老律は、これをことごとく削除している」ことを指摘し、その理由として「日本の法典に中国典籍からの引用が存するのは不都合である」（前掲書一六四・一六五頁）とする。確かに日本律では、唐の律疏にみえる中国の典籍からの引用は、これを多く削除している。（但し日本律では、中国の典籍の引用は、これをすべて削除したのではない。例えば唐職制律30条の「其妻既非尊長、又殊卑幼、在礼及詩、此為兄弟、即是妻同於幼」は日本律でも同文である。）又これを引用する場合も、典籍の名称を削除して引用している。（例えば唐職制律20条疏の「天文者、史記天官書云、天文日月五星二十八宿等」は、日本律では「史記天官書云」を削除して、「天文者、謂日月五星廿八宿等」として引用する。又日本律では、唐の律疏中の典籍名を示さない経書の引用は、それをそのまま引用する場合がある。例えば唐闘訟律44条疏の「父為子天、有隠無犯」は、「儀礼」及び「礼記」の引用であるが、日本律でもそのまま引用する。）しかし日本律がその疏に当る文を唐律の本注の体裁に準拠して作成したとすれば、その文に中国の典籍からの引用や中国の典籍名が多く削除されたのも首肯されよう。唐律の本注には、典籍からの引用の明記は一個所もないからである。日本律撰者がその疏に当る文から経書等の中国典籍の引用を多く削除したのは、後述するように決してそれを軽視した為ではない。

以上からすると、日本律撰者は「藍本の唐永徽律疏からいかにして註釈書としての要素を排除するかということに意を用いた」（高塩前掲書一七五頁、傍点小林）という表現は、「藍本の唐永徽律疏からいかにして律疏としての要素を排除するかということに意を用いた」というように言い換えることができよう。

また日本律撰者は、唐の律疏を継受するに当って疏文の分量の削減に努め、「その疏文を可能な限り削除・縮小して継受しようとした」（高塩前掲書一七四頁）ことは確かなことであるが、律の公定注釈書としての律疏の多岐にわたる内容の中でも、その最も重要な機能、即ち律文の解釈を統一するという意味での「註釈書としての要素」は、いかに短文化をはかったとしても、日本律では依然これを積極的に保持したものと思われる。しかも、その内容は唐律の本注が律文の語句・章句の解釈上の定義や律文適用上の留意事項、補充事項を述べている趣旨とも、ほぼ符合するのである。

このようにして日本律撰者は、いかにして律と律疏との両者の機能を統合して新しい日本の律法典をつくるかということにその精力を傾注した。その為に律疏、即ち律の公定注釈書としての機能を必要最小限、律法典中に盛りこみながら、しかも律法典としての体裁を整えることに努めたのである。幸にも唐永徽律の本文には、本注といわれる簡潔な注釈が付けられている。日本律撰者はそれに着目し、本注作成の原則に拠って唐律の疏文の体裁に変更を施し、疏文としての特徴をできるだけ払拭して、その意味で疏文を「本注」化しようとしたのであろう。日本律撰者がそのような意図に基づいて日本律を編纂したとするならば、そのことに関する限り、日本律撰者は唐律に存する一つの規範に準拠して唐の律疏から日本律をつくり出したことになり、決して恣意的な方法で日本律を編纂したのではない。日本律撰者は唐律の十悪・八議の制を継受して八虐・六議の制をつくり出す過程においても、単に国情からする機能の面のみを重んずることなく、周礼や隋律、数の陰陽等の唐律に存する規範に準拠して、その適法性、合法性を得るように努めたと思われるが、(7)そのことは日本律の編纂そのものにおいても妥当するであろう。

そうすると日本律編纂の事業には、唐の律疏の機能を取り入れるに当って、一方では当時の日本の状況に応じて、その当面の運用にとって必要にして簡便な内容をもつ律法典の制定と他方では中国における法典編纂の規範に準拠して、それから大きく外れない体裁をもつ律法典の制定と、この二つの要請を調和せしめる為に、それなりの創意工夫があったとしなければならない。日本律撰者の意識を伝えていると思われる古記、令釈等が日本律の疏に当る文をあえて「律」もしくは「注」と呼んで、決して「疏」とはいっていないことは、実は日本律撰者が唐代の律令法典に存する、この種の規範を遵守して、唐の律疏の内容を取り入れながらも、なお日本律を「律」法典たらしめようとする努力の姿勢の反映でもあったのである。

元来、法典の継受は、その法文の内容は勿論のこと、それに伴う立法技術や解釈技法、更にはその背景にある思考様式に至るまで、それらの継受と切り離して行なわれるものではない。日本律の編纂を以上のように捉えるならば、我々はそこに日本における法的思考の源流ともいうべきものを看て取ることができるのではなかろうか。

二　日本律編纂の問題点

以上述べた日本律編纂の事業は、当面、一応の成功を収めたようであるが、それは後に大きな問題を残すことになる。本章では、そのことについて考えてみたい。

先ず日本律撰者が唐の律疏を律法典中に取り入れたその体裁である。前述の如く日本律撰者は、唐律の疏文を唐律の本注の体裁に倣って、それを「疏」としてではなく、「注」として取り入れたと思われる。しかし養老律自体が（恐らく大宝律もそうであったと思われる）、養老律の本注を指して「注云」といっているから（八虐条不孝、名例律18条等の疏に当る文）、日本律撰者が疏に当る文をなお「注」として扱おうとすると、本来の本注と疏に当る文とが等しく「注」となって、呼称上、両者を区別することができなくなる。また日本律写本では疏に当る文を小字双行に記しているから、それは大字一行に記された律本文・本注とは区別することができるが、それでは律本文と本注とを書式上、どのように区別すればよいかという問題も生ずる。結局、日本律では、この三者の関係は曖昧なものとなり、それらを厳格に区別することは不可能となった。古記、令釈等が日本律の疏に当る文を「律」と呼び、それを単独に引用するときにも「注云」といわず、他の律本文や本注と区別する場合に限って、それを「注云」といっているのは、本注も疏に当る文も等しく律文として扱うのが日本律の原則であることを示唆している。唐の「律疏」には、唐王朝において律の為に撰上された権威ある公権的注釈書としての意味合いが強くあったが、日本律に取りこまれた疏に当る文には、もはや律本文や本注と区別される程の特別な意味はなかったのである。日本律では唐律の疏文を継受するに当って、それを律本文や本注の中に繰り入れている事例が若干認められるが（高塩前掲書一六六頁）、このことからしても、日本律撰者にとって律本文、本注、疏に当る文の三者は、同じ法的効力をもつ法文であって、三者の性質を厳格に区別するという意識は、当初から甚だ稀薄であったといわなければならない。（後代の明律には、唐律の本注と疏文とを合して、小字双行の「注」に作ったり、また唐律の本注を律本文に繰り上げたりしている場合があるが、三者を区別せずに一つのものとしてみる意識は、日本律も明律も同じであったといえよう。）(8)

しかし後述するように日本律施行の比較的早い段階から唐の律疏は日本律の運用にとって必須の文献になったと推測され、それに伴って唐の律疏に関する研究が深化されると共に、一方では日本律編纂当初の意識も次第に忘れられて来ると、日本律全体を唐の律疏のように考えて、その疏に当る文を「注」といわず、「疏」として引用する傾向が生じて来る。(9) この事象は日本律撰者が律法典を制定するに際し、疏に当る文を「注」として扱った為、律本文、本注、疏に当る文の区別が困難となったことに起因し、それに対する反動として生じたものであろう。

さて、次は日本律撰者が唐の律疏を律法典中に取り入れたその内容である。その際、前述の如く日本律撰者が唐の律疏の文を削除、省略、変更した個所は多くあるが、その中でもとりわけ大きな意味をもつのは、唐の律疏中に屢々現われる経書等からの引用を削除、省略したことと唐の律疏中にある問答体の注釈を悉く平叙体の文章に改めるか、もしくは削除したことの両者である。

先ず日本律が経書等からの引用を多く削除、省略したことについて述べよう。唐律の笞杖徒流死の各刑名、十悪、八議の標目、及び各篇目に付けられた疏には、経書や史書が多く引かれて、当該諸制度の淵源や沿革が詳細に述べられているが、養老律では、それらはすべて削除されている。日本律の各条においても、唐律の疏にある経書等からの直接の引用は削除、省略されることが多い。しかし、この作業は日本律撰者が律法典としての体裁を整える為に、唐律の本注に倣って削除、省略したものと思われ、決して経書からの引用を軽視したものではない。養老学令に定められた大学寮のいわゆる本科生（その中には将来、明法試を志す学生も含まれる）に対する教科々目には、特定の経書の書目とその注釈の名称とが列挙され、本科生はすべて「孝経」・「論語」と「礼記」以下の二経以上の経学を修めなければならなかった。日本律撰者が日本律から経書の引用を多く削除、省略したのが経書を軽視したものでないことは、右の学令の規定に照らして明らかである。しかし日本律において経書の引用が多く削除、省略されたことは、実は重大な意味をもつのである。そもそも唐の律疏に屢々経書が引用されるのは、それによって当該条文の立法や当該諸制度の制定を正当化する為であったから、唐の律条の大部分を継受した日本律にあっても、その事情は全く同一であった。即ち日本律各条の規定は勿論のこと、五罪、八虐、六議等の重要な諸制度について、その淵源や沿革にまで溯ってその知識を得ようとするとき、又その知識によってそれらの律条や諸制度を柔軟、且つ円滑に運用しようとするとき、日本律のみでは、もはやその用を為さないということである。

例えば唐職制律30条の疏にみえる問答には、次のように記されている。

問曰、聞喪不即挙哀、於後択日挙訖事発、合得何罪、答曰、依礼、斬衰之哭、若往而不返、斉衰之哭、若往而返、大功之哭、三曲而偯、小功緦麻、哀容可也、準斯礼制、軽量有殊、聞喪雖同、情有降殺、期親以上、不即挙哀、後雖挙訖、不可無罪、期以上、従不応得為重、大功従不応得為軽、小功以下哀容可也、不合科罪、若未挙事発者、各従不挙之坐、

右の問答の「問」は、親族の喪を聞いても直ちに挙哀（親族死去の報をうけた場合、直ちにその場で哭泣すべき礼）をせず、後に日を択んで挙哀をしたことが発覚した場合、その罪は律条には規定されていないが、いかなる罪を科すのか、それを問うたものである。それに対する「答」は、「礼記」の文を引いて、親族の喪に際しては、その関係の親疎によって哀哭の声音にも差異が生ずることを述べ、そこから期以上の親族の場合は「不応為重」（杖八十）を、大功の場合は「不応為軽」（笞四十）を科し、小功以下の場合は罪を科さないとしている。即ち法規欠缺の際における前記の行為は、経書に準拠して、そこから夫々の量刑が導き出されているのである。しかるに養老律同条の右の個所は、次のように改められている。

若聞喪不即挙哀、於後択日挙訖、事発者不可无罪、二等以上従不応得為重法、三等不応得為軽、若未挙事発者、各従不挙之坐、

ここには「礼記」等の経書は一切引用されず、前記の行為に対しては、事が発覚すれば罪なしとせず、二等以上の親族の場合は「不応為重」を、三等の親族の場合は「不応為軽」を科すとしている。この日本律の量刑は、唐の律疏の「期以上」を「二等以上」に、「大功」を「三等」に置き換えたものであるが、何故夫々にそのような罪が科されるのか、日本律の文だけを読んでも、その理由は全く不明である。唐の律疏の問答を読んで、初めてその量刑及び科罰の理由が了解されるのである。

次は日本律が唐の律疏にみえる問答体の注釈を平叙体の注釈に改めたことについてである。この改変は日本律と唐

の律疏との体裁上の相違点を鮮明にしただけではなく、日本律の内容上の特徴をも最もよく表現していると思われるから、以下若干の項に分けて、やや詳しくみて行きたい。

(イ)唐の律疏にみえる問答は、当該条文の解釈・適用に当って、重要な疑義を提起しているものが多い。従って、これを平叙体の文章に改めてしまうと、問題設定に的確さを欠き、問題の論点がどこにあるのか、撰者がそれを指摘して論述しない限り、その所在を明確に知ることが難しくなる。更に日本律では問答体の文を平叙体の文に改める際に、屢々「問曰」という質疑の個所を全文削除して、「答曰」という解答の個所のみを採用しているから、その場合はなおのこと、読者は直接、問題点の所在を知ることができない。今、その一例をあげよう。

唐闘訟律5条は、次に掲げる通りである。

諸闘殴殺人者絞、以刃及故殺人者斬、雖因闘、而用兵刃殺者、与故殺同、……

唐の律疏には、右の律文に対し、次のような問答が記されている。

問曰、故殺人、合斬、用刃闘殺、亦合斬刑、得罪既是不殊、準文更無異理、何須云用兵刃殺者与故殺同、

答曰、名例、犯十悪及故殺人者、雖会赦、猶除名、兵刃殺人者、其情重、文同故殺之法、会赦猶遣除名、

右の「問」の意味は次の通りである。即ち本条律文には人を故殺すれば斬とあり、又刃を用いて人を闘殺しても斬と定めている。両者ともその罪が斬であることに違いはなく、律文をよんでも、その法理は同じである。然るにわざわざ律文に、「雖因闘、而用兵刃殺者、与故殺同」（「闘ニ因ルト雖モ、兵刃ヲ用ヒテ殺ス者ハ故殺ト同ジ」）として同じ意味の文を再び置いているのは何故かと。右の「問」に対する「答」の意味は次の通りである。即ち名例律18条によれば、十悪・故殺人を犯すものは恩赦に会っても、なお除名にするとある。兵刃を用いて人を殺すものは、その情状は極めて重い。本条律文にそれを故殺の法と同じといっているのは、兵刃を用いて人を殺すものは本来、故殺ではない

けれども、その情状を責めて故殺と同じく除名にするという意味であると。(10)

養老律同条も、その律文は前掲唐律と同文であるが、その疏に当る文は、前掲唐律の問答を次のように改めている。

名例、犯八虐及故殺人者、雖会赦、猶除名、兵刃殺人、責其情重、文同故殺之法、会赦猶遣除名也、

日本律では、唐の律疏の「問」の個所を全文削除し、「十悪」を「八虐」に改めた他は、ほぼ唐の律疏と同じである。しかし日本律には「問」に当る文がないから、日本律の文だけをみても、何故この文がここに置かれているのか、その理由を知ることは容易ではない。即ち日本律の「文同故殺之法」の「文」が唐の律疏の「問」に引かれている律文、「用兵刃殺者、与故殺同」を意味することは、この「問」の文がなければ殆ど理解することができないといわざるを得ない。

(ロ)次に唐の律疏の問答体の文を日本律で改める際、日本律では唐の「答」の個所にある自己の解答を正当化する為の理由づけの文を屢々削除することがある。これに関しては、経書の引用が削除された養老職制律30条の前述の事例がここでも妥当する。即ち、この事例は唐の律疏の問答を日本律で改めた際のものであるから、それに伴って、その解答の理由づけの為に引かれた経書の文が削除されたと考えることもできるからである。

自己の解答を正当化する為の理由づけの文が日本律で全く削除されてしまう例は他にもある。唐闘訟律4条にみえる問答の場合がそれである。次にその全文を掲げよう。

問曰、人目先盲、重殴睛壊、口或先瘂、更断其舌、如此之類、各合何罪、

答曰、人貌肖天地、稟形父母、莫不愛其所受、楽天委命、雖復宿遭痼疾、然亦痛此重傷、至於被人毀損、在法豈宜異制、如人旧瘂或先喪明、更壊其睛或断其舌、止得守文還科断舌瞎目之罪、

右の「問」は、すでに盲人であったものが、更にその睛《ひとみ》を傷つけられた場合、又すでに瘂であったものが、更に

その舌を断たれた場合、加害者の罪はどうなるかを問うたものである。それに対する「答」は、人の身体は天地や父母からうけた尊いものであって、もともと痼疾があるからといって、その人に対する傷害を軽く考えてはならない。従って痼疾があろうとなかろうと法の適用を異にしてはならず、本条に規定された「断舌（流二千里）・瞎目（徒三年）」の罪をそのまま科すべきであるというのである。しかるに養老律同条では、右の個所は、ただ「若有人目先盲、重殴晴（睛）壊、口或先癈（瘂）、更断其舌者、還科断舌瞎目之罪」とあるのみであって、その結論は唐の問答と同じであるが、何故この場合、「断舌・瞎目」の罪がそのまま科されるのか、その理由づけの文はすべて省かれているのである。

更に右と関連して、もう一つ注意すべきことがある。即ち唐の律疏にみえる問答の「答曰」の個所の末尾には、屢々その解答を正当化する為の結びの語が付けられている。例えば唐名例律18条の第二の問答の末尾にある「今準諸条理例、除名故為合理」、唐職制律4条の問答の末尾にある「以此処断、実允刑名」の如くである。これらの「故為合理」（「故ニ理ニカナヘリト為ス」）、「実允刑名」（「実ニ刑名ニカナフ」）等の語は、唐の律疏が自己の解答を正当化する際に用いる常套語や慣用句であって、自己の解答の正しさを再確認する意味をもち、それなりに重要な語句であるが、養老律では問答体の注釈をとらない為に、前掲二例では何れもそれが削除されている。(11) なお日本律では、唐の問答に相当する個所ではないが、唐の律疏にあるこの種の文言が削除される例もある。即ち唐闘訟律56条の疏の末尾にみえる「雖無正文、比例為允」は、養老律同条の逸文には存しない。日本律において、この種の文言が削除されるのは、日本律では理由づけの文に重きをおかない為であり、そうであるとすると、やはり日本律から法的決定の際における、その結論の正当化の技術・技法を学び取ることは難しいといわざるを得ない。

(ハ)更に前項(ロ)と関連することであるが、唐の問答体の文を改めるに際し、日本律では律文解釈上の技術・技法、即ち自己の解答を正当化する為の操作の重要性やその必要性を説明する文章が屢々削除、省略されることがある。次に

示す事例は、すでに論じたことがあるので詳細はそれに譲り、ここではその要旨のみを掲げるに止める。(12)

唐賊盗律30条は、死者を葬った冢を発《あば》いた罪を規定するが、そこには尊卑貴賤の身分関係にあるものの冢を発いた罪については規定するところがない。その為、疏の問答では、そのことを問い、それに対して尊長による卑幼の冢を発く罪を「比附」の手法によって案出し、その答を出している。右の問答を平叙文に改めた養老律同条も、唐の問答の文を殆どそのまま引き写したものであり、尊長の罪も各場合に応じて唐律より何等か減じてはいるが、それはやはり「比附」の手法によって、その量刑を案出したものである。しかし唐の問答の「答曰」の冒頭にある「五刑之属、条有三千、犯条既多、故通比附、然尊卑貴賤、等数不同、刑名軽重、粲然有別」という文は、養老律では全く削除されている。上記の文は、この場合、何故「比附」という操作が必要であるか、その理由を述べたものである。処が日本律では、この文がない為に、この条文をみる限り「比附」という法解釈上の技法の必要性や重要性を窺い知ることができない。

賊盗律16条も、上記の場合と同じことがいえよう。唐律本条の疏にみえる問答は、次に掲げる通りである。

問曰、毒薬薬人合絞、其有尊卑長幼貴賤得罪、並依律以否、

答曰、律条簡要、止為凡人生文、其有尊卑貴賤、例従軽重相挙、若犯尊長及貴者、各依謀殺已殺法、如其施於卑賤、亦準謀殺已殺論、如其薬而不死者、並同謀殺已傷之法、

唐律本条の律文では、毒薬を用いて人を殺そうとしたものの罪は絞と規定するが（「諸以毒薬薬人及売者絞」）、尊長卑幼間、及び貴賤間において毒薬を用いて殺そうとしたものの罪については規定するところがない。その為、右の問答では、そのことを問い、それに対して、その場合は賊盗律5条から8条までの規定によるとし、それに載らない身分関係の毒殺については闘訟律各条に現われる規定と比べ、名例律50条の「挙軽明重」、「挙重明軽」の操作によって

量刑を導き出すべきであると答えている。(13) しかるに養老律同条では、右の「問」の文はすべて削除され、「答」の前半部分、即ち「律条簡要、止為凡人生文、其有尊卑貴賤、例従軽重相挙」の文は存在せず、それ以下の文は唐とほぼ同じである。日本律で削除された前掲文は、やはり法規欠缺の際における量刑案出の必要性とその方法を述べたものであって、律条の運用上、極めて重要な文言なのである。

(二)日本律が唐の律疏の問答を平叙体の文に改めた為に、律条全体に通ずる重要な留意事項が削除、省略されたり、或はその改めた文全体の意味が理解し難くなったりすることがある。その例として、唐名例律18条の問答を先ず掲げよう。

問曰、監守内略人、罪当除名之色、奴婢例非良人之限、若監守内略部曲、亦合除名以否、
答曰、拠殺一家非死罪三人乃入不道、奴婢部曲不同良人之例、強盗若傷財主部曲、即同良人、各於当条見義、亦無一定之理、今略良人及奴婢、並合除名、挙略奴婢是軽、計贓入除名之法、略部曲是重、明知亦合除名、又闘訟律云、殴傷部曲減凡人一等、奴婢又減一等、又令云、転易部曲事人、聴量酬衣食之直、既許酬衣食之直、必得一疋以上、準贓即同奴婢、論罪又減良人、今準諸条理例、除名故為合理、

右の「問」は、監臨主守が監守内で「人」、即ち良人を略取した場合、その罪は除名に当るが、奴婢は通例「人」と同じ扱いをうけない。それでは監臨主守が監守内で部曲を略取した場合は、「人」を略取したとして除名にすべきかどうかというものである。それに対する「答」は、律文の「監守内略人」の「人」が部曲を含むかどうかについて直接言及していないが、部曲を略取する行為が奴婢を略取する行為よりも重い犯行であることを賊盗律46条、闘訟律19条等の法理から説明し、そこから名例律50条の「挙軽明重」の操作によって奴婢を略取する行為が贓の立場から除名になるのであるから、監守内で部曲を略取すれば当然除名に当ると結論している。

処で右の唐律問答に相当する養老律同条では、前掲の文が次のように改められている。

若略家人、亦合除名、依闘律、殴傷家人減凡人一等、奴婢又減一等、今略良人及奴婢、並合除名、挙略奴婢是軽、計贓入除名之法、略家人是重、明知亦合除名、

右の養老律においても、唐の部曲に相当する家人を略取する行為が奴婢を略取する行為よりも重い犯行であることを唐律と同様、賊盗律や闘訟律の法理から証明し、やはり監守内の家人を略取すれば除名になると結論している。しかし日本律では、唐律の「答曰」の末尾の文「今準諸条理例、除名故為合理」（前述）と共に、その冒頭の文「拠殺一家非死罪三人乃入不道、奴婢部曲不同良人之例、強盗若傷財主部曲、即同良人、各於当条見義、亦無一定之理」がすべて削除されている。この冒頭の文は、唐律では部曲・奴婢が良人として扱われない場合（賊盗律12条）と良人として扱われる場合（同34条）との両者があり、右に関しては、それぞれ問題となる条文によって解釈が異なり、一定の原則のないことをいったものであって、律文解釈上、重要な提言といえよう。この提言は「部曲」を「家人」と言い換えれば、日本律にもそのまま妥当するものである。唐律問答の「答」が監守内での部曲略取の行為が除名に当るとする理由を縷々説明しているのは、実は右の冒頭の文にあるように部曲・奴婢の扱いが律条により異なり、一定の原則がない為である。即ちこの冒頭の文が前提となって、初めて次の部曲略取を除名とする説明の文が意味をもつ。しかるに日本律では、この律文解釈上の重要な留意事項ともいうべき前提の文がないから、日本律の前掲文の置かれている趣旨が唐律に比べると明確さを欠くことになるのである。

次に日本律で唐律の問答を改めた為に、その文の意味が極めて理解し難くなった例をあげよう。やはり唐名例律18条の冒頭の律文「諸犯十悪故殺人反逆縁坐」の本注「本応縁坐、老疾免者亦同」の疏にみえる問答の場合である。次にその文を掲げよう。

問曰、帯官応合縁坐、其身先亡、子孫後犯反逆、亦合除名以否、答曰、縁坐之法、唯拠生存、出養入道、尚不縁坐、既已先死、豈可到遣除名、理務弘通、告身不合追毀、告身雖不合追毀、亦不得以為蔭、

前掲本注の意味は、本条の律文に反逆罪によって縁坐となったものは赦に会っても、なお除名にするとあるが、本来、縁坐となるべきもので老齢もしくは病疾により縁坐を免除されたものも同じく除名にするというのである。次に前掲問答の「問」は、上記の本注をうけて官品を有するものが、もしその子孫が反逆罪を犯せば縁坐となるべき身分であって、そのものが先に死亡し、後に子孫が反逆罪を犯した場合、その死亡した父祖はやはり除名にすべきかどうかを問うたものである。それに対する「答」は、縁坐の法は生存者のみを対象とし、他家に養子に入ったものや道士・僧尼となったものでさえ縁坐としないのであるから、死亡者を除名にしないのは当然であり、告身も追毀すべきではないけれども、その告身をもって親族に蔭を及ぼすことはできないとする。

処が右の唐律問答に相当する養老律同条の文では、それが次のように改められている。

若其身先亡者、不合除名、仍聴為蔭、

この文は、本注の疏に当る文「謂縁坐之中、有年八十及篤疾、雖免縁坐之罪、身有官位者、亦各除名」をうけて、その下に記されているものである。前掲文の意味は官位を有するものが先に死亡し、後にその子孫が反逆罪を犯した場合、父祖は除名とせず、その位記をもって親族に蔭を及ぼすことができるというものである。今、日本律と唐律問答とを比べると、その父祖を除名にはしないという点では両者とも同じであるが、親族に対する蔭の効果は、両者では全く逆である。(14) しかし、そのことは暫く措くとしても、前掲の養老律の短い文のみによって、その内容を上記のように解することができるであろうか。恐らくそれは不可能であろう。やはり唐律の問答と比較することによって、初

めて日本律の文をそのように解することができるといわなければならない。(15)

三　日本律の注釈書としての唐の律疏——結びに代えて——

日本律撰者は当時の日本の国情に応じて、唐の律疏の中から律の公定注釈書としての機能を必要最小限、律法典中に取りこみながら、しかも律法典としての体裁を整える為に、それを唐律の本注に準ずるものとして導入したと思われる。そのことは、いわゆる立法における具体的妥当性と形式的合法性とを調和せしめるものとして評価し得るであろうが、その結果、日本律では唐の律疏にみえる経書等による律文の原理的説明や字書等による訓詁的注釈の多くが削除され、とりわけ唐の律疏の問答に関しては、その結論に当る部分のみが重視され、それに至る論理的な過程は省略されることが多くなった。従って日本律を的確に理解し、衡平にかなったその運用を行なう為には、是非とも唐の律疏に溯ってそれを参照することが必要となったのである。

もとより日本律においても、「比附」や「挙軽明重」「挙重明軽」等の法解釈上の技術・技法が記されている。しかし、すでにみて来たように、その場合、結論の正当化の為に必要な説明や理由づけの文章、或はその為の常套語や慣用句等が屢々日本律の疏に当る文からは削除、省略され、且つ唐の律疏にある問答の文体を改めたことにより法規運用上の問題点の所在が明瞭さを欠き、読者が直ちにそれを把握することが頗る困難となっている。更に日本律では唐の五刑、十悪、八議に相当する五罪、八虐、六議の重要な諸制度の淵源や沿革を説明する文がなく、各律条の立法を正当化する為の経書による引用も多く省かれている。従って日本律から法規の解釈・適用の為の専門的な技術・技法を学び取ることは到底不可能であり、その為にも唐の律疏について学習しなければならなかった。その意味では、日本律は体裁上のみならず、内容上もあくまで「律」であって、「律疏」ではなかったのである。このように日本律に付けられた疏に当る文が唐の律疏に比べて、法的思考と関わりの深い、説得による合意形成の技術を磨く為の学習書としての機能を十全には果していないとすると、日本律にとってその役割を果すものは、やはり唐の律疏そのものであったと考えなければならない。

唐にあっては、令条の数が律条のそれよりも、はるかに多く存するにも拘らず（「大唐六典」には、「凡律一十有二章、……而大凡五百条焉、凡令二十有七篇、分為三十巻、……而大凡一千五百四十有六条焉」とある）、その明法試には律七条、令三条が出題され、その八以上に通じなければ及第せずとされた（唐考課令）。それは恐らく律の学習には律疏の学習が前提とされ、明法試の「律七条」は結局、律疏をも含んだ「律七条」であるからであろう。右の唐考課令の規定は、そのまま我が国にも継受され（養老考課令73条）、我が延喜の大学寮式には、その講説に要すべき日数は、令が二百日であるのに対し、律は四百八十日であり（その比は出題数の比に近似する）、令が「小経」とされるのに対し、律は「大経」とされている。このように日唐官人にとって令よりも律の学習が重んじられたのは注意すべきことであって、これは結局、前述の唐の律疏にみられるような法解釈上の技術・技法を修得する為の学習が重んじられたからに他ならない。更に日本律には、その諸条間や同一条文中に矛盾・齟齬する内容がまま認められ、日本律と日本令との諸条間にも、それは少なからず存在した。いわゆる日本律令の枘鑿である。[16] それらの枘鑿を訂して日本律令を的確に解釈する為にも、唐の律疏は当時の法律家にとって必須の文献であったに違いない。

日本の律学がどのような形態をとって発展したか、今それを具体的に詳かにする暇はないが、養老律令の刊脩に与り、古記の著者にも想定される大和長岡は、「少好刑名之学、兼能属文、霊亀二年（七一六）、入唐請益、凝滞之処、多有発明、当時言法令者、就長岡而質之」（「続紀」神護景雲三年十月癸亥条）とされているから、入唐の際には当然、唐の律疏についてその多くを学び、数多の唐律の注釈書をも日本に将来したことであろう。日本に舶載された唐律の注釈書はかなり多く存するが、(17)これらはすべて唐の律疏を前提にして著わされたものであって、唐の律疏の文を更に解釈したものか、若しくは律疏の適用を詳しく説明したものであった。(18)即ち日本に将来された唐律の注釈書は、唐の律疏を除外しては成立し得ないものであったことを忘れてはならない。八世紀前半の神亀年間から天平初年にかけては、大学明法科が大学本科から分立して設けられ、専門の法律家の養成が急務とされるに至った。そこには律学博士二人が置かれたが、「律学」とは唐制に倣って律令を専修する学問を称したから、この「律学博士」も日唐の律令は勿論のこと、その官名の示唆する通り唐の律疏をも本格的に教授したことであろう。同じ天平期に成立したとされる大宝律の注釈書、古答が日本律の注釈としては適さない文字を若干変更するだけで（「十悪」を「八虐」に、「八議」を「六議」に改める等）、唐の律疏の文をそのまま日本律の注釈の文としているのは、(19)唐の律疏が即ち日本律の注釈書であるという当時の律学の実態を如実に反映しているものではなかろうか。

我々は、すでに惟宗直本の編纂にかかる、九世紀後半の平安時代前期に成立した律集解の形式と内容について論じたことがある。その結果は、凡そ次のようなものであった。(20)

㈠律集解に直接引用される律疏は、唐の律疏（永徽律疏）そのものであり、又同じく律集解に引用される律附釈は、唐律に関する注釈書であって、共に日本において成立した日本律の注釈書ではない。

㈡律集解の体裁は、先ず日本律本文を大字一行にて記し、次にその下に小字双行にて「謂」として日本律の疏に当る文を最初に引き、次に同じく小字双行にて「疏云」として唐律の疏文を引き、更に古答、物記、穴記等の日本人による注釈、或は附釈、張、宋等の唐人による注釈を列記したものである。但し、律疏、附釈の引く唐律の疏文が必ず日本律の疏に当る文のすぐ次に配されたかどうかは確言できず、古答等が唐律の疏文を転載している場合は、古答等が律疏、附釈の前に置かれることがあったようである。

㈢（略）

もし右の結論が正しいとすれば、日本律の諸注釈を集大成した律集解において、律附釈や張、宋等の唐人による注釈と共に唐の律疏が「疏云」として直接引用され、それらが古答、物記、穴記等の日本の注釈書と相並んで同格に列記されていること、とりわけ「疏云」が日本の諸注釈よりも権威あるものとして扱われていることは極めて重要な意味をもつことになろう。それは同じ編者によって日本令の諸注釈が集大成された令集解において、唐代の律令の注釈が日本の令私記の中に間接的に引用されることはあっても、日本の諸家の注釈と相並んで直接引用されることのないことと甚だ対照的である。即ち右の事実は、律疏を始めとする唐代の律の諸注釈がまさに日本律の注釈書でもあったことを端的に物語るものに他ならない。実際、宣旨を受けて太政官に提出された我が明法家の勘文には、これらの唐の注釈が日本律の注釈として、そのまま引用されているのである。例えば、「政事要略」巻七十所載の寛弘六年（一〇〇九）二月八日付、大判事兼明法博士美麻那直節、勘解由次官兼明法博士令宗允正連署の罪名勘文には、我が八虐条謀反、及び賊盗律9謀殺人条の注釈として、それぞれ「唐儒張云」「唐儒宋云」の文が直接引用されている。そもそも律集解三十巻の構成が唐の律疏のそれとほぼ一致することは、律集解自体が唐の律疏をモデルとして日本律に注釈を施そうとする態度を示している。また唐の律疏の文章と律集解・令集解所載の日本の諸私記の文章とを比較してみても、問答形式による法文の説明方法を始めとして、法規の解釈や法規の欠缺補充の際における両者の表現技法には、驚くべきほど酷似しているものが多い[21]。やはり唐の律疏の学習による影響であろう。

今迄述べたことからすると、唐の律疏は、唐の律令が屡々日本律令の補充法とされた以上の意味をもつことになり、それは大宝律令施行の比較的早い段階から奈良・平安時代を通じて、説得による合意形成の法的技術を磨く為の最も重要な学習書の意味をも担った日本律の注釈書として、法実務に携わる官人にとって権威ある地位を保ち続けたものと思われる。このように考えれば「本朝法家文書目録」所載の「律疏一部卅巻」の「律疏」は、もはや日本において成立した日本律の注釈書ではなく、その巻数、編次の一致とも相俟って、唐の律疏（恐らく永徽律疏）と推断してほぼ誤りないのではなかろうか。

以上、日本律の編纂について縷々述べて来たが、日本律の体裁や内容に関しては、まだ不明なことも多い。とりわけ養老律写本の五罪の個所が特殊な書式によって記されていること、及び養老律の五罪・八虐・六議条の部分が名例律の条文数から除かれていること等の意味である。[22] 後者に関する我々の若干の見解については、すでに述べたことがあるが、[23] 忘れてはならないことは、日本律の編纂自体、恐らくかなり性急に為されたものであり、それは十分なる推敲を経て出来上ったものではないということである。従って日本の律法典は、当初よりその中に多くの矛盾・齟齬する部分を孕んでいるのであり、今後はそのことを踏まえながら、日本律編纂の合理的な解明が更に望まれるであろう。

日本律令の制定に関する今日の一般的な考え方によれば、律と令とでは継受の仕方に大きな差異があり、日本令は我が国情を斟酌して唐令の規定に大きな変更を加えたのに対し、日本律は唐律と大同小異であって唐律を殆どそのまま直写したというものである。この見解にはまだ検討の余地があるにしても、日唐律の用語や文章、更にその規定内容等からすれば、大筋において、それは正鵠を射ているものとして評価せざるを得ないであろう。しかし日本律編纂の真の本領ともいうべきものは、日唐間の規定内容の異同もさることながら、本稿で述べた如く律と律疏との機能をいかに統合して国情に見合った日本の律法典をつくるかという、その編纂の創造性にあったのではなかろうか。即ち唐の律疏の機能の中でも、律文の解釈の統一という基本的な機能を唐律の本注に倣って最小限、取り入れることによって、一方では当面の律運用に必要にして簡便な内容をもつ律法典を制定することが可能となると共に、他方では従来の中国の法典編纂の規範からも大きく外れない日本独自の新しい律法典を制定することができたのである。既存の法や制度に内在する規範にその変革の根拠を求め、それらの法や制度との整合性を考慮しながら、それらを内部から変革して、時代に見合った新しい法や制度を創り出す手法は、日本の歴史を貫く一つの思考様式のように思われるが[24]、日本律の編纂は、まさにその源流にも位置づけられるのではなかろうか。また日本律編纂後の唐の律疏の学習は、そのような改革を正当化する為の有力な武器を提供するものとして、法律家の実務遂行に大きく貢献するところがあったのではなかろうか。もしそうであるとするならば、唐の律疏こそは日本人に初めて法的なものの考え方を植えつけた文献として高く評価してもよいと思われるが、かかる日本法学史の分野における唐の律疏の軌跡をたどることも今後の課題の一つであろう。

註

（1）　大宝律と養老律との相違について、吉田孝氏は「名例律継受の諸段階」（弥永貞三先生還暦記念会編『日本古代の社会と経済　上巻』所収、吉川弘文館、昭和五十三年）において、大宝律八虐・六議条には疏に当る文が存在しなかったという仮説を提示されている。この論考からは唐律及び日本律の書式について多くの教示をうけるものであるが、右の大宝律八虐・六議条疏の不存在説は、氏自身も認められているように大宝律同条に疏に当る文が存在した可能性を全く否定するものではない。なお吉田氏が大宝律八虐条疏の不存在説の有力な傍証として提示された公式令集解49駅使在路条の古記所引の「賊盗律謀殺詔使条注云、奉勅定名及令所司差遣」という律文についてであるが、大宝律には、養老律にくらべてその規定内容をより具体的に記す傾向が見受けられるから（高塩博「大宝養老二律の異同について」『日本律の基礎的研究』所収二一〇・二一一頁、汲古書院、昭和六十二年）、大宝賊盗律5謀殺詔使条が唐律同条の疏「制《（詔）》使、本属府主、国官邑官、已従名例解訖」を継受するに当って、大宝律八虐条にあった「奉勅定名及令所司差遣」なる文を、ここに再び引用したのかも知れない。これも所詮一つの仮説に過ぎないが、もしそうであるとすると、この史料はむしろ大宝律八虐条に疏に当る文が存在したことを証するものとなろう。また吉田氏が養老律五罪条の書式、及び五罪・八虐・六議条が名例律の条文数から除かれていることから、この部分が大宝以前に制定・施行されていた可能性が強いとされる見解（前掲論文）についての筆者の所感は、拙稿「日本律の成立に関する一考察」『牧健二博士米寿記念　日本法制史論集』所収二五頁、三四頁の註（16）（思文閣出版、昭和五十五年）（本書第一巻所収、二七・二八・三八頁）及び『法制史研究　29』一六四頁以下の「書評」（創文社、昭和五十五年）参照。

（2）筆者は現存の養老令には唐開元令の影響が認められるとしても、養老律には開元律疏の影響はなかったと一応考えている。その理由は、現存養老律からその具体的な徴証が認められないこと、永徽律疏と開元律疏とでは、職官名、地名等に異同が若干認められるとしても、その法的内容においては大きな差異がなかったと思われること、「日本国現在書目録」には「唐永徽律十二巻。〻〻〻〻疏三十巻」とあるが、「開元律」「開元律疏」は見えないこと、一条兼良の「令抄」（書陵部所蔵の藤波本）の巻首に「本朝令ハ唐開元令ヲ本ニシテ書タリ（中略）。律ハ永徽律ヲ本ニシテ定ラル、也」とあること等に拠る。

（3）小林宏・高塩博「律疏考――我が国における唐律継受の一断面――」國學院大學日本文化研究所編『日本律復原の研究』所収一二五頁以下（国書刊行会、昭和五十九年）参照。

（4）仁井田陞「最近発表せられた敦煌発見唐律令断簡」『中国法制史研究　法と慣習 法と道徳』二四八頁（東京大学出版会、一九六四年）。吉田前掲論文二八四頁。

（5）八重津洋平「故唐律疏議」滋賀秀三編『中国法制史　基本資料の研究』所収一七七頁（東京大学出版会、一九九三年）。

（6）但し日本律撰者が疏に当る文を唐律の本注に倣って簡潔な内容のものとし、その短文化をはかったとしても、それには限界があったことも事実である。唐律の本注は、その殆どが短文であるが、中にはかなり長文のものがない訳ではない。捕亡律18知情蔵匿罪人条の如きは、凡そ百五十字にわたる本注が見えている。従って日本律撰者は、短文化をはかりつつも、一方では長文を「注」と称することに、それほど抵抗を感じなかったのではないか。

（7）拙稿「『因循』について――日本律令制定の正当化に関する考察――」『國學院法學』第二八巻第三号二三頁以下（平成三

年）（本書第一巻所収、八一頁以下）参照。

（8）洪武三十年（一三九七）制定の「更定大明律」では、律本文を大字一行に、その注釈を小字双行に記している。（但し日本律の本注に相当するものはない。）この律文に付された小字双行の注釈は、唐律の本注、もしくは疏文に相当するものである。私人による明律の注釈書、例えば「律条疏議」（天順五年・一四六一刊、成化七年・一四七一重刊）では、著者張公楷は自ら著わした注釈を「疏議」と名付けているが、その中で上記明律本文に付された小字双行の注釈を「註云」として引用している。また「大明律集解附例」（万暦二十四年・一五九六刊、同三十八年・一六一〇重刊）の「纂註」でも、これを「本註」「律註」「註」等と呼んでいる。従って明律の編纂者も、唐律の本注及び疏文を律本文に対する「注」として再構成したものと思われる。なお明律において、唐律の本注と疏文とを合して「注」とした例には、名例律23給没贓物条の注「謂官物還官、私物還主、……畜産蕃息、皆為見在」等、また唐律の本注を律本文に繰り上げた例には、名例律24犯罪自首条の本文「猶徴正贓」等がある。

（9）令私記の中でも、穴記の成立する頃から従来、唐の律疏を意味した「疏云」の用法が曖昧となり、穴記では明らかに唐の律疏を「疏云」として引用しながらも、一方、日本律の疏に当る文をも「疏云」として引用するようになる。更に成立年代の降る朱説、讃説に至っては、その引用する「疏」は、殆どみな日本律の疏に当る文である。小林・高塩前掲論文参照。

（10）戴炎輝『唐律通論』（中華民國五十四年、國立臺灣大學法學院事務組）一八〇・一八一頁参照。なお律令研究会編『譯註日本律令七 唐律疏議譯註篇三』二八五頁（奥村郁三執筆、東京堂出版、昭和六十二年）では、本条疏の「答」にある「文同故殺之法」の「文」を滂熹斎本によって「又」とするが、この「文」は律文の意に取るべきであろう。養老律も「文」に作る。

（11）但し唐名例律26条疏の第一の問答の末尾にある「理用為允」の文は、養老律にも存する。養老律がその削除を失念したものか。

（12）拙稿「因准ノ文ヲ以テ折中ノ理ヲ案ズベシ――明法家の法解釈理論――」『國學院法學』第二八巻第四号一一頁以下（平成三年）（本書第一巻所収、一〇七頁以下）参照。

（13）前掲『譯註日本律令七』一二九頁（中村茂夫執筆）参照。

(14) この養老律の「仍聴為蔭」という文は不可解である。即ち位記を追毀せず、しかもその蔭を親族に及ぼすことができるとすると、官位を有する父祖が生きておれば父祖は反逆縁坐により除名となり、子孫はその蔭をうけることができず、逆に父祖が死亡しておれば父祖は除名されず、子孫はその蔭をうけることができることとなって甚だしく不公平な結果を生ずる。やはり日本律の枘鑿の一つというべきであろう。

(15) なお日本律において唐律の問答を平叙体の文に改めた為に、その文意が取りにくくなった例として、他に名例律19条がある。拙稿「日本律の枘鑿――その立法上の不備について――」『古代文化』四一一頁以下（平成十一年）（本書第一巻所収、一八六頁以下）参照。

(16) 瀧川政次郎「律令の枘鑿」『律令の研究』「附録第二」所収一頁以下（復刻版、刀江書院、昭和四十一年）、前掲拙稿「日本律の枘鑿」等参照。

(17) 利光三津夫「わが国に舶載された唐律の注釈書」『律令及び令制の研究』六四頁以下（明治書院、昭和三十四年）参照。

(18) 例えば「本朝法家文書目録」に、その巻数、編目が記載されている律附釈は、唐律の本文、本注の中から重要と思われる語句を選定して、その下に解釈を施すが、その解釈の内容は概ね律疏の疏文に依拠している。また「政事要略」に見える律疏骨鞭録は、その書名の示す通り律疏の中の語句を注釈したものである。小林宏・高塩博「律附釈考」、同「律集解と唐律疏議」前掲『日本律復原の研究』所収一八九頁以下、六一一頁以下参照。

(19) 古答が唐の律疏の文を殆どそのまま日本律の注釈としている例として「政事要略」巻八十二の「八虐」「六議」等の項（国史大系本六四七・六五四頁）参照。

(20) 小林・高塩「律集解と唐律疏議」前掲書所収六四頁参照。

(21) 例えば唐の律疏に見える次のような表現法は、令集解所載の令私記にも、それと類似の用法がまま認められる。即ち「故為合理」（名例律18条疏）、「理用為允」（名例律26条疏）、「理便適中」（名例律34条疏）等という自己の学説を正当化する文の結尾の表現法、「故云限内未送者、唯為贖銅生文、不為余贓立制」（名例律33条疏）の如き「唯為……生文、不為……立制」という解釈を限定する場合の表現法、「或遺弓無箭、或遺箭無弓、倶不得罪、故云弓箭相須乃坐」（衛禁律8条疏）の如き

「A・B相須」というAとBとの二つの要件が共に充足されて初めて律文の法的効果を生じ、一方の要件のみを充足しても法的効果を生じない場合の表現法、逆に「但盗之与毀、各得徒流之坐、故注云盗毀不相須」（賊盗律29条疏）の如き「A・B不相須」というAとBとの二つの要件が共に充足されなくとも、その一方の要件を充足すれば律文の法的効果を生ずる場合の表現法、「鋪肆園宅、品目至多、略挙宏綱、不可備載、故言之類」（名例律34条疏）や「但衣服器物、品類至多、不可具挙、故云之属」（職制律52条疏）という代表的な事物の名称のみを挙げて、他は「之類」「之属」等の語によって類推せしめる場合の表現法等。

(22) 吉田前掲論文参照。

(23) 小林・高塩「律疏考」前掲書所収一六四頁以下参照。

(24) 例えば明法家の律令解釈による法創造も、それに該当しよう。前掲拙稿「因准ノ文ヲ以テ折中ノ理ヲ案ズベシ――明法家の法解釈理論――」、長又高夫『日本中世法書の研究』所収の諸論文（汲古書院、平成十二年）等参照。

第八　日本律における礼の法的機能

はしがき

日本の律令制の成立、及びその推移の過程における中国礼制受容の問題は、極めて重要な研究テーマであり、それに関しては、すでに幾多のすぐれた論考がある。

本稿では、日本の律法典の編纂者が礼をどのように捉え、また日本の律法典の制定に礼がどのような働きをしているか等の問題関心から、従来、比較的論じられることの少なかった律法典諸規定に対して有する礼の法的機能について、律法典そのものによって若干考察することとした。なお礼制一般の受容については、礼の法的機能を論ずる際の必要に応じてふれるに止めたい。

一　唐の律疏における礼の法的機能

日本律と礼の関係について論ずる前に、先ず唐の律疏を今日に伝える「唐律疏議」によって、唐の律疏における礼の法的機能について見て行かねばならない。

唐の律疏を見ると、礼には、(1)「礼云」、「依礼」、「拠礼」等の語を冠して礼典（「儀礼」「礼記」「周礼」等の礼に関する経書）の文を引用するものと上記礼典の現代版ともいうべき唐礼（「唐律疏議」では「大唐開元礼」）の文を引用するものとがある。但し唐礼からの引用と思われる文には、当然のことながら「儀礼」や「礼記」の文と重複する場合がある。また唐の律疏中の礼には、(2)「準礼」、「稽之典礼」等として広く礼典一般を指していう場合がある。更に唐の律疏には、(3)「礼云」、「依礼」等として礼典からの引用を明記することなく、疏の地の文として礼典の文やその取意文、同意文が引用されることもある。

ここでは(1)の場合についてのみ、礼が引用される唐律の条文名、唐の律疏中の礼の引用文、礼の典拠、日本律（養老律）におけるその相当文の有無を表記して、次に掲げることとする。[1]（「日本律」の空欄は、日本律が亡佚していることを示す。）

さて、この表に見える礼について、何故、礼がここに引用されているのか、その礼の機能や役割について考えてみたい。

第一に礼の文は、律の条文、条項の法的な根拠や淵源を明示して、その立法を正当化する為に引用される。例えば名例律3条の「徒刑」について、疏は「徒者奴也、蓋奴辱之、周礼云、其奴男子入於罪隷、又任之以事、寘以圜土、

唐律の条文名	唐の律疏中の「礼」の引用文	「礼」の典拠	日本律
名例律　1	礼云、刑者侀也、成也、一成而不可変、故君子尽心焉、	礼記・王制	なし
名例律　3	周礼云、其奴男子入於罪隷、又任之以事、寘以圜土、而収教之、上罪三年而捨、中罪二年而捨、下罪一年而捨、	周礼・秋官・司厲	なし
名例律　5	鄭注礼云、死者澌也、消尽為澌、	礼記・檀弓上・鄭注	なし
	礼云、公族有死罪、罄之於甸人、	礼記・文王世子	なし
名例律6謀反	周礼云、左祖右社、	周礼・冬官・匠人	なし
同　謀大逆	周礼秋官、正月之吉日、懸刑象之法於象魏、使人観之、	周礼・秋官・大司寇	なし
同　悪逆	依礼、嫡子為父後、及不為父後者、並不為出母之党服、即為継母之党服、……若親母死於室、為親母之党服、不為継母之党服、	礼記・服問	なし
	礼云、所従亡則已、	礼記・喪服小記	なし
	依礼、有三月廟見、有未廟見、或就婚等三種之夫、	儀礼・士婚礼、礼記・曾子問	なし
同　大不敬	礼運云、礼者君之柄、所以別嫌明微、考制度、別仁義、	礼記・礼運	なし
	周礼、食医、掌王之八珍、	周礼・天官・食医	なし
同　不孝	礼云、孝子之養親也、楽其心、不違其志、以其飲食、而忠養之、	礼記・内則	なし
	依礼、聞親喪、以哭答使者、尽哀而問故、	礼記・奔喪	あり

同　不睦	礼云、講信修睦、	礼記・礼運	なし
	依礼、夫者婦之天、	儀礼・喪服伝	なし
	（依礼）又云、妻者齊也、	礼記・内則・鄭注、白虎通・嫁娶	なし
	依礼、男子無大功尊	儀礼・喪服、大唐開元礼・凶礼	なし
同　内乱	姦小功以上親者、謂拠礼、男子為婦人、著小功服而姦者、	大唐開元礼・凶礼	なし
名例律7　八議	周礼云、八辟麗邦法、	周礼・秋官・小司寇	なし
	礼云、刑不上大夫、	礼記・曲礼上	なし
	（礼云）犯法則在八議、軽重不在刑書也、	礼記・曲礼上・鄭注	なし
同　議親	袒免者、拠礼、有五、高祖兄弟、曾祖従父兄弟、祖再従兄弟、父三従兄弟、身之四従兄弟是也、	礼記・大伝	なし
	小功之親有三、……此数之外、拠礼、内外諸親、有服同者、並準此、	大唐開元礼・凶礼	なし
同　議賓	礼云、天子存二代之後、猶尊賢也、	礼記・郊特牲	なし
名例律12	依礼、凡婦人従其夫之爵命、注云、生礼死事、以夫為尊卑、	礼記・雑記上、同鄭注	なし
名例律27	婦女雖復非丁、拠礼、与夫齊体、	儀礼・喪服、白虎通・嫁娶	あり
名例律30	依周礼、年七十以上、及未齓者、並不為奴、	周礼・秋官・司厲	なし
	周礼、三赦之法、一曰幼弱、二曰老耄、三曰戇愚、	周礼・秋官・司刺	なし
	礼云、九十曰耄、七歳曰悼、悼与耄、雖有死罪、不加刑、	礼記・曲礼上	なし
名例律52	依礼及令、無嫡子立嫡孫、	儀礼・喪服・鄭注	

		慈母者、依礼、妾之無子者、妾子之無母者、父命為母子、是名慈母、非父命者、依礼、服小功、不同親母、	儀礼・喪服伝、大唐開元礼・凶礼	
衛禁律	32	依周礼、五百人為旅、二千五百人為師、	周礼・夏官・司馬	なし
職制律	8	不依礼令之法、一事有違、合杖七十、	大唐開元礼・序例上	謂不依常典、一事有違者、
		故礼云、三日齋、一日用之、猶恐不敬、	礼記・郊特牲	なし
職制律	11	礼云、唯祭天地社禝、為越紼而行事、	礼記・王制	なし
職制律	13	依礼、飯齊視春宜温、羹齊視夏宜熱、	礼記・内則	なし
職制律	15	依礼、授立不跪、授坐不立、	礼記・曲礼上	なし
職制律	25	礼云、禹与雨、謂声嫌而字殊、丘与区、意嫌而理別、	礼記・曲礼上・鄭注	なし
職制律	30	其妻既非尊長、又殊卑幼、在礼及詩、比為兄弟、即是妻同於幼、	礼記・雑記下	あり
		依礼、斬衰之哭、若往而不返、齊衰之哭、若往而返、大功之哭、三曲而偯、小功緦麻、哀容可也、	礼記・閒伝	なし
		礼云、大功将至、辟琴瑟、鄭注云、亦所以助哀、	礼記・雑記下、同鄭注	なし
		又云、(礼云) 小功将至、不絶楽、	礼記・雑記下	なし
		喪服云、古者、有死於室中者、即三月為之不挙楽、	儀礼・喪服	なし
戸婚律	14	礼云、田里不粥、	礼記・王制	
戸婚律	26	礼云、娉則為妻、	礼記・内則	
戸婚律	28	依礼、日見於甲、月見於庚、	礼記・祭義	
賊盗律	30	礼云、葬者蔵也、欲人不得見、	礼記・檀弓上	なし

闘訟律	14	礼云、五世袒免之親、四世緦麻之属、	礼記・大伝
闘訟律	26	大功尊属、依礼、唯夫之祖父母及夫之伯叔父母、	大唐開元礼・凶礼
闘訟律	32	依礼、継父同居、服期、謂妻少子幼、子無大功之親、与之適人、所適者、亦無大功之親、而所適者以其資財、為之築家廟於家門之外、歳時使之祀焉、	儀礼・喪服伝、同鄭注
		礼云、凡教学之道、厳師為難、師厳道尊、方知敬学、	礼記・学記
		礼云、家有塾、遂有序、	礼記・学記
闘訟律	33	依喪服、夫之所為兄弟服、妻降一等、	儀礼・喪服
闘訟律	37	礼云、死而不弔者三、謂畏壓溺、	礼記・檀弓上
闘訟律	44	嫡継慈養、依例雖同親母、被出改嫁、礼制便与親母不同、其改嫁者、唯止服期、……拠礼又無心喪、……被出者、礼既無服、並同凡人、	大唐開元礼・凶礼
闘訟律	46	女君於妾、依礼、無服、	儀礼・喪服・鄭注
闘訟律	47	礼云、七十貳膳、八十常珍、	礼記・王制、同内則
詐偽律	3	使節者、周礼、有掌節之司、注云、道路用旌節、	周礼・地官・掌節
雑律	25	子孫於父祖之妾、在礼、全無服紀、	大唐開元礼・凶礼
雑律	30	礼云、物勒工名、以考其誠、功有不当、必行其罪、	礼記・月令
捕亡律	6	依礼、五家為隣、五隣為里、	周礼・地官・遂人

而収教之、上罪三年而捨、中罪二年而捨、下罪一年而捨、此並徒刑也、蓋始於周」と記している。唐の徒刑は労役に服せしめる刑罰であって、その服役の期間は一年から三年までの五段階あるが、疏は「周礼」（秋官）の文を引いて、

この唐の徒刑制が周に始まることを具体的に述べると共に、唐におけるこの制度の立法を正当化している。また名例律6条十悪の「不孝」では、その本注「若供養有闕」について、疏は「礼云、孝子之養親也、楽其心、不違其志、以其飲食、而忠養之、其有堪供而闕者、祖父母父母告乃坐」と記している。ここでは疏は「礼記」（内則）の文に、孝子が老父母を養うには父母の心を楽しませ、とくにその飲食に留意するとあることを示して、祖父母父母の供養に欠ける子孫の行為が十悪の「不孝」に当ることを理由づけている。以上の他、名例律6条「大不敬」の「礼運云」、「周礼」、同「不孝」の「依礼」、同7条八議の「周礼云」、「礼云」、同「議賓」の「礼云」、同12条の「依礼」、戸婚律14条の「礼云」、闘訟律32条の「礼云」（「凡教学之道、……」）等の語によって導かれる礼の文は、何れもその条文、条項の立法を正当化するという役割を担っているものと思われる。

第二に礼の文は、律の条文、条項の語句、章句に対し訓詁的解釈を施したり、またその内容を具体的に説明したりする為に引用される。例えば名例律1条の「笞刑」について、疏は「礼云、刑者侀也、成也、一成而不可変、故君子尽心焉」と記すが、これは「笞刑」の「刑」字の意味を「礼記」（王制）の文を引いて解釈し、刑罰の制度は軽々に変更すべきものではないとして国制におけるその重要性を述べている。その他、名例律6条「謀反」の「社」、同「謀大逆」の「闕」、衛禁律32条の「師旅」、職制律13条の「進御不時」、同15条の「進御乖失」、同25条の「嫌名」、戸婚律26条の「娉財」、闘訟律32条の「私学」、同47条の「供養有闕」、詐偽律3条の「使節」、捕亡律6条の「隣里」等は、何れも礼の文を引いて、その字義や語句の意味を具体的に説明している。

また礼の文は、律文中の親族の呼称や服制に関する用語を説明し、それを定義づける場合にも引用される。例えば名例律6条「不睦」の「依礼、男子無大功尊」、同7条の「議親」の「祖免者、揔礼有五、高祖兄弟、曾祖従父兄弟、祖再従兄弟、父三従兄弟、身之四従兄弟是也」、闘訟律26条の「大功尊属、依礼、唯夫之祖父母及夫之伯叔父母」の文に見える礼は、それぞれ「大功尊」、「袒免」、「大功尊属」とは何かを説明し、それを定義づけているものであり、これらの礼は「儀礼」等の礼典やそれを踏まえた唐礼を指すものであろう。また職制律30条は親族の喪を匿して挙哀（親族死去の報を受けた場合、直ちにその場で死者の為に声を挙げて泣く儀礼）をしなかった行為や喪中の礼に反する行為を処罰する規定であるが、妻が期親の尊長に入るかどうか律に明文がない。その為、疏は礼（「礼記」雑記下）と詩（国風邶・谷風）を根拠に妻を期親の幼としている。

第三に礼の文は、律の条文、条項に明文規定なき場合、可罰的行為に対し、上請や不応為罪等を適用したり、また量刑の軽重を定めたりする為の法的根拠として引用される。即ち礼は律に明文規定なき場合、それを補充する法源となる。この礼の機能は、律と礼の関係を知る上において重要と思われるから、次にやや詳しく見て行きたい。

名例律30条は、老小・障害者に対する刑事責任の免除、または軽減について規定するが、その第二項には八十歳以上八十九歳以下、十歳以下八歳以上、及び篤疾者が反逆・殺人で死刑に当る場合は上請して皇帝の裁断に委ね、盗及び傷人の罪はすべて贖せしめ、その他は一切罪に問わないとする。(2) 疏はその第二の問答において、十歳以下の者、及び篤疾者がその父母を殴って傷つけなかった場合、いかなる罪に問うかを問題とするが、その解答では、「或愚癡而犯、或情悪故為、於律雖得勿論、準礼仍為不孝、老小重疾、上請聴裁」としている。即ち上記の行為に対して律文をそのまま適用すれば無罪ということになるが、この場合は事柄が重大であるから、礼に照して考えれば、なおその行為は不孝たることを免れない。従って上記の行為は、これを無罪とせず、上請という手続きを取り、皇帝の裁断に委ねるべきであるとする。このように律文の適用だけでは、具体的妥当性や実質的衡平に欠けると考えられた場合、礼（上記疏の「準礼」の「礼」は、一般的な礼典の意であろう）には、法規の欠缺を補うという重要な役割が期待されているのである。

次に前掲職制律30条であるが、本条の疏には二つの問答が記されている。第一の問答では、律文には親族の喪を聞きながら直ちに挙哀せずに、その後、日をえらんで挙哀した場合の罪が規定されていない為、それを問題としている。その解答において、疏は「礼記」（間伝）の文を引用して、それによれば斬衰、齊衰、大功、小功・緦麻とでは夫々哀哭の声音に差異のあることを述べ、そこから期親以上の喪の場合は不応為罪の重、大功の喪の場合はその軽、小功以下の喪の場合は無罪という量刑を導き出している。ここでは礼に定められた親族の喪における挙哀の仕方の差異が、律に明文なき場合の可罰的行為に対する量刑の軽重に殆どそのまま照応していることが注目される。

第二の問答では、律には期親の喪中に音楽を自ら演奏したり、また他人をして演奏せしめたりする行為について明文を欠くが、それらの行為に対しては、いかなる罪を科すべきかを問うている。その解答において、疏は「礼記」（雑記下）やその鄭注、及び「儀礼」（喪服）の文を引用して、期親の喪中における当該行為に対しては不応為罪の重、大功以下の喪におけるそれに対しては不応為罪の軽、緦麻の卑幼の喪におけるそれに対しては釈服の罪より重くせず、笞三十に止めるとしている。ここでは親族の喪中における作楽に関する礼の差異が律に明文なき場合の可罰的行為に対する量刑の軽重にそのまま対応する訳ではないが、やはり礼の文が当該行為を処罰する為の法的根拠となっている。とくに、この疏の解答の文に「律雖無文、不合無罪」とあることは、律に明文がない場合であっても、当時一般の社会道徳や人々の自然的感情に反する行為等に関しては、国家は礼を根拠として行為者に対し、容易にその刑事責任を問うことができたのであって、その量刑は概ね不応為罪の杖八十か笞四十に止まるものであったとしても、礼のもつ法的な機能には、やはり大なるものがあったといわなければならない。

更に雑律25条には父祖（男子たる直系尊属）の妾にして子をもうけた女性と姦した者は絞と規定するが、その父祖が没した後、他人に改嫁した女性と姦した場合の罪については明文がない。疏の問答では、それを問うているが、その解答では婦人の尊卑は夫によってその制が立てられていること、及び「礼」（唐礼か）によれば子孫は父祖の妾の為には服紀のないこと、以上の二つの理由から父祖の没後、改嫁した妾は親族関係から除かれるとし、その女性との姦は「凡姦」（一般の良人の女性との姦）と同じく扱うとしている。ここでは直接、礼から当該行為に対する量刑を導き出している訳ではないが、やはり礼が法規欠缺の際の量刑案出について重要な役割を演じているといえよう。

以上に述べた唐の律疏における礼の法的機能を簡潔にまとめるならば、それは⑴律条の立法を正当化する機能、⑵律条の内容を説明する機能、⑶律条に明文規定なき場合、それを補充する機能の三者ということになるであろう。

二　日本律における礼の法的機能

1　日本律における礼の引用

それでは次に日本律において、前述の唐の律疏における礼の法的機能がどのように受容されたか、それについて見て行くこととする。

上記の表からすると、日本律（ここでは養老律を指す。但し大宝律においても、基本的には事情は変らなかったと考える）には、唐の律疏に屢々見える「礼云」、「依礼」等の語によって導かれる礼典の引用は、若干の例を除いて殆ど認められない。尤も養老律は、その全体の四分の一ほどしか伝わっていないから確かなことはいえないけれども、伝存部分の記載から推して、その亡佚した部分においても、ほぼ同様であったと思われる。しかし以上のことから日本律が唐の律疏に比して、礼典を軽視し、礼典のもつ意義を過小に評価していたと考えるならば、それは誤りであろう。何故なら日本律に礼典の引用の明記が殆ど認められないのは、日本律編纂の際の手法に拠る処が大きいと思われるからである。

日本律の編纂に当っては、唐の律と律疏の両者から日本の律法典を編纂すべきであるとする当時の現実的な要請を踏まえて、唐の律疏の機能の中でも律文の解釈の統一という最も基本的な機能を唐律の本注の形式に倣って最小限取り入れることによって、一方では当面の律運用に必要にして簡便な内容をもつ実務的な律法典を制定すると共に、他方では従来の中国の法典編纂の規範からも大きく外れない日本独自の新しい律法典を創り出したのである。(3) 即ち日本律は「律」という法典であって、「律疏」という公定の注釈書ではないから、その注文（唐律の疏を継受し、本注ではない文。以下同じ）には、唐律の本注に礼典からの引用の明記のないことに倣って、できるだけそれを避けたと思われるのである。(4) そうであるとすれば、日本律には礼典引用の明記は殆ど認められないが、日本律が礼典を重んじていることは基本的には唐律と殆ど変らないということになろう。そのように考えてよいかどうか、以下、日本律の内容の面からそれを検証したい。

先ず日本律の冒頭には八虐条が置かれている。この八虐条は唐名例律十悪条をほぼ踏襲し、日本の国情に従って、それを若干修正したものである。それでは十悪とは何かといえば、それは社会統制上の刑の軽重とは別の価値基準、即ち儒教倫理に照して定められた特別の罪であって、その法律的効果は主として官爵を有する特権階級の人びとに関わりをもつものといわれている。(5) この十悪についての説明は、そのまま日本律の八虐についても妥当するであろう。日本律に八虐の規定がその冒頭に設けられたのは、唐律と同様、日本律も儒教倫理、即ち礼の規範をその基礎に受け入れ、とりわけ有位者階級に対して、この礼の規範の遵守を強く期待するものであったと思われるからである。

今、唐律の十悪と日本律の八虐とを比較すると、その「謀反」、「謀大逆」等の標目やその構成要件に関する異同は暫く措くとして、確かに日本律では、唐の律疏に存する各標目そのものに関する経書等による原理的な説明は全くなく、また唐律本注の語句、章句に関する経書等による説明や字書等による訓詁的な注釈も省略されることが多い。しかし日本律八虐条において唐の律疏に見える本条制定の趣旨やその目的を示す経書等の引用文が多く省略されたのは、前述の如く日本律が「律」法典としての体裁を整えると共にそれが実務的につくられた為であって、決して唐の律疏に見える経書による説明を軽視したり、また排除したりした為ではない。そのことは、次に掲げる「政事要略」巻八十二所引の古答（大宝律の注釈書）の文によっても証することができる。

　古答云、……五刑之中、八虐尤切、虧損名教、毀裂冠冕、特標篇首、以為明誡、其数八者（衍カ）甚虐、事類有八、故称八虐、

右の文では、唐の律疏の「十」を「八」に、「悪」を「虐」に改めただけで、唐の律疏の十悪に関する説明をそのまま日本律の八虐に関する説明に借用している。日本律の八虐が基本的には唐律と同様、「名教」と「冠冕」、即ち儒教的な礼の規範の維持を目的とするものであったことは、上記古答の文に徴して明らかであろう。

また日本律八虐条「不孝」の注文には、本注「及祖父母父母在、別籍異財」を説明して、「謂、祖父母父母在、子孫就養無方、出告反面、無自専之道、而有異財別籍、情無至孝之心、名義以之俱淪、情節於茲並弃、稽之典礼、罪悪難容」とする。これも唐の律疏の文を踏襲したものであるが、文中の「就養無方」は「礼記」（檀弓上）、「出告反面」は同（曲礼上）にある語句である。前記日本律の注文は、これら礼記の文を引用しながら、ここに「稽之典礼、罪悪難容」と明記していることは、日本律八虐条がやはり礼の規範を前提として立法されていることを示すものである。同様なことは八虐条「不義」の注文についても、いうことができる。即ち、その注文は「夫者妻之天也」という「儀礼」（喪服伝）

の文を引用しながら、妻が夫の喪を聞いて、それを匿して挙哀しない行為等が「礼」、「義」に違反するとし、八虐の「不義」に当ると結論しているのである。

次に日本律の注文では、前述の如く礼の引用であることを明記した経書からの文は、原則としてこれを避けたと思われるが、それでも「依礼」、「拠礼」等による引用が全くない訳ではない。上掲の表には名例律6八虐条の「不孝」、同27条、職制律30条に各一個所ずつ、それが認められる。名例律6条の注文「依礼、聞親喪、以哭答使者、尽哀而問故」（「礼記」奔喪）は、律本注「聞祖父母父母喪、匿不挙哀」に対する説明であって、子孫が祖父母父母の喪を聞きながら、それを匿して挙哀しなかった行為が八虐の「不孝」に当ることを礼を引用して理由づけたものである。また名例律27条の注文「婦女雖復非丁、拠礼、与夫齊体」（「儀礼」喪服）は、律本注「妻年廿一以上、同兼丁之限」に対する説明であって、右の本注では徒罪を犯した者以外に家に兼丁（成人の男子）がいない場合、徒刑を杖刑に換えて服役を免除するが、犯人の妻は、これを兼丁と見做すとする。何故、妻を兼丁と見做すかといえば、それは礼によって妻は夫と同一の人格を有するからというのである。本条の注文もまた礼の文によって上記本注の立法を正当化したものである。また職制律30条の注文「在礼及詩、比為兄弟、即是妻同於幼」（「礼記」雑記下）は、前述の唐律同条と同様、夫が妻の喪を聞きながら、それを匿して挙哀しなかった場合の罪について律に明文なき為、礼と詩によって妻を二等親の幼に準ずるとしたものである。

上述の日本律において礼の引用を明記した事例は、或は日本律編纂の際に、その削除を失念した結果とも考えられるが、一方、この礼引用の日本律諸条が祖父母父母と子孫、及び夫と妻の身分関係を規定するものであることから推して、それらの律条が当時の親子、夫婦関係の規範の形成にとって、とくに重要であると認識されて、ことさらに礼の引用が明記されたと考えることもできよう。

2　日本律における礼の意義

以上、検証したところから明らかなように、確かに唐律の疏に相当する日本律の注文には、礼典からの直接的な引用は少ないが、それにも拘らず日本律における礼のもつ意義は、決して小さなものではなかったと思われる。そうであるとすれば日本律の立法やその運用における礼の法的機能も、基本的には唐律と同様であったと考えて大過ないであろう。

すでに前章において唐の律疏における礼の法的機能には、(1)律条の立法を正当化する、(2)律条の内容を説明する、(3)律条に明文なき場合、それを補充するという三者の存することを指摘したが、それらの礼の機能は、日本律においても、そのまま妥当するであろう。即ち(1)及び(2)の機能は、前述の礼の引用を明記した日本律の注文から容易に推測され、(3)の機能も養老名例律30条注文に前掲唐律同条疏と同様、「於律雖得勿論、准礼仍成不孝、老小重疾、上請聴裁」とあることによって明らかであろう。そうすると日本律において削除された、唐の律疏に存する礼の引用文も、日本律にとって妥当する場合が多いこととなる。前掲の表から、それを拾うならば、(1)の例としては名例律3条の「周礼」の文、同6条「大不敬」の「礼記」や「周礼」の文、闘訟律32条の「礼記」の文等、(2)の例としては名例律6条「謀大逆」の「周礼」の文、名例律1条、職制律13条、同15条、戸婚律26条の「礼記」の文等を挙げることができる。

以上から唐律の立法や運用における礼の法的機能は、やはり日本律においても、基本的には受容されたと思われるが、しかし礼に裏づけられた唐律の条文、条項のすべてが日本律に継受されたのではないことにも注意しておく必要がある。礼に裏づけられた唐律の条文、条項の中で、日本律に継受されなかった唐律の、その疏に引かれた礼の文は、当然のことながら日本律には妥当しない。従って前掲の表中に現われる唐の律疏中の礼の引用文のすべてが日本律にそのまま妥当するものではない。次にその主たるものについて指摘しておくこととする。

礼に関する律の条文中、日唐の大なる相違として先ず日本律八虐には唐律十悪に見える「内乱」が、また日本律六議には唐律八議に見える「議賓」が存しないことが注目される。我が古代では禁婚親の範囲は唐に比べてはるかに狭く、皇室においても近親間の婚姻が多く行なわれたから、「内乱」（親族間の性道徳に反する犯罪）という観念は当時の我が国にはなじみにくいものであった。従って日本律では、この「内乱」を削除して、唐律「内乱」中の「姦父祖妾」のみを内容的に類似する八虐「不孝」の末尾に追加したのである。従って唐律「内乱」の疏に引かれる「若有禽獣其行、朋淫於家、紊乱礼経、故曰内乱」の「礼経」は日本律には妥当しない。また我が国には前王朝、前々王朝の子孫を国賓として処遇する制がなかった為、唐律八議の「議賓」を削除したが、そうすると「議賓」の疏にある「礼云、天子存二代之後、猶尊賢也」という「礼記」（郊特牲）の文も、当然日本律には妥当しないこととなる。

更に礼に裏づけられた性格を強くもつ唐律の条文、条項の中で日本律において削除されたと思われるものに職制律25条、同31条、名例律25条等がある。唐職制律25条には皇帝に対する上書や奏事において、また奏事の場合の口頭や他の文書において宗廟の諱を犯した罪、及び天下の民がその名や字《あざな》に宗廟の諱を犯した罪が規定されているが、日本律は本条全文を継受しなかったと思われる。また唐職制律31条は、祖父母父母等に対して礼に欠ける行為を処罰する規定であるが、その行為の中に「府号官称、犯父祖名而冒榮居之」（官人がその出仕する官庁名や在任する官職名に自己の父祖の名があるにも拘らず、その官庁、官職に出仕、在任する行為）が存する。しかし日本律同条では、この条項は削除されている。右と関連して唐名例律20条では、上記の行為は免所居官（有品者に対して、とくに併科される刑事処分）に該当するが、日本律同条では免所居官に該当する行為から、この条項も削除されている。そうすると唐職制律25条疏が宗廟の諱を犯す罪に関して、「嫌名」（諱と発音が類似していても文字や意味が異なること）や「二名偏犯」（諱が二字の場合、その一字を犯すこと）を無罪として、その根拠に引用する「礼云、禹与雨、……」や「孔子母名徴在、……」等の「礼記」（曲礼上）鄭注の文は、当然ながら日本律には妥当しないことになる。

次に唐職制律8条は、国家の大祀（中祀・小祀）に当って、担当官がその運営の手続きや準備におち度があった場合の罪を規定するが、日本律同条も同様である。しかし、その大祀の際の祭祀の対象やその祭式の内容は、唐と日本とでは大きく異なっていたと思われ、唐律同条の本文「牲牢玉帛之属、不如法、杖七十」、その疏「称之属者、謂黍稷以下、不依礼令之法、一事有違、合杖七十」は、養老律では本文「幣帛之属、不如法、杖六十」、その注「謂、不依常典、一事有違者」に改められている。この唐律の疏にある「礼令之法」とは、「礼」は唐礼（「大唐開元礼」巻一序例上）、「令」は唐の祠令を指すと思われるが、日本律の「常典」が何を指すのかは明らかではない。周知の如く日本では「礼」は編纂されず、唐の顕慶礼が日本に将来されたのは天平七年（七三五）といわれるから、日本律の「大祀」は、その名称は唐律と同一であったとしても、その祭祀の内容は、中国と伝統を異にする我が国固有の神祇信仰に基づき、礼の裏づけの稀薄なものであったと思われる。右と関連して唐職制律11条は、主司が宗廟のまつりである享の担当者に喪中にある者を任命した場合の罪を規定するが、日本律ではこの条文も継受していない。従って唐律同条の疏に見える「礼云、唯祭天地社稷、為越紼而行事」（天地社稷のまつりは国家の大事であるから、私家の喪は避けず、これを行なう）という「礼記」（王制）の文は、日本律には妥当しない。

また唐律に屢々現われる五服制は、いうまでもなく礼と極めて密接な関係を有するものである。この中国の親族組織を前提としてつくられた唐の服制は、当時の我が国にはなじみにくいものであり、日本律令の制定者は唐の五服制のもっていた二つの機能、即ち喪制としての本来の機能と律の基礎にある、親族組織の段階区分としての機能とを分離し、前者は喪葬令服忌条、後者は儀制令五等親条として規定したといわれる。(6) 従って唐名例律7条「議親」の疏の引用する、本注「袒免」を説明する「礼記」(大伝)や「小功之親」を説明する唐礼(「大唐開元礼」、巻百三十二凶礼)等の文は、日本律に直接には妥当しないことになる。

以上、唐の律疏に見える礼の引用文の中で、日本律にそのままでは妥当しないものとして内乱、議賓、避諱、祭祀、服制等に関するものがあることを指摘した。しかし上記の諸制に関する礼の引用文は、日本律に直接妥当しないとはいうものの、それが日本律の解釈や適用にとって大きな意味をもつことがあるのである。例えば前述の如く唐職制律30条疏の問答では、律文には親族の喪を聞きながら直ちに挙哀せず、その後、日をえらんで挙哀した場合の罪について明文を欠く為、疏は「礼記」(閒伝)の文を引用して斬衰、齊衰、大功、小功・緦麻の喪では、それぞれ哀哭の声音に差異のあることを述べ、そこからそれぞれの親族の喪における当該行為の罪の量刑を導き出している。右に対し日本律同条の注文では、唐律の問答を平叙体の文に改め、上記の罪を二等以上の親族の喪の場合は不応為罪の重を、三等の親族の喪の場合はその軽を科し、四等以下の親族の喪の場合は無罪とするが、唐の律疏のように「礼記」の文が引かれていないから、何故それぞれにそのような罪が科せられるのか、その理由は全く不明である。日本律におけるその理由を明らかにする為には、先ず二等親以上を唐律の期親以上に、三等親を大功に、四等親以下を小功以下にあてはめ、次にそれらの唐の親族の喪の場合に科せられる量刑の差が「礼記」に記された挙哀の礼法に基づくことを説明しなければならない。即ち上記日本律注文に記された量刑(結論)を導き出す為には、唐の服制と「礼記」の文とを法源(前提)として二段階の推論の操作を必要とするのである。

また日本律八虐の「悪逆」には、「夫」及び「夫之父母」を殺す罪が「悪逆」に該当する罪の中に含まれるが、日本律では「夫」についての定義や説明は全く為されていない。処が唐律本条疏の問答では、この「夫」について説明し、「礼」（「儀礼」士婚礼、「礼記」曾子問）の文を引いて「三月廟見」（結婚後、三ケ月を経て新妻が夫の家の家廟に詣でる儀式を済ませた場合）、「未廟見」（結婚後、新妻がまだ上記の儀式を済ませていない場合）、「就婚」（新妻の輿入れの行列が実家を出てから夫の家に到着するまで）の三種の夫は、これを本条の「夫」として扱い、単に「吉日」（新妻の輿入れの日どり）を定めただけの夫や「定婚」（婚約）中の夫は、本条の「夫」には該当せず、それは「凡人」として扱うとしている。(7)

もとより当時の日本に「廟見」等の儀式があったとは思われないが、日本律適用の段階で、この「夫」の定義が問題となった場合には、必ずや右の唐の律疏やそれに引かれる礼の文に立ち戻って、それを参考としながら、法的な決定が為されたであろう。前掲職制律8条における国家の祭祀の運営・管理に関する規定においても同様であって、この条文の解釈・適用に疑義が生じた場合には、やはり唐の律疏や礼の文に溯って、そこに打開の道を探った筈である。

このように考えるとき、唐の律疏の文やそれに引かれる礼の文が、たとい日本律に直接には妥当しないものであったとしても、それに関する知識は日本律の運用にとって欠くことのできないものであったと思われる。

むすび

繰り返し述べるように日本律は「律」であって「律疏」ではなかったから、唐の律疏に屢々引用される礼典の文は、多くはこれを省略、もしくは削除せざるを得なかった。しかし以上考察したところから日本律の運用に際して礼のもつ意義は頗る大きなものがあったといわねばならない。

そもそも唐律は礼と一体であり、礼をその基本原理として制定されたという建て前をとっているから、それを継受した日本律とても礼を無視しては十全には機能せず、礼と切り離しては成立し得ないものであった。そうすると礼の引用の少ない日本律の欠缺を補う為に必要な文献としては、先ず唐の律疏が挙げられ、次に礼を直接記した唐礼や経書そのものがそれに当るとしなければならない、すでに日本律においては、唐の律疏中にある問答体の文は悉く平叙体の文に改められ、その為に「比附」や「因准」等の法解釈上の専門的な技術・技法に関する記述は大幅に削除、省略されたから、律令法曹たる明法官人がそれを修得する為には是非とも唐の律疏について学習しなければならなかったのである。(8) そのことは礼のもつ法的機能の学習においても全く同様であった。とりわけ律条に明文規定なき場合、礼を法源として、その中に法適用上の正当性の根拠を求めるという法技術は、明法官人にとって最も重要なものであったに違いない。官吏養成機関たる大学寮に学ぶ明法試志望の学生にとっても、三礼を含む経書の学習が律令の学習よりも先ず第一に重んじられた(9)のは、礼のもつ法的機能の学習が律令運用にとって必須のものであったからに他ならない。本稿では日本律制定時において、すでにそれが想定されていたことを日本律そのものの中から確認するに止め、日本律令の運用に当って、礼に関する知識が実際どのように援用され、それが我が法学史の上にどのような意義を有したかという問題に関しては、今後の課題としたい。

註

（1）表中の唐の律疏に引かれる「礼」の典拠については、律令研究会編『譯註日本律令五～八』（唐律疏議譯註篇一～四、昭和五十四年、五十九年、六十二年、平成八年、東京堂出版）を参照した。

（2）唐名例律30条の解釈については、律令研究会編『譯註日本律令五 唐律疏議譯註篇一』（滋賀秀三執筆、昭和五十四年、東京堂出版刊）一七四頁以下参照。

（3）拙稿「日本律編纂の意義について」小林宏編『律令論纂』所収（平成十五年、汲古書院）（本書第一巻所収）参照。

（4）前掲拙稿一〇頁（本書第一巻二〇二頁）参照。

（5）前掲『譯註日本律令五』六〇頁以下。
（6）吉田孝「「律令国家」と「公地公民」」『律令国家と古代の社会』所収（一九八三年、岩波書店）四三頁。
（7）「廟見」、「就婚」等については、前掲『譯註日本律令五』三九頁以下参照。
（8）前掲拙稿参照。
（9）早川庄八「奈良時代前期の大学と律令学」『日本古代官僚制の研究』所収（一九八六年、岩波書店）参照。

第九　日本律における妾の地位
——唐律との比較から——

一　緒　言

奈良・平安時代における家族の構成員としての妻及び妾の実態については、いわゆる女性史の立場からも、すでに多くの研究が為されている。我が古代における妻と妾の実態、両者の関係等は極めて興味ある問題であるが、それらを考察する前に、そもそも日本律令において妾の地位は妻に比べて、どのように規定されていたのであろうか。筆者は、それに関する最近の研究をまだ十分に捕捉していないが、今、手元にある一九七六年、岩波書店発行の『日本思想大系3　律令』をみると、儀制令25五等条の「妾」についての注釈は、「正妻に次ぐ地位の妻。次妻。……中国社会における妾よりは社会的地位は高い」（三五〇頁）とされ、また戸令27先奸条の補注では、滋賀秀三氏の説を引いて、「中国の家族法では、妻と妾は明確に区別されており、……妻が婚礼をもって聘せられるのに対して、妾は売買に通ずるものとして観念されていた。ただ妾もそれなりに制度的に認められた一種の家族身分である点では、秘密の情交関係、即ち姦とは区別されていた」とし、「日本の律令も、唐律令の妻妾の区別をそのまま継受しているが、現実には妻と妾の区別は明確でなかった」（五六四頁）と記されている。

次に日本律令における妾制研究の専論ともいうべき関口裕子氏の「律令国家における嫡妻・妾制について」（『日本古代婚姻史の研究　下』に「附論Ⅰ」として収録。一九九三年、塙書房刊）では、養老律令における妻妾の規定を唐律令におけるそれと対比して、凡そ次のように述べられている。即ち養老律においては妻妾の地位は厳然たる差別が貫かれており、妾は正式の家族員としての地位を認められておらず、それは殆ど唐律を引き写したものである。養老令においても、妻の離婚事由として「七出」等が規定されているのに対し、妾の離別は全く夫の恣意にゆだねられ、「義絶」に当る罪が発生したときも、官司はその処罰と夫妻の離婚を命ずるが、「義絶」には妾及びその親族は一切規定されていない。また夫は妻の為には三月の服紀があるが、妾のためには無服であり、これらの養老令の規定も唐令や唐礼を引き継いだものである。しかし他方、養老令においては、唐令とは異なる妻妾同一の規定ないし思想が同時に存在しており、妾を妻と共に二等親とし、妾にも財産の相続分が認められている。これらの令の規定は当時の妻妾未分離の状態を反映しているものである。なお日本律令に嫡妻・妾制が導入されたのは、蔭位に関する嫡子・庶子制と関係があり、両者はいわばセットとして、唐制から持ちこまれたものであると。

以上の思想大系『律令』や関口氏の見解について、筆者もその大筋においては賛意を表するものであるが、従来の日本律令における妾制の研究は、養老律の大半が亡佚したこともあってか、養老令における研究が主であって、養老律による研究は、専ら「唐律の引き写し」という以上に余り出ていないように思われる。確かに唐律において妾の規定が多く認められるのは、その戸婚律や闘訟律であって、それらに相当する日本律が散逸していることは、日唐妾制の比較研究を頗る困難なものにしている。しかし数少ない逸文史料といえども、それらを整理して再検討するならば、或は日本律令における妾制の問題点を明らかにし得て、日唐妾制の比較研究に幾分なりとも資するものがあるかも知れない。果して「日本の律令も、唐律令の妻妾の区別をそのまま継受している」、「養老律においては妻妾の地位は厳然たる差別が貫かれている」といえるかどうか、以下、史料に即して検討を加えたい。

二　八虐条における妻妾の規定

すでに周知の事実であるが、初めに養老律の八虐条における妻と妾の規定について確認しておきたい。

八虐に該当する罪には、妻が関与することはあっても、妾は関与しない場合がある。即ち父母の喪中に男子が妻を娶る行為は、八虐中の「不孝」に該当するが、妾を娶る行為は免所居官に処せられるけれども、「不孝」には該当しない。同じく父母の喪中に女子が改嫁して妻となる行為は、「不孝」に該当するが、改嫁して妾となる行為は、「不孝」には該当しない。また夫の喪中に妻が改嫁して他人の妻となる行為は、八虐中の「不義」に該当するが、改嫁して他人の妾となる行為は、「不義」には該当しない。更に夫が妻を殺す行為は、八虐中の「不道」に該当するが、妾を殺す行為は、「不道」には該当しない。

以上の妻と妾に関する八虐条の諸規定は、唐律の十悪条の諸規定と同じである。（但し妻を殺す行為は、唐律では「不睦」に該当する。）唐律の十悪条において、このように妻と妾とを厳格に区別しているのは、唐戸婚律29以妻為妾条の疏に、「妻者斉也、秦晋為匹、妾通売買、等数相懸」、同30居父母夫喪嫁娶条の疏に、「妾既許以卜姓為之、其情理賤也、礼数既別」とあるように、妻が夫と同格の地位をもつのに対し、妾は本来微賤の身分に過ぎないという礼的秩序の維持が考慮されているからである。そうすると前掲八虐条の諸規定をみる限り、日本律もまたその導入を志向しているといえよう。

但し、ここで注意しなければならないのは、十悪のもつ法的効果である。その効果の大凡は、(1)皇族・高官およびその親族等が享受する議・請・減の特典から、十悪に属する犯罪は除外せられること、(2)官爵ある者が十悪を犯したとき除名に処せられること、(3)十悪に当る死罪は、老親の扶養の問題を考慮することなく刑を執行せられることである。(1)しかも以上から十悪は、主として官爵を有する特権階級の人びとに関わりをもつものであり、彼等はまた名教の維持を強く期待される人びとでもあったといわれている。(2)上記の唐律の諸規定にみられる十悪の法的効果は、養老律の八虐においても悉く継受されている。

また皇族および高官とその一定範囲の親族に与えられる刑法上の特典、請・減・贖の諸規定において、その親族には何れも妻は含まれるが、妾は除かれている（養老名例律9・10・11条）。更に五位以上の官の妻は、八虐を犯すも、流罪以下の罪は夫の蔭による贖が許されるが（同名例律10条。但し不孝流等を除く）、五位以上の官の妾は、八虐を犯せば夫の蔭による贖は許されない（同名例律13条）。これらの養老律にみえる有位者の妻と妾に対する特典の有無も、やはり唐律をそのまま継受したものである。

このように妻と妾に関して、日本律が唐律の十悪のもつ法的効果や請・減・贖等の刑事上の特典の有無をそのまま継受したことは、日本においても官位を有する階級の人々に対しては、妻と妾とを厳格に区別し、その処遇を異にする意識をもつことが強く求められたからであろう。

三　日唐律における妾制の比較（その一）

以上は、八虐や請・減・贖等の、主として有位者と関わりのある養老律の諸規定についてみて来たのであるが、それでは妻と妾に関する律の一般的な諸規定についてはどうであろうか。

先ず唐戸婚律29以妻為妾条は、妻と妾との区別を厳格に維持すべきことを規定した条文であるが、養老律においても、それは継受されている。（以下、日本律の復原は、律令研究会編『譯註日本律令　二・三 律本文篇上・下巻』昭和五十年、東京堂出版刊に拠る。）しかし唐律では妻を以て妾とする行為は、その罪を徒二年とするが、養老律では徒一年であって、養老律では唐律よりも二等減軽されている。（妾を以て妻とする行為は、唐律ではその罪を徒一年半とするが、日本律の逸文は未発見。）

次に唐戸婚律30居父母夫喪嫁娶条は、父母及び夫の喪中にあって嫁娶する行為を処罰する規定であり、前述の十悪にも関係するが、(1)父母の喪中に男子が妻を娶れば徒三年、妾を娶れば徒一年半、(2)父母及び夫の喪中に妻や女が出嫁して他人の妻となれば徒三年、他人の妾となれば徒一年半である。養老律では、上記の量刑は、(1)(2)ともに徒二年（妻を娶り、または妻となる場合）、及び徒一年（妾を娶り、または妾となる場合）である。即ち、この場合、喪中に男子が妻を娶る罪と妾を娶る罪との量刑の差、及び喪中に妻・女が出嫁して妻となる罪と妾となる罪との量刑の差は、何れも唐律が三等であるのに対し、養老律は二等であって、その差は唐律よりも養老律の方が小さい。

また唐戸婚律38和娶人妻条は、妻妾の売買を禁ずる規定であるが、妻の売買は前夫、後夫ともに徒二年、妾の売買は同じく徒一年の罪となり、何れも前夫、後夫双方から離別される。養老律も唐律を殆どそのまま継受しているが、その量刑は妻の売買が徒一年半、妾の売買が徒一年である。即ち養老律の量刑は、妻に関しては唐律よりも一等減であるが、妾に関しては唐律と同じであって、妻と妾の売買の量刑の差は唐律が二等であるのに対し、養老律は一等である。やはりその差は、日本律の方が唐律よりも小さいことが注意される。

以上、極く僅かな事例ではあるが、妻に関する律の可罰的行為の量刑と妾に関するそれとの差は、養老律は唐律よりも縮小しており、そのことは日本律では唐律よりも妻と妾の法的地位の差がゆるく考えられていたことを示唆するものであろう。

四　日唐律における妾制の比較（その二）

さて、次に掲げる諸条は、更に日本律が唐律とは異なって、妻と妾とを全く同一に論じている事例として注目に値するものである。従って律文を引用しながら、やや詳しくみて行きたい。

(1)　賊盗律47略売期親（売二等）卑幼条

本条は卑幼の親族を売って奴婢とした場合の処罰規定である。先ず唐律を次に掲げよう。

諸略売期親以下卑幼為奴婢者、並同闘殴殺法、無服之卑幼亦同、即和売者、各減一等、其売余親者、各従凡人和略法、

疏議曰、……無服之卑幼者、謂己妾無子、及子孫之妾、亦同売期親以下卑幼、従本殺科之、故云亦同、仮如殺妾徒三年、若略売亦徒三年之類、……

問曰、売妻為婢、得同期親卑幼以否、
答曰、妻服雖是期親、不可同之卑幼、故諸条之内、毎別称夫、為百代之始、敦両族之好、本犯非応義絶、或準期幼之親、若其売妻為婢、原情即合離異、夫自嫁者、依律両離、売之充賤、何宜更合、此条売期親卑幼、妻固不在其中、只可同彼余親、従凡人和略之法、其於殴殺、還同凡人之罪、故知売妻為婢不入期幼之科、

唐律では妾を売って婢とした場合、妾（無子の妾）は無服の卑幼であるから、期親以下の卑幼を略売した場合と同じく妾を闘殴殺した罪を以て論じられる。従って妾を売って婢とした罪は、妾を闘殴殺した罪と同じく徒三年となる。しかし妻を売って婢とした場合は、上記問答の文により妻は「期親卑幼」に準じられず、「余親」として扱われるから、結局、「凡人和略法」（賊盗律45条）に従い、その罪は絞となる。以上から唐律では、妾を売って婢とした罪は、妻を売って婢とした罪から二等減軽されることになる。

それでは養老律はどうか。以下にその本文を掲げることとする。

凡売二等卑幼及兄弟孫外孫為奴婢者、徒二年半、子孫者、徒一年、即和売者、各減一等、其売余親者、各従凡人和略法、

処で養老律では前掲唐律の問答を次のように改めている。

其売妻妾為婢者、妻妾雖是二等、不可同之卑幼、故諸条之内、毎別称夫、本犯非応義絶、或准二等之幼、若其売妻妾為婢、原情即合離異、夫自嫁者、依律両離之、売之充賤、何宜更合、此条売二等卑幼、妻妾固不在其中、只可同彼余親、従凡人和略法、其於殴殺、還同凡人之罪、故知売妻妾為婢不入二等幼之科、

養老律では唐律の問答を論述体の文に改め、且つ「妻」の他に更に「妾」を追加している。（但し、その為か唐律の「為百代之始、敦両族之好」を削除。）そうすると、養老律では妾を売って婢とした場合、妻を売って婢とした場合と同

様、妾は「二等卑幼」に準じられず、「余親」として扱われるから、「凡人和略法」（賊盗律45条）に従い、その罪は遠流となる。

唐律と比べて、ここに注意すべきことが二つある。その第一は養老律では唐律と異なって、妻を売る罪と妾を売る罪とが区別されていないことである。その第二は上記の結果、妻を売って婢とする罪が唐律では絞であり、養老律では遠流であって唐律より一等減軽されているにも拘らず、妾を売って婢とする罪は、唐律では徒三年であるのに対し、養老律では遠流となって、逆に養老律では唐律より三等も加重されていることである。周知のように律の可罰的行為に対する量刑は、日本律は唐律よりも一等ないし数等減軽されるのが通例であることを思えば、上記の妾に関する罪の量刑は、極めて異例のことであるといわざるを得ない。

なお賊盗律47条と関連するのが次条の同48知略和誘和同相売条である。本条は良人・賤人を売る事情を知りながら、それらを故買する行為を処罰する規定である。唐律本文では「知祖父母父母売子孫及売子孫之妾若己妾而買者、各加売者罪一等」として、祖父母父母が子孫もしくは子孫の妾を、或は他人が自己の妾を売ることを知って故買したものは、売るものの罪に一等を加重している。唐律で一等を加重した理由は、疏に「若知祖父母売子孫以下、得罪稍軽、故買者加売者罪一等」とあるように、祖父母以下の売るものの罪が一般の「略和誘」における売るものの罪に比べて軽い為である。

処が養老律本文では「知祖父々母々売子孫買者、各加売者罪一等」とあって、唐律に存する「及売子孫之妾若己妾」という文がみえない。養老律でこの文を削った理由は、前条によって子孫の妾及び自己の妾を売って婢とする罪が唐律に比べて重かったから、一等を加重する必要がなかった為であろう。即ち前述の如く自己の妾を売って婢とする罪は、唐律では徒三年、養老律では遠流であって、養老律は唐律より三等も重い。それでは子孫の妾を売って婢とする罪はどうか。唐律では、その罪は子孫の妾を闘殺する罪に同じくするから徒二年である（闘訟律29条）。養老律では子孫の妾を売って婢とする罪は判然としないが、子の妾が二等親、孫の妾が四等親に準じられるとすれば（後述）、両者とも賊盗律47条の「余親」の中に入り、それらを売れば「凡人和略法」によって処罰されることになる。もし子孫の妾が二等親、四等親に準じられないとしても、その場合、それらは「凡人」として扱われることになるから、やはり子孫の妾を売る罪は「凡人和略法」に従い、自己の妾を売る罪と同じく遠流となる。そうすると子孫の妾を売る罪については、養老律は唐律に比べて更に五等も重いこととなる。従って養老律では子孫の妾、自己の妾を売る情を知って、それらを故買する罪は、故買罪の原則（賊盗律本条）が適用されて、売るものの罪から一等を減軽されたことと思われる。

(2)　闘訟律24殴傷妻妾条

本条は夫が妻妾を殴傷もしくは殴殺した場合の処罰規定である。先ず唐律を次に掲げよう。

諸殴傷妻者、減凡人二等、死者以凡人論、殴妾折傷以上、減妻二等、

疏議曰、妻之言齊、与夫齊体、義同於幼、故得減凡人二等、死者以凡人論、合絞、以刃及故殺者斬、殴妾非折傷無罪、折傷以上、減妻罪二等、即是減凡人四等、若殺妾者、止減凡人二等、

唐律では夫が妻を殴傷した場合は、凡人を殴傷した罪より二等を減軽され、夫が妻を殺した場合は、凡人と同じく論じられる。即ち殴殺は絞、故殺は斬となる。しかし夫が妾を殴っても、折傷以上でなければ無罪であり、折傷以上は妻の場合より二等を減軽される。また夫が妾を殺した場合も、妻を殺した罪より二等を減軽されるから、殴殺、故殺ともに徒三年となる。

次に日本律本条の規定であるが、養老律は以下の如く復原されている（括弧内は唐律の疏に当る注。以下同じ）。

（凡）殴傷妻者、減凡人二等、死者以凡人論、（死者以凡人論、合絞、以刃及故殺者斬、）

以上から養老律の妻に対する規定は唐律と変りはない。それでは妾を殴傷、または殺害した場合の規定はどうか。利光三津夫氏は、「類聚国史」巻八七の天長六年（八二九）十一月丁亥条の記事から妾を殺した場合、死罪から一等を減じて遠流に処せられた事例を紹介され、養老律では妾の殴殺は、唐律と異なって死罪であったことを示唆されている。(3) その後、川北靖之氏は前掲養老賊盗律47条の疏に当る文「妻妾……其於殴殺、還同凡人之罪」から、妾の殴殺は妻の殴殺と同じく凡人の殴殺を以て論じられ、その罪は絞であろうと推測された。(4) 妾の殴殺の罪が絞であるとすれば、その故殺の罪が斬であることはいうまでもない。

上記の推測は、更に養老名例律18除名条の疏に当る文からも傍証されよう。即ち唐名例律同条の疏は、その本文の「故殺」を説明して、「其故殺妾及旧部曲奴婢、経放為良、本条雖罪不至死、亦同故殺之例」と述べている。この文は、妾を故殺した場合、及び以前部曲・奴婢であって、その主が解放して良民としたものを旧主が故殺した場合、何れもその罪は死刑に至らないが、それを本条では、やはり「故殺」として扱うことをいったものである。しかるに養老律では、この唐律の疏に当る文には、「其故殺旧家人奴婢、経放為良、本条雖不至死、亦同故殺之例」とあって、唐律の疏にある「妾及」の二字がみえない。恐らく養老律では妾を故殺した場合、その罪が死刑に相当する為、これを削除したのであろう。以上あげた諸事例から、養老律では妾を殺害した場合は、妻を殺害した場合と同じく凡人の罪を以て論じられたと推断して、ほぼ誤りないと思われる。但し妾を殴傷した罪が妻の場合と同じであったか、また妻の場合よりも何等か減軽されたかどうかは明らかではない。

以上の推測にして誤りなければ、我々は本条から次のことを指摘することができよう。即ち唐律では妻を殺す罪と妾を殺す罪とは明確に区別されていたのに対し、養老律では両者は同じく扱われ、それは凡人の罪を以て論じられたこと、その結果、妻を殺す罪に対する量刑は日唐ともに同じであるが、妾を殺す罪は唐律では徒三年であったのに対し、養老律では闘殺は絞、故殺は斬となって、その量刑の差は、養老律では唐律よりも四等もしくは五等も加重されていることである。（但し妻の殺害は、八虐中の「不道」に該当するが、妾の殺害はそうではない。）

(3)　闘訟律46告緦麻（五等四等）卑幼条

本条は卑幼の親族を告言または誣告した場合の処罰規定である。先ず唐律を次に掲げよう。

諸告緦麻小功卑幼、雖得実、杖八十、大功以上、遞減一等、誣告重者、期親減所誣罪二等、大功減一等、小功以下、以凡人論、

疏議曰、……

問曰、女君於妾、依礼無服、其有誣告、得減罪以否、

答曰、……其妻雖非卑幼、義与期親卑幼同、夫若誣告妻、須減所誣罪二等、妻誣告妾、亦与夫誣告妻同、即誣告子孫外孫子孫之婦妾及己之妾者、各勿論、

疏議曰、誣告子孫外孫子孫之婦妾者、曾玄婦妾亦同、及己之妾者各勿論、其有告得実者亦不坐、……

唐律では卑幼の親族を誣告した場合、緦麻・小功、大功、期親によって、それぞれ上記の罪が科せられるが、子孫、外孫、子孫の婦妾及び自己の妾を誣告しても無罪である。なお唐律では夫が妻を誣告すれば、妻は期親の卑幼と同様に扱われ、誣告罪から二等を減軽されることに注意しておきたい（唐律問答）。

次に養老律本条の規定であるが、それは以下の如く復原されている。

（凡）告五等四等卑幼、雖得実、杖六十、三等以上、逓減一等、誣告重者、二等親減所誣二等、三等親減一等、四等以下親、以凡人論、即誣告子孫外孫子孫之婦者、各勿論、（誣告子孫之婦者、曾玄亦同、……）

養老律本文では、唐律の緦麻、小功、大功、期親をそれぞれ五等、四等、三等、二等の親とし、五等四等の卑幼を告言して、事実であった場合でも、その罪を唐律より二等減じて杖六十としている他は、唐律とほぼ同文である。但し、唐律の「子孫之婦妾及己之妾」が養老律では「子孫之婦」とあって、唐律に存する「（子孫之）妾及己之妾」がみえない。上記の文が養老律の伝写本の脱文ではなく、養老律原文において削除されたものであることは、養老闘訟律56教令人告事条の逸文においても、「既上条、祖父母々々誣告子孫外孫子孫之婦、各勿論」（「孫」は意補）とあることから疑いない。唐律に存する前記文言が養老律において削除されたとすれば、養老律では「子孫之妾」及び「己之妾」を誣告した場合は、唐律と異なって、その祖父母父母や夫は無罪にはならなかったことになる。

それでは「子孫之妾」および「己之妾」を誣告した場合、養老律では、どのような罪が科せられたのであろうか。先ず「己之妾」であるが、妾は妻と並んで養老儀制令25五等条では二等親であるから、妾を二等の卑幼として本条をそのまま適用するとすれば、妾を誣告する罪は杖六十から二等を減じて笞四十となり、杖七十以上の妾の罪を誣告すれば、誣告した罪から二等を減じられることになる。次に「子孫之妾」であるが、前記養老儀制令には子の妾、孫の妾はみえていない。しかし同条義解には「子妾尚為二等」（国史大系本『令集解』七三二頁）とあり、同条集解所引の釈説の問答には、「孫之妾入四等」（国史大系本七三一頁）とある。恐らくこれらの諸説は、儀制令同条に妻と妾が何れも二等親にあげられていることから類推して、同条に「子婦」が二等親、「孫婦」が四等親であることに倣って、子の妾も二等親、孫の妾も四等親としたものであろう。上記の諸説により子の妾を二等親とすれば、子の妾を誣告する罪は前述の「己之妾」を誣告する場合と同じ罪となり、孫の妾を四等親とすれば、孫の妾を誣告する罪は杖六十となり、杖七十以上の孫の妾の罪を誣告すれば、凡人を以て論じ反坐の刑が科せられることになる。

しかし養老律本条が唐律を継受するに当って、前記の「子孫之婦」をそのままにして、「(子孫之) 妾」を削った理由は不可解である。即ち養老律において、祖父母父母が子孫の婦(妻)を誣告しても無罪であるのに対し、子孫の妾を誣告すれば、上記の如くそれぞれ科罰されるとすれば、それは自己の妾を誣告する罪を自己の妻を誣告する罪と同一に扱って共に誣告した罪から二等減とする養老律の規定と整合性を欠くこととなる。養老律の立法趣旨からすれば、子孫の妾は子孫の婦と同じく、それを誣告しても無罪とする方が自然であろう。恐らく養老律撰者は唐律本条を継受するに際して、「己之妾」を削除することに引かれて、「(子孫之) 妾」も亦、誤って削除したのではなかろうか。そうであるとすれば、これも日本律の枘鑿の一つに数えられるであろう。

以上縷々述べて来たが、本条に関しては次の如く要約されよう。即ち唐律では夫が妻を誣告すれば、誣告した罪から二等を減じて科罰されるが、妾を誣告しても無罪である。これに対し養老律では夫が妻を誣告すれば、唐律と同様、誣告した罪から二等を減じられるが、妾を誣告した場合も、唐律と異なって無罪とはせず、恐らく妻を誣告した場合と同じ罪が科せられたことと思われる。

なお本条と関連する規定に前記闘訟律56条がある。この条文は、唐律では「即教令人、告緦麻以上親、及部曲奴婢告主者、各減告者罪一等、被教者、論如律、若教人告子孫者、各減所告罪一等、(雖誣亦同、)」とあり、養老律逸文も唐律の「緦麻以上親」が「五等以上親」、「部曲」が「家人」とされている以外は、唐律とほぼ同文である。唐律本条によれば他人を教唆して、その子孫を告言もしくは誣告せしめたものは、その罪から一等を減じられるが、本条の疏によれば他人の教唆をうけて、子孫、外孫、子孫の婦妾、自己の妾を誣告したものは無罪である。しかし前述の如く養老律本条の疏に当る文には、「(子孫之) 妾」と「己之妾」が削除されている。従って養老律では、他人に教唆されて子孫の妾と自己の妾を誣告したものは、本条に「被教者、論如律」とあるから、やはり闘訟律46条によって科罰されることになろう。

五　日唐律おける妾制の相違点

　限られた史料によるものではあるが、以上考察したところからすれば、妻と妾とを厳格に区別するという考えは、日本律にも基本的には導入されたようである。それが最も典型的に現われているのは、八虐条や名例律の請・減・贖条等の規定であった。しかし妾の法益を侵害する行為に対して科せられる量刑という視点からすれば、養老律は唐律よりも妻と妾の差を縮小し、妾の地位を妻に近づけているといえよう。とりわけ妾の重大な法益を侵害する行為に関しては、養老律では妻と区別することなく同等に科罰されている。即ち夫が妾を婢として売却する行為、夫が妾を殺害する行為、夫が妾を誣告する行為等に対する量刑は、唐律とは異なって、何れも妻に対する場合と変りはなかったと考えられる。

　なお社会統制上の規範としての律の機能からみて、養老律が妻と同様に妾の法益を保護しているのは以上の事例に止まらない。養老儀制令25条によれば、妾は妻と共に二等親とされている。この儀制令の規定は、養老律にも、そのまま適用された。即ち前掲養老賊盗律47条の疏に当る注文には、「妻妾雖是二等、不可同之卑幼、故諸条之内、毎別称夫、本犯非応義絶、或准二等之幼」（妻妾は二等親ではあるけれども、本来卑幼と同じくすべきではない。故に律の諸条文においては、夫と同格の地位を有するが、もし妻妾が義絶の如き罪を犯したのでなければ、夫にとって妻妾は二等の幼の親族に準ずることができよう）とあって、この文は唐律の疏文とほぼ同一であるが、唐律の疏文「妻」の次に「妾」が追加されていることに注意しなければならない。

　このように養老律においては、妾は唐律と異なって妻と同格の地位を有し、「二等之幼」に準じて扱われることがあった。そうすると後述の喪服に関する規定（職制律30聞父母夫喪匿条等）を除く殆どすべての「二等親」、「二等之卑幼」に関する養老律の諸規定は、妾にも適用されることになり、養老律上の妾の地位は唐律よりも遥かに高いものであったことになる。例えば唐賊盗律13祖父母夫為人殺条は、祖父母父母、夫及び緦麻以上の親が殺されたにも拘らず、その子孫、妻及びその親族が加害者と私的に和解した場合、また期親以上の親族が殺された事実を知りながら、官憲に告言しなかった場合の処罰規定であるが、夫は妾の為には無服であるから、もし夫が妾に対して当該行為を犯しても夫は無罪である。処が養老律同条では、唐律の「期親」を「二等親」に置きかえており、しかも妾は「二等親」に入るから、もし妾が殺された場合、夫が当該行為を犯せば、夫はそれぞれ徒二年、徒一年の罪となる。

　そうすると、妻と妾とを厳格に区別する八虐条や請・減・贖条等の養老律の規定は、有位者に対して、とくに名教を維持せしめる為に設けられたものであり、社会統制上の規範としての養老律の一般的な機能は、むしろ妻と妾との差をできるだけ縮めようとするものではなかったであろうか。養老律において妻を殺害する行為も、妾を殺害する行為も、その量刑はともに死刑とされているにも拘らず、妻を殺害すれば、八虐の「不道」に該当し、一方妾を殺害しても、それには該当しないという事例は、それをよく示しているといえよう。即ち日本律では、有位者にとって妾の法益に対する重大な侵害行為は妻の法益に対するそれとは異なって、有位者本人及びその親族が享受する刑事上の特典は剥奪されることがないから、有位者に対しては妻と妾とを厳格に区別する意識をもつことが必要とされるが、一方、無位の庶民にとっては、その法益の重大な侵害行為に対する量刑は、妻と妾とで殆ど差はなかったから、妻妾の区別は有位者ほどには厳しく求められないことになろう。また養老律における「二等親」の規定が殆どすべて妾にも適用されて、その法益が唐に比べて格段に保護を受けるという事実は令を参看して初めて知ることができるのであり、律には殆ど現われていないのである。そこにも我々は、形式や体裁を重んずる日本律撰者の立法技術をうかがうことができよう。

以上述べたところは、主として唐律との比較の上から養老律の妾の地位についてみて来たのであるが、それでは大宝律においては、どうであったであろうか。戸令集解31義絶条（国史大系本三一〇頁）には、古記の引く「一云」に「本令、妾比賤隷、所以不載、此間妾与妻同体、宜臨時量也」とあって、唐令では妾は賤隷に比せられるから義絶条の対象にはならないが、我が国の妾は妻と同体であるから、妾を義絶条の対象とするかどうかは情況によって適宜判断を下すべきであると述べている。上記の「此間妾与妻同体」の文言は、我が国の妾の実態を述べたものではなく、「此間」は「此間令」の省略であって、(5) 大宝令においても妾を妻と同等に扱う規定の多かったことを意味すると思われるから、古律と新律とで、その事情は余り変りはなかったであろう。

六　日本律における妾制の問題点

以上述べたように日本律の法文の上においても、妾の地位は唐律と異なって、それより遙かに高いものがあったと思われるが、養老律の全文が伝存していないこともあって、その地位はなお不明な所が多い。最後にそれに関する若干の問題点を指摘しておきたい。

その一つは妾と家人・奴婢との身分関係である。唐賊盗律7部曲奴婢殺主条は、部曲・奴婢が主もしくは主の期親・外祖父母を殺そうと謀った場合の処罰規定である。次にそれを掲げよう。

諸部曲奴婢謀殺主者、皆斬、謀殺主之期親及外祖父母者絞、已傷者、皆斬、

疏議曰、……此謂謀而未行、但同籍良口以上、合有財分者、並皆為主、……其媵及妾、在令不合分財、並非奴婢之主、

上記の唐律本文の「主」に対する疏文、「同籍良口以上、合有財分者」とは、「戸籍上一戸であり、同居共財生活を維持している一家におけるものを言う」(6)とされ、「合有財分者」とは、「将来家産分割が行われる際に、得分を持つ可能性のある者」(7)とされている。しかし疏は、妾については、その得分を持つ可能性はないから（唐戸令応分条）、奴婢の「主」にはなり得ないと明瞭に述べている。（なお妾が部曲の「主」になり得ないことは、名例律50断罪無正条条の挙軽明重の法理からして当然である。）

さて、一方養老律同条であるが、それは以下に掲げる通りである。

凡家人奴婢謀殺主者、皆斬、（謂謀而未行、但同籍良口、合有財分者、並皆為主、……）謀殺主之二等親及外祖父母者絞、已傷者、皆斬、

上記の養老律の本文「主」に対する注文は、唐律の疏文と同じである。（但し養老律には「以上」の二字なし。養老律を是とすべきか。）しかし唐律の疏にみえる「其媵及妾、在令不合分財、並非奴婢之主」に当る文は、養老律では、これを削除している。この文の削除が養老戸令23応分条において妾にも家産の得分を認めたことと関連することについては、すでに指摘されている。(8)そうすると養老律の妾は「同籍良口、合有財分者」の要件を満たすことになるから、妾は養老律の「主」に含まれることになる。もしそのように断定してよいとすれば、養老律における妾と賤人（家人・奴婢）との身分関係は、唐律とは大きく異なっていたことになる。本条を例にとれば、唐律では部曲・奴婢が主の妾を殺そうと謀った場合、妾は「主」から除かれるから、恐らく妾は凡人として扱われ、部曲・奴婢が凡人を殺そうと

謀った罪を以て論じられたであろう。（その量刑は唐律には明文がないが、名例律47官戸部曲条の「官戸部曲、官私奴婢有犯、本条無正文者、各准良人」により賊盗律9謀殺人条の一般の謀殺人罪が適用され、徒三年、即ち加杖二百が科されるのであろう。）

然るに養老律において、もし妾が「主」に含まれるとすると、家人・奴婢が妾を殺そうと謀った場合、本条がそのまま適用され、その罪は「皆斬」という極刑が科せられることになる。本条の他にも、律には賤人とその「主」との関係を規定する条文は多いから（例えば闘訟律20、21、22、36、48、56条等）、もし養老律において妾が家人・奴婢の「主」であるとすると、それらの規定もすべて妾に適用されることとなる。しかし以上のように断定してよいかどうかは、なお疑問の残るところである。即ち養老雑律23条の逸文には、「雑律、姦父祖妻者、徒三年、注云、妾減一等、疏云、其奴及家人姦主妾及主親妾亦減一等」（「金玉掌中抄」八虐罪事書入）とあって、ここに「姦主妾」とあるからである。この逸文が養老雑律23条の疏に当る注文を正しく伝えているとすると、「主妾」は主の妾という意味であるから、養老律においても、唐律同様、妾は「主」から除かれていたことになる。（その場合、養老賊盗律7条において、唐律の疏にある「其媵及妾、在令不合分財、並非奴婢之主」に相当する文言が削除されたことは、直ちに妾が「主」に含まれることを意味しないことになる。）但し上記の雑律逸文には「主親妾」という表現など、若干曖昧なところもあり、また養老律に屢々みえる衲鑿の可能性もない訳ではない。記して後考を俟ちたい。

日本律の妾に関する、もう一つの不明な点は、妾と律の服喪の規定との関係である。唐職制律30匿父母夫喪条は親族の喪を匿して挙哀せず、またその喪中に礼に背いた場合の処罰規定である。次にそれを掲げよう。

諸聞父母若夫之喪、匿不挙哀者、流二千里、……聞期親尊長喪、匿不挙哀者、徒一年、喪制未終、釈服従吉、杖一百、大功以下尊長、各逓減二等、卑幼各減一等、

疏議曰、期親尊長、謂祖父母、曾高父母亦同、伯叔父母姑兄姉、夫之父母、妾為女君、……其妻既非尊長、又

殊卑幼、在礼及詩、比為兄弟、即是妻同於幼、

一方、養老律本条は次に掲げる通りである。

凡聞父母若夫之喪、匿不挙哀者、徒二年、……聞祖父母外祖父母喪、匿不挙哀者、徒一年、喪制未終、釈服従吉、杖一百、二等以下尊長、各逓減二等、卑幼各減一等、（聞二等尊長喪、匿不挙哀者、杖九十、……其妻既非尊長、又殊卑幼、在礼及詩、比為兄弟、即是妻同於幼、）

ここで問題となるのは、先ず養老律本条が妾に対して適用されるかどうかということである。養老儀制令25条によれば妾は妻と共に二等親とされているが、一方養老喪葬令17条によれば、妾は服紀の対象から除かれている。従って喪葬令の趣旨からすれば、夫及び夫族のものが妾の為に喪に服することはなく[9]、本条の「二等以下尊長云々」の「二等」の中には、妾は含まれないことになる。また養老律本条の疏に当る注文には、「其妻既非尊長云々」とあって、これは唐律の疏と同文であるが、妻を二等の卑幼として扱うことを述べたものである。前述の如く養老賊盗律47条の疏に当る注文には、「妻妾雖是二等、不可同之卑幼云々」とあって、「妻」の後に「妾」が追加されているが、本条の前掲文には「妻」のみ見えて「妾」は存しない。従って養老律本条では、妾は「二等」から除かれていた可能性が大であると思われるが如何であろうか。

次に唐律本条疏の「期親尊長」の説明の中にある「妾為女君」であるが、これは唐にあって、妾は「女君」、即ち嫡妻の為に不杖期の喪に服するから、妾にとって嫡妻は「期親尊長」に当ることをいったものである。それでは養老律において妾にとって嫡妻は「二等尊長」に当ると考えてよいのであろうか。また嫡妻は妾の為には無服であったと思われるが[10]、妾は嫡妻の為に如何なる喪に服するのであろうか。依然として不詳であるが、これまた後考を俟ちたい。

註

(1) 律令研究会編『譯註日本律令五 唐律疏議譯註篇一』六一頁（滋賀秀三執筆、昭和五十九年、東京堂出版）。

(2) 同上。

(3) 利光三津夫『律令及び令制の研究』一七頁以下（昭和三十四年、明治書院）。

(4) 國學院大學日本文化研究所編『日本律復原の研究』六五七頁以下（昭和五十九年、国書刊行会）。

(5) この古記所引「一云」の文は、次にあげる令集解諸説の構文と類似するから、やはり唐令と日本令とを比較して論じているものと思われる。「跡云、……案本令、応蔭勲位子者充学生、此間令臨時量耳」（国史大系本四四四頁）、「古記云、……案礼幷本令、以十六為中男、此間令、以十七為中男、即十六以下謂之孤耳」（国史大系本三一一頁）、「釈云、……唐令意、得即送所司、不得経日、此間令、立闌遺之物、五日内申所司之文」（国史大系本九三七頁）等。

(6) 律令研究会編『譯註日本律令七 唐律疏議譯註篇三』八八頁（中村茂夫執筆、昭和六十二年、東京堂出版）。

(7) 同上（滋賀秀三説からの引用）。

(8) 前掲『日本思想大系3　律令』五六九頁の補注。

(9) 喪葬令集解17服紀条には、次の如き諸説がみえている。「古記云、妻妾為夫服一年、夫為妾无報服也」（国史大系本九七一頁）、「古記云、夫為妻服三月、次妻无服也、朱云、問、妻者、未知、於妾何、額云、為妾无服者」（国史大系本九七二頁）。

(10) 註（9）に同じ。傍点参照。

第十　我が中世における神判の一考察

一　緒　言

大化前代の我が裁判手続に、事実の有無、主張の真偽等を判断する為に所謂神判（神意裁判）なる手段が用いられ、その種類として沸湯神判（盟神探湯《くがたち》）、毒蛇神判、火焔神判等が広く存在したことは、先学によって度々指摘され、すでに周知の事実となっている。

大化以後の朝廷の裁判においては、従来の神法的な手続は原則として否定され、書証、人証による合理的な律令の裁判手続がこれにとって代った。しかるに、平安時代に入って中国的な律令法が衰微すると共に、次第に我が固有法が復活し、やがて中世武家時代を迎うるや再び神法的な裁判手続が現出するに至った。参籠起請、湯起請、鬮取、村起請、落書起請、鉄火、神水等といわれるものが即ちそれである。参籠起請は鎌倉幕府の行なったものであり、或る人の事実に関する主張が真偽不明なる場合に、その者をして主張を起請文に書かしめて、一定期間、社頭に参籠せしめ、その間に於ける失（後述）の有無によって、その言の真偽を決するものである。湯起請は上代の盟神探湯の後身であって、釜中に湯を沸騰させて、その中に小石を置き、当該事実の主張者たる訴訟当事者、又は刑事々件の際の嫌疑者をして、先ず起請文を書かしめた後に、これを採り取らしめ、手の損傷の有無によって、その言の真偽を決するものである。鬮取は神前で訴訟当事者が鬮を取ることによって訴訟を決し、村起請は村内で盗犯等がある場合に、老若を除く村内の住民をして起請文を書かしめて、その失を検することによって犯否を決するものであり、落書起請は寺僧、郷民等の代表者が起請文附の無記名投票によって、犯人の何人なるかを票決する方法である。鉄火は火起請ともいって、起請文を掌上に載せ、赤熱の鉄挺を握る方法によって、その手の損傷の有無を検し、神水は誓文を書いた紙を焼いて灰と為し、水又は酒に混じて飲下し、その後の失の有無を検する方法である。(1)

このように中世の神判においても、種々なる形態が存するが、本稿においては、前記参籠起請に類する平安後期の神判に関する一資料から、我が上代末期及び中世における神判の実態を考察し、併せて大化前代とその後の神判とを比較して、その性格の異同に言及しようとするものである。

二　神判の資料

平安時代における神判の資料は竹内理三氏の編になる『平安遺文』（古文書編）全十一巻（東京堂出版、訂正版、昭和三十八年〜四十二年）を博捜すれば、そのいくつかを発見し得るであろう。例えば、天承元年（一一三一）五月十三日の筑前国把岐浦住人隆実請文（観世音寺古文書、『平安遺文』二一九六号文書、以下に示す文書番号は何れも『平安遺文』所載のものである）の文中には「被互神裁之日」（第五巻、一八八七頁）とあり、又、嘉応二年（一一七〇）閏四月十五日の僧欣西祭文案（大和国古文書、四八七一号）の冒頭には「大法師欣西敬白　謹請　神判事」（第九巻、三七七五頁）とある。前者は如何なる神の神判を受けたものか不明であるが、後者は後述の如く、大和の春日明神に神判を請うたものである。

右の二資料は何れも上代末期における神判の存在を明示する文書として興味あるものであるが、遺憾ながら右の資料から当時の神判が如何なる手続によって行なわれたものであるかは、これを明確になし得ない。しかるに、同じく『平安遺文』所収の一連の小山田文書は、当時行なわれた神判の実態を或る程度、具体的に示している点において、まことに貴重な資料というべきであろう。(2) 以下、聊か長文であるが、考察の便宜の為、その全文を掲載することとする。

第一文書（二一二七号）豊前国八幡宇佐宮撿挍珍友成解（第五巻、一八二九頁）

（端裏書）「友成」

　　「件田畠任神判証験友成可領掌、（花押）」「（裏）公基」

撿挍珍友成解　申請　宮裁事

請被任　神判証利旨、裁給母古作字巫田二段字小城垣一段子細状、

　末貞方出来度々証利

　　舅安富死去、去年十月之比、

　　窃盗會悉損取、去年十二月上旬之比、

　　乗馬死去、同比、

兄時光子死去、同月廿八日、

甥貞時子死去、今年三月上旬之比、

右、謹撿　案内、件田畠依相論、任御定蒙　神判之事、去年六月廿四日也、而於友成者、于今指無証利、於末貞者、度々証利顕然也者、任証利等旨、彼古作田畠為被紀返給言(ママ)、言上如件、以解、

大治四年三月十六日　　　　撿校珍友成

第二文書（二一五八号）宇佐宮公文所問注日記（第五巻、一八六八頁以下）

(裏端)「大工末貞勘状、友成任御判可領作之、」

公文所

問注御装束所撿校末貞訴申同撿校友成申詞記

問友成云、請被殊任道理、裁下給古作田子細状、在向野郷内字巫田内貳段并字大木垣壹所者、右件田畠、以去庚(ママ)和年之比、牛男丸與末貞令相訴申之処、被召問図師永尋之間、依陳申末貞道理、可領掌末貞之由、御判給了、何彼相論之時、有可友成領知者、彼時出来、可訴申之処、友成母依為放出子也、今父弘永死去之後処分之由愁申、令作之旨、所難堪也、於田畠所領道者、致無公験者、以手次領作之理、所令所領也、何友成年来父放出子能為男子、不知田畠令領掌之条、無其謂者、依実子細辨申如何、

友成申云、末貞訴申巫田二反畠小城垣一反事、年来相訴之間、御定云、末貞・友成相共可蒙神判之由者、神判祭文進之処、末貞方ニ出来証利、一ハ舅安富死、一ハ窃盗ニ合天悉損取、一ハ乗馬斃、一ハ兄時光か子死、一ハ甥貞時か子死者、以去年三月十六日注進之処ニ、御判云、件田畠任神判証験天友成可領掌之由者、而背御判旨、所訴申

無謂と申、（花押）
問末貞云、友成陳状如此者、子細如何、
末貞申云、友成加注申証験事無謂、甥貞時子死ハ友成と件人従父兄也、又窃盗合事、末貞合之後、友成も合候、
又時光娘死事、件女不立神判以前與利腹病之天三年と申ニ死也者、夫成国を可被召問之、安富死事証ニ不候、其故ハ
末貞加子共其数候とも指無咎、又馬斃事、友成馬毛西方より乗候ニ、宇佐川ニ鞍下天棄候ハ不証候哉、兼又寄御判於
事天、件巫田二反内号ニ傍畠散破取之條、無謂と申、（花押）
友成申云、末貞陳申條、謂不候、友成窃盗ニ合事、末貞如陳状ニ、末貞合能後也、又友成か乗馬宇佐川ニ鞍下棄由、
申無実也、件馬ハ高遠所従ニ給之後事をハ不知候事也、但末貞乍置先日証、以後日証天注申條、謂不候、其定候ハヽ、
末貞ハ水干装束ニ天御湯殿ニ参上天、清祓仕里、又無止御鏁之舌折天、政所ニ可勘申之由候と毛、未勘申候、末貞孫
死ハ証ニハ不候哉、又畠妨事ハ件巫田内（仁脱カ）天候ハ妨候也、郡司田所相共ニ、被実撿候ハむニ、顕然候歟と申、（花押）
末貞申云、去年十月之比、友成受病之由、承候ニ、友成申云、無実也、神判を蒙と依申天、友成ハ窃盗ニハ合候也、
又末貞か盗人合ハ証ニ申候ハむと天友成取候也と申、（花押）
又末貞申云、友成加母ハ、以先年之比天御炊殿一御殿御階参天、刀を腹ニ中天自害せんと仕、依天貫首宗季宿禰預了
者、故御館御任ニハ雖訴申、沙汰不候之処、当御任、此沙汰ハ申候也、父武国ハ雖無指放火殺害、依致濫行天、永
以被解却了と申、（花押）
友成申云、末貞加友成母か不能をハ、先日相訴申勘状申書了、而尚今度も同事を陳申條、謂不候、但撰須留所ニ神判
御裁定天、依証利天裁給事を重訴申之條、謂不候と申、（花押）
以前、彼此申詞、問注如件、

大治五年四月十四日

官人代日下部宿禰（花押）

辨官代漆島宿禰（花押）

中　　原（花押）

辨官宇佐宿禰（花押）

散位宇佐宿禰（花押）

散位大神朝臣（花押）

撿挍行

（裏）「於件巫田貳段・畠壹段者、依先神判証撿（験）、賜友成畢也、至于井平垣壹段者、任実撿勘文、停止友成妨、可令末貞領作之、（公基）（花押）」

第三文書（一二三五六号）　豊前国治友成田畠賣券（第五巻、一九九四頁）

撿挍治友成　ウリ進田畠事

合　椋野郷カウナ、田貳段畠一反

右件田畠治友成用々有依、所ウリ進実也、但後日沙汰也、但（ママ）如件、

保延二年十二月五日

撿挍治友成（略押）

著（ママ）男太郎（略押）

第四文書（二三五八号）　豊前国秦国門解（第五巻、一九九四頁）

本司秦国門解　申請　宮裁事

謂被蒙　鴻恩、任沽券旨、賜御判、領掌田畠子細状、

在向野郷

田貳段字巫田　畠壹段小城垣

副進渡文幷調度文書

右、謹撿案内、件田畠本主御装束所撿挍珍友成得見直、限永年所沽却也、望請　宮裁、任渡文旨、賜御(判脱カ)為領掌、言上如件、以解、

保延二年十二月十五日　　本司秦国門

（裏）「任渡文之旨、可領掌之(宇佐公基)(花押)」

第五文書（二三六〇号）　宇佐宮公文所問注記（第五巻、一九九六頁以下）

公文所

問注本司秦国門言上御装束所撿挍珍友成申詞記

問友成云、国門解状偁、請被蒙鴻恩、任沽券旨、賜御判領掌田畠子細状、在向野郷、田貳段字巫田、畠壹段小城垣、副進渡文幷調度文書、右謹撿案内、件田畠本主御装束所撿挍珍友成得見直、限永年所沽却也、望請宮裁、任渡文旨、賜御判、為領掌言上如件、以解者、沽却実否辨申如何、

友成申云、送日之計、依不為方候、件田畠所沽渡国門実也と申、（花押）

保延三年二月十八日

行（花押）

辨官日下部宿禰

散位大神朝臣（花押）

散位惟宗朝臣（花押）

散位（宇佐脱）宿禰（花押）

撿校行

第六文書（二八五五号）　豊前国八幡宇佐宮御装束所撿校大神貞安解（第六巻、二三五二頁以下）

「件田畠任証文之理、可領知、（宇佐公通）（花押）」

御装束所正撿校大神貞安解　申請□事

請被殊任先祖相伝并父末貞伯父小山田祝故弘永譲状、賜御裁判、為貫首国門、従大工友成手、稱買得由、無指

故押領先祖相伝田畠子細状、

在向野郷内

字神巫田二段　畠一段字大木垣

副進　譲状

右、謹撿案内、於件田畠者、貞安父末貞伯父小山田宮前祝故弘永先祖相伝之所領田也、而以去康和五年二月四日

彼祝職幷件田畠等、従弘永之手譲得、年来無他妨領知之処、彼国門無指故所押領也、加之当御任ヨリ貞安加所罷給之葛原郷松延預御用作幷上毛郡秋弘預御佃等ハ、御上洛之御共稱令参仕之由、七郎大宮司殿成阿党、改定他人了、又国門ハ七郎大宮司殿為方人天、現奇恠不善天、当御任之御官不勤仕之人也者、貞安成此訴仁何不蒙御裁報哉、望請　宮裁、任相伝幷弘永譲状旨、為賜御裁判、注子細言上如件、以解、

保元元年十月廿七日　　御装束所撿挍大神貞安

三　神判の手続

前掲資料によれば、当該事件は康和五年（一一〇三）頃から始まって、保元元年（一一五六）に及ぶ約五十余年にわたる所領相論であって、その主たる訴訟当事者は、共に豊前国宇佐八幡宮の御装束所検校を勤める珍友成と大神末貞とであった。珍（治）氏とは如何なる出自の氏族であるか不明であるが、友成の祖父弘永は小山田社の祝を勤める小山田氏であり、大分県史料刊行会編の『大分県史料　第一部7　宇佐八幡宮文書』（大分県史料刊行会、昭和二十八年）所載の解題によれば、小山田氏は宇佐宮確立期の大宮司家大神氏の宗家であって、豊前国向野郷小山田社の社司職を世襲したところから氏名となったものであり、平安期には大宮司職の外に御装束所検校職及び大々工職を兼任した。（宇佐八幡宮の創立は神亀二年（七二五）とされているが、八幡宮創立以前にそのもとになる神社があった。このもとの宇佐社より八幡宇佐宮への発展に貢献した氏族が大神氏であって、奈良時代においては、宇佐八幡の実権は大神氏が掌握し、従って宮司は大神氏、少宮司は宇佐氏ということになっていた。しかるに、石清水八幡宮が山城に勧請されて以来、中央との関係が薄くなって来ると、大神氏が徐々に後退して、宇佐氏の勢力が急激に強くなり、大宮司職も大神、宇佐の両氏の世襲となり、平安末までは右の両氏が交互

に大宮司職に任ぜられた。鎌倉以降になると大宮司職は全く宇佐氏の独占に帰する。）従って、小山田氏と大神氏とは宗家と分家との間柄であり、右の友成と末貞とは血縁関係にあった訳である。御装束所検校職というのは、同じく前掲解題によれば、宇佐宮の摂末社に至る迄、すべての本殿神殿内外の事柄、即ち祭神々体の装束、神殿内の装飾、神宝物等の一切についての故実を伝え、又その関係業務一切を支配した職であり、大々工職は惣大工職ともいって、宇佐宮一切の寺社殿の建築に関する事務を行ない、その古式を伝え、業務の企画、運営及び儀式に当り、又、労務者の監督権をもっていた。珍氏も、友成が御装束所検校となっている処からみれば、恐らく大神氏と同様、小山田氏の一族であったことと思われる。

前掲『大分県史料』（五五〇頁以下）には大神氏系図が載せられているが、今、当該事件に関係せる部分を抜萃すれば、左の通りである。

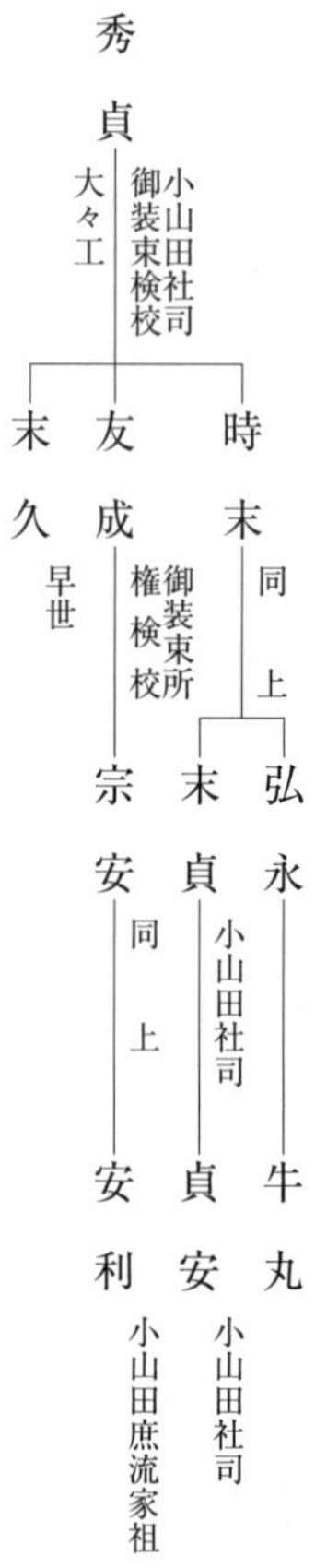

しかし、前掲六通の文書の記す処からみれば、右の系図にはかなり不審な個所があるようである。末貞の子が貞安であり、貞安の伯父が弘永であることは、第六文書から証明される処であり、右の系図のこの部分は正確である。しかし、問題は友成である。第二文書の後尾の部分に「又末貞申云、友成加母ハ云々」とあって、次に「父武国ハ云々」とあるのをみれば、友成の父は武国であって、系図のいう秀貞ではない。又、末貞の言葉に「甥貞時子死ハ友成と件

人従父兄也」とあるのは、末貞の甥である貞時の子は友成にとっても従父兄に当るということであって、これからみても右の系図の友成の部分は不都合である。更に、「友成母依為放出子也、今父弘永死去之後、処分之由愁申」とある「父弘永」は、文意から友成の父ではなく、友成の母の父であったろうと思われる。以上から、当該事件の関係者たる小山田、大神一族の系図を復原すれば、凡そ左の通りとなる。

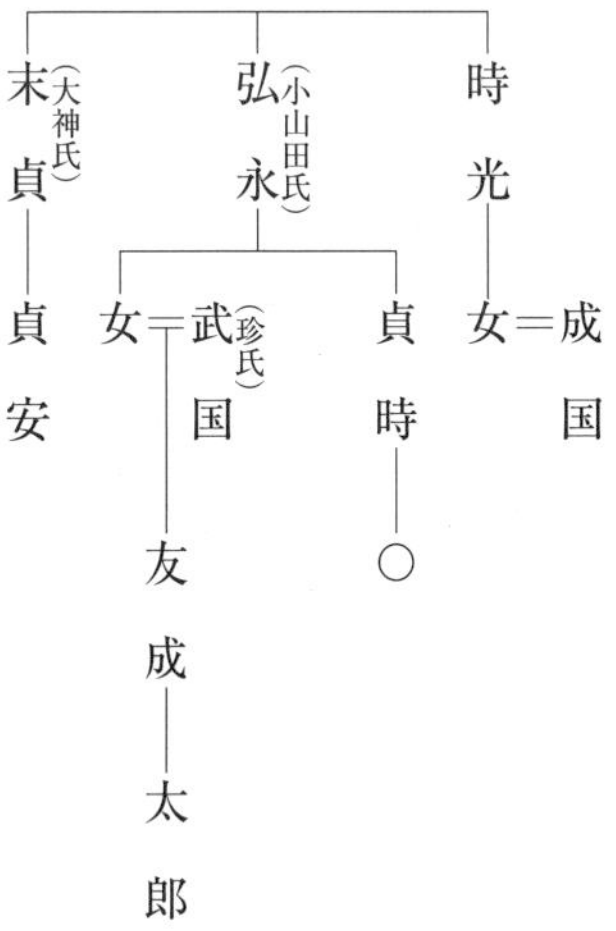

友成、末貞両者の係争地は、小山田社のあった豊前国向野郷の巫田二段と畠小城垣一段(3)とであった。右の田畠は、第二文書に「右件田畠、以去庚(康)和年之比、牛男丸與末貞令相訴申之処」とあるから、康和年間にすでに牛男丸と大神末貞とが相論した地であって、この牛男丸が小山田一族であるか、又は同氏以外の者であるかは今俄かに断定し難いが、前掲『大分県史料』所載の大神氏系図には、弘永の子として「牛丸」なる人物がみえており、牛男丸と牛丸とが同一人物であることも十分考えられる。しかりとすれば、康和の相論もやはり小山田一族と大神一族との間で行なわ

れたこととなり、大治三年（一一二八）頃から始まる友成と末貞との相論は、すでに三十年以前にその端を発していたことになろう。而して件の田畠は、第一文書に「母古作字巫田二段字小城垣一段」とあるから、友成の母が以前経営していた土地であったが、その後、何らかの事情によって末貞がそれに代り、大治の頃には友成は実際に領知していなかったのである。

処で、友成と末貞との相論に際して適用された宇佐宮の神判は、その手続として先ず両者が神判を申請する神判祭文なる文書を裁判所たる宇佐宮の公文所に提出しなければならなかった。第二文書には、それについて「末貞訴申巫田二反、畠小城垣一反事、年来相訴之間、御定云、末貞・友成相共可蒙神判之由者、神判祭文進之処」と記されているが、宇佐宮の「御定」には恐らく神判を適用するには、更に次の条件を必要としたと思われる。即ち、右に「年来相訴之間」とあるように、その訴訟がすでに多年に及んでなお決着をみない場合、即ち証拠を得ることが非常に困難であって、その為、裁判が著しく渋滞している場合に神判が適用されたのであった。従って、訴訟が提起された宇佐宮公文所としては、当該事件をいきなり神判によって裁決することは許されず、先ず当事者を召喚して尋問し、且つ書証、人証等によって審理しなければならなかったのである。第二文書には、「被召問図師永尋之間、依陳申末貞道理、可領掌末貞之由、御判給了」とあって、牛男丸と末貞との康和の相論には、公文所は右の田畠の検注を行なった図師永尋なる者を召喚し、その証言によって末貞に勝訴を申渡しており、同じく第二文書の裏書には、「至于井平垣壹段者、任実撿勘文、停止友成妨、可令末貞領作之、（花押《（公基）》）」とあって、友成と末貞との井平垣一段をめぐる相論には、前記巫田二段、畠一段の相論とは異って、神判を適用せず、郡司、田所等の実検勘文を証拠として判決を下している。以上の二例は右に述べた神判適用の条件を裏書きするものであろう。

さて、神判をうけることを希望する場合は、当事者は前述の如く、神判を申請する為の神判祭文なる文書を裁判所に提出しなければならなかった。この神判祭文なるものが如何なる形式のものであったかは、前記僧欣西祭文案によって明瞭である。今、『平安遺文』によって、それを左に掲げよう。

(端裏)「欣西祭文幷燈油請文案」

大法師欣西敬白

謹請　神判事

右、奉請神判元者、興福寺御使幷東大寺使者下向高殿庄之時、于日日田堵等不可出逢之由下知庄民云々、又去月廿四日下遣弟子同法等、令凌礫彼使者等云々、是極無実也、若所申有虚言者、別春日四所大明神幷西金堂護法天龍證罰、近三日遠七日之中、毎欣西之身一一毛孔、可罷蒙也、抑自欣西生年四十二、始罷入中川山寺、於茲三十二年、鎮励後生之勤、無営世間之事、而覚仁以欣西為敵人之条、凡所無其謂也、其故者、高殿庄去天承年中成西金堂領、経年代畢、巧無実経　院奏、縦雖損欣西、満堂衆徒豈可捨往古堂領哉、就中件庄者、内大臣(源雅通)右大将家御領也、覚仁背往古例、燈油幷副米之外、如私領切懸万雑事者、奉為領家無益所領歟、況乎始自春日社、神社仏寺六箇所相交、彼所役皆被停止者、豈非仏神之歎哉、但所詮者、件高殿庄事、召対両方被決真偽者、三宝含咲、神明成悦歟、仍謹所請神判如件、敬白、

嘉応二年後四月十五日　　大法(師脱)欣西敬白

ここで、宇佐宮の相論については暫く措き、右の神判祭文について一言しておきたい。当該事件の真相は、右の文書からはこれを読取ることが出来ないが、嘉応元年（一一六九）十一月十九日の勧学院政所下文（東大寺文書、三五二〇号、第七巻、二七四五頁以下）及び同二年閏四月日の興福寺西金堂満衆等解案（東大寺文書、三五四七号、第七巻、二七六一頁以下）を併読することにより、その大略を知ることが出来る。当時、東大寺は大和国高殿庄から寺家用の燈油

として油を収取する権限を有していたが、それを興福寺西金堂満衆の一人欣西が妨害し、その為に東大寺に油が進納されなかったという理由により、上座覚仁の名を以て仁安二年（一一六七）五月、それを勧学院政所に訴えた。勧学院政所は嘉応元年十一月、ほぼ東大寺の主張を認めて長者宣を発し、大和国在庁官人に東大寺への油進納の執行を命じた。これに対して、興福寺側では翌年閏四月、陳状を勧学院に提出し、東大寺側の主張が真実ではないことを述べて反論した。前掲興福寺西金堂満衆等解案の冒頭には、次のように記されている。

興福寺西金堂満衆等解　申進　陳状事

辨申東大寺上座覚仁、依無道理固辞対問、不参　殿下政所、窃注出納為元等解、大法師欣西本名忠暹打止大仏等燈油由、暗経言上條條無実、種種謀計高殿庄愁状、

副進

去年燈油未進可辨由請文一通

大法師欣西不凌礫東大寺使由祭文一通

聖武天皇天平勝宝二年勅施入案一通

天承二年以高殿庄寄入当堂長者宣案一通

同二年寺家下文案一通

同二年国司免判案一通

保元三年国司検注官使勘判一通

右にみるように、この興福寺西金堂満衆の提出した陳状には、副進文書七通が添えられており、その中の一通に大法師欣西不凌礫東大寺使由祭文なる文書があるが、その内容は前掲僧欣西祭文案と同一であったに違いない。右の七

通の副進文書は何れも東大寺側の主張を反駁して、興福寺が油の進納を妨害していないことを立証せんが為の証拠資料として提出されたものであり、欣西の神判祭文も亦、かかる性質を有するものであった。欣西の神判祭文の主要なる部分は、前掲文書の前半の部分、即ち、「右、奉請神判元者」から「毎欣西之身一一毛孔、可罷蒙也」までの部分であって、そこには興福寺の使が東大寺の使と共に高殿庄の庄民に対して、未納の油と副米とを督促する為、現地に下向した際、欣西が庄民を教唆して逃亡せしめ、東大寺の使者に会わせなかったこと、及び弟子同法をして東大寺の使者に対し「凌礫」(暴行の意か)せしめたことの二つが全く無実であると主張せられ、もしそれが虚言であるならば、春日明神並びに西金堂護法天龍の神罰をうけることが宣誓されている。

さて、論旨をもとに戻すが、前述の末貞と友成とが宇佐宮公文所に提出した神判祭文の形式も、恐らく前掲欣西の神判祭文とほぼ同一のものであって、そこには先ず自己の立言の真実であることが述べられ、次にその立言が虚偽であるならば、宇佐八幡神の罰を蒙るであろうことが記されていたことと思われる。この宇佐八幡宮の神判は、前述の鎌倉時代の参籠起請に類似しており、その原型ともいうべきものであるが、参籠起請は前述の如く、訴訟当事者の主張を起請文に書かせた後は一定期間、社頭に参籠せしめて、その間における失の有無を検し、それによって、その立言の真偽を決するものであった。しかし、右の宇佐宮の神判は一定期間、当事者をして社頭に参籠せしめたものであるかどうかは判然としない。第一文書によれば、神判の行なわれたのは大治三年六月二十四日であって、実際に失が検出されたのは同年の十月から翌年の三月上旬までであり、その期間は約八ヶ月にわたっており、後述の鎌倉幕府法における、七ヶ日中失を検し、失がなければ更に七ヶ日延長するという合計十四日という期間に比べれば、はるかに長期間であって、失の検出期間中、社頭に参籠するということは先ずなかったであろう(4)。次に失であるが、失とは起請文を書いた当事者の立言が神によって不実であることを表明される徴《しるし》であって、いわば偽誓の徴証である。文暦二年（一二三五）の鎌倉幕府の規定[5]には、失として次の九つが列挙されている。

定

起請文失條々

一鼻血出事

一書起請文後病事 但除本病者、

一鵄烏尿懸事

一為鼠被喰衣裳事

一自身中令下血事 但、除用揚枝時、幷月水女及痔病者、

一重軽服事

一父子罪科出来事

一飲食時咽事 但、以被打背程、可定失者

一乗用馬斃事

右、書起請文之間、七箇日中無其失者、今延七箇日、可令参籠社頭、若二七箇日猶無失者、就惣道之理、可有御成敗之状、依仰所定如件、

文暦二年閏六月廿八日

右衛門大志清原季氏

左衛門少尉藤原行泰

図書少允　藤原清時

右に挙げられた九つの失は、何れも参籠者の立言の不実なることを神が怒り給うた結果、その身辺にもたらされた死亡、疾病、災厄、醜穢、悪事、悪業等の所謂ツミやケガレであって、その性質は大祓の祝詞にある天津罪、国津罪と同一である。例えば、第三項の「鵄烏尿懸事」はまさしく国津罪の中の「高津鳥之災」に当るものであろうし、「父子罪科出来事」は天津罪の「畔放」、「溝埋」等の農耕社会秩序の破壊行為が変形されて後世に伝わったものであろう。処で、前述の宇佐宮の神判においては、第一文書に友成によって「末貞方出来度々証利」として列挙されている五つが、即ち右の失であって、その中の「舅安富死去」、「兄時光子死去」、「甥貞時子死去」はとりもなおさず、前掲鎌倉幕府法の第六項、「重軽服事」（互いに喪に服すべき親類、縁者の死亡）に当るであろう。「乗馬死去」も幕府法の最後の項、「乗用馬斃事」と同じである。只、「窃盗会悉損取」は「窃盗に会ひて悉く損取る」と読んで、窃盗の被害に遭遇したものをいうのであるが、これに直接当るものは幕府法に見当らない。しかし、幕府法第四項の「為鼠被喰衣裳事」は不慮に自己の所有物が損害を被ったという点において、前者とその性質を同じくする。このようにみれば、鎌倉幕府法における参籠起請なる神判は、明らかに平安後期の宇佐宮等の本所において行なわれた神判の後身というべきであろう。次に、この失の検出であるが、幕府法では前述の如く二七、十四日間、参籠して、その間に失の有無を検するのであるから、その検出に当る者は幕府の命を受けた第三者か、或は当該神社の神官であったと思われる。処が、宇佐宮における神判は前述の如く、当事者が予め起請文を書いて同宮公文所に提出すればそれでよく、恐らく参籠の義務はなかったであろうから、従って、その失の検出は当事者相互に一任されていたようである。前掲第一文書は訴訟当事者の一方である珍友成が相手側である大神末貞の失（「証利」、「証験」）を検出し、それを公文所に申告した文書であって、公文所は友成の検出した末貞の失を神判の証拠として採用し、それにもとづいて友成の勝訴を申渡したのである。

四　神判の構造

しかるに、ここに奇異なことは、この大治三年六月二十四日に行なわれた宇佐宮の神判は、翌四年三月十六日の友成の解（第一文書）によって、末貞の失が認められ、友成勝訴の判決が下されたにも拘らず、同五年四月十四日の宇佐宮公文所問注日記（第二文書）によれば、両者の間に同一の係争地をめぐって再び相論が行なわれたことである。これは敗訴した末貞が再び公文所に訴え出たものであって、公文所はこれを取上げて両者を問注したのであった。当時の宇佐宮の裁判には恐らく上訴の制度はなく、原則として一審制をとっていたと思われるが、ここに再審の制がみられるのは、後の鎌倉幕府訴訟法に於ける覆勘の制度に類するものがあったからに違いない。(6) 末貞の再審請求の訴状は伝わっていないが、第二文書の冒頭の部分、即ち「請被殊任道理」から「不知田畠令領掌之条、無其謂」までの文章がその概要であったと考えて差支えない。ここで末貞の主張している処は文意やや難解であって、正確には捕捉し難いが、大凡、左の如きものであろう。即ち、友成との係争地は康和年間の牛男丸との相論において、すでに末貞の勝訴となっており、宇佐宮の証判を賜わっている土地である。友成がその領有を主張するならば、その時に訴えるべきであった。又、友成の母は件の土地は父弘永から譲られたものであると主張しているが、この母は父の「放出子」(7)（父によって勘当された子の意か）であるから、その譲与は無効である。田畠の領有には先ず「公験」（所領の売買・譲与について解状を上級官司に提出し、その署判を経たもの。第四文書がその例である）を必要とし、「公験」がなければ、「手次領作」（その土地の最初の取得者より現権利者に至るまで、引続いて現実にその土地を支配していること）を必要とする。友成は父の「放出子」の男子であるから、「手次領作」も行なっていない。従って、その領有を主張することには法的な根拠がないというものであった。

ここにおいて、我々は当代に於ける神判の法的な構造について、一考してみる必要があろう。当代の神判は元来、刑事々件の嫌疑者や民事々件の当事者が自己の立言を裏付ける俗的証拠（書証、人証等による合理的な証拠。神証に対する）を挙げ得ない場合に、神を証人に立てることを裁判所に申請するという性格を有するものであった、従って、神判の申請者なるものは、俗法による裁判では屢々不利な立場にある者であったといってもよいであろう。それでは、訴訟当事者たるA、Bの一方から神判の申請があった場合、これに対して裁判所は如何なる態度をとったかというに、先ずAに著しく有利な俗的証拠があって、しかもBにそれがなく、従ってBが神判を申請して来た場合、つまり当初から俗的証拠によって両者の理非が顕然たる場合には、裁判所はBによる神判の申請を却下し、俗法によってAの勝訴を申渡したものと思われる。しかし、A、B両者共に自己に有利な俗的証拠がなく、裁判所も亦その判決に苦しんでいる時、Bから神判の申請があれば、裁判所はそれを取上げ、Aに対しても神判をうけることを促したであろう。もし、その場合、Aがあくまでも神判をうけることを拒否すれば、恐らくAはそのまま敗訴になったものと思われる。当時の本所裁判所は自ら進んで証拠の蒐集に当り、積極的に職権をもって事実を審理するという態度ではなく、証拠の蒐集は当事者に一任するか、当事者の請求によってこれを行ない、かかる当事者の提出せる証拠にもとづいて判決を下すことを原則としていたから、当事者の何れかが神判を申請しない限り、裁判所として神判を行なうことはなかったと思われる。しかし、当事者の一方から神判を申請された場合、それを取上げて神判を行なうかどうかを決定する権限は裁判所にあったとしなければならない。従って、裁判所が公平な立場を貫く限り、前述の如きルールに従って、一応神判適用の可否が決定されたであろうが、右にみる如く、神判の申請があった時、当該訴訟に神判を適用するかどうかは裁判官の裁量に一任されていたから、Aに有利な俗的証拠があるにも拘らず、裁判所がそれを取上げず、B

による神判の申請を受入れて、Aに神判を強要するという場合（それは単に裁判を渋滞せしめる等の消極的なものでもよい）もあったと思われる。別言すれば、裁判所は当初からBに勝訴せしめる目的をもって、Aに神判を強要するという場合も亦考えられるのである。しかりとすれば、神判適用の可否は当時の裁判官や訴訟当事者のおかれた政治的立場や条件によって決定される場合が屢々あったということになろう。

ここで再び前の末貞、友成両者の相論をみるならば、第一審たる神判による裁判が終了した後に、公文所に提出された末貞の再審請求の文書には、前述の如く当該事件の裁決は「於田畠所領道者、致無公験者、以手次領作之理」という、土地領有の権原に関する当時の慣習法によるべきものであることが主張されていた。即ち、末貞の右の主張には、神判適用の決定は原被両造に俗的証拠がなく、裁判所としても、その裁決に苦しむ場合に限って行わるべきものであり、何れか一方に明白なる証拠がある場合には神判は行なうべきではないということがその前提となっていたのである。このように、末貞は神判によって裁判の終了した事件につき、一定の重大なる瑕疵のあることを理由として前判決を取り消し、訴訟を判決前の原状に復して更に弁論を開いて裁判することを求める申立を行なったのであった。これに対して、友成がすでにうけた神判を依然有効なものであると主張したのは当然であろう。処が、かかる末貞の訴にも拘らず、宇佐宮公文所は結局、「件巫田貳段・畠壹段者、依先神判証検（験）、賜友成畢」（第二文書裏書）として、以前行なわれた神判を正当なるものとして再確認し、重ねて友成に勝訴の判決を下し、一方、末貞がその領有を主張した右の係争地の隣地、畠井平垣一段は、実検せる郡司、田所の勘文にもとづいて末貞の勝訴とした。

右の係争地である巫田二段と小城垣一段のその後の消長は、第三文書以下の資料によって、これを窺うことが出来る。即ち、友成は第二審の問注の行なわれた大治五年から六年を経た保延二年に早くも件の田畠を秦国門に売却し、国門は恐らく翌三年と思われるが、宇佐公基からその証判を得ている（第三、第四、第五文書）。しかるに、それから更に二十年を経た保元元年には、再び件の田畠をめぐって紛争が惹起した。即ち、末貞の子貞安が右の国門を相手取って先祖相伝の地が押領されていると公文所に訴えたのであり、今度は結局、貞安の勝訴となって、貞安は宇佐公通の証判を得たのである（第六文書）。この保元の貞安、国門の相論は前記大治の末貞、友成の相論の後身であって、係争地は両者とも同一であり、貞安は「先祖相伝」と小山田弘永の康和五年の譲状とを証拠としてその領有を主張し、一方、国門の反論は伝わっていないが、友成の保延二年の売券（第三文書）及びその売却を承認した宇佐公基の公験（第四文書）等を証拠として陳弁したことは疑いなきに近い。このように、保元の相論は大治の相論とほぼその訴訟内容を同じくするにも拘らず、ここではもはや神判は行なわれず、その判決には、「件田畠任証文之理、可領知」（第六文書）とあって、書証という合理的な証拠資料によって、今度は一転して貞安に勝訴の判決が下されている(8)。ここにおいて、我々は次の事実に注目すべきであろう。即ち、貞安の訴状（第六文書）によれば、当代に至って、宇佐宮大宮司職をめぐって宇佐一族の間に確執があったようであり、結局、宇佐宮の実権者が前代の宇佐公基から宇佐公通に代ったのであった。このように、ほぼ同一内容を有する訴訟事件において、一方では神判を適用し、他方では俗法による裁判を行なうという事実は、当代神判の性格を窺うに足るものであり、それは前述の如く神判適用の規準というものが一応あるにはあるが、曖昧であり、それにもまして神判という裁判手続の決定には、当時の政治的な要素が多分に入り込む余地があったということを意味する。極言すれば、神判は当時の支配階級によって政治的に利用されるという一面を有していたことも亦否定し難いのである。

以上は適用の面からみた当代神判の構造であるが、次に神判の手続上、重要なる部分を構成する失の検出について、若干考察しよう。末貞の再審請求の文書（第二文書）には、前述の如く神判による裁決を排して、当代慣習法による裁決が行なわれることが申請されているが、なお末貞は、たとい前に行なわれた神判が有効なものであったとしても、友成によって検出された神判の「証験」（失）は、何れも末貞の真の「証験」とはなし難いと主張している。即ち、末貞は友成によって末貞の「証験」として挙げられた事実について、末貞の甥、貞時の子の死去は、件の人物が友成にとっても従父兄に当ること、末貞の遭遇した窃盗の被害は、友成も亦同じく被ったこと、末貞の兄、時光の娘の死去は、末貞が神判をうける以前からの腹病によって三年間、患った後、死去したものであること、舅安富の死去は、末貞の子供が「其数候とも指無咎」きこと（文意不明）、末貞の乗馬の死去は、友成の乗馬も宇佐川に「鞍下天棄候」こと（文意不明、遺棄の意か）等々の理由を挙げて、一々反論した。この末貞の反論に対して、更に友成は自分が窃盗の被害に遭ったのは末貞の遭った後のことであり、友成の馬が宇佐川に「鞍下天棄候」なる事件を起したのも、件の馬を高遠所従に譲与した後のことであると陳弁し、且つ末貞は水干装束にて御湯殿へ参上して清祓したこと、御鏁の舌が折れたこと、又、末貞の孫が死去したこと等の、末貞に出来した新たな「証験」をも挙げている。このようにして、公文所の問注はなお続くのであるが、結局、この問注における両者の主たる争点は、神判の「証験」として当事者によって指摘された事実が、果して真の「証験」たり得るかどうかということであった。末貞がいう処の、時光の娘の死去という事実は末貞が神判をうける以前よりの病によって死去したものであって、それは「証験」とはなし難いというのは、前掲鎌倉幕府法の「失条々」中の第二項、「書起請文後病事」の但書である「但除本病者」に当るものである。又、友成が、自分が窃盗に遭ったのは末貞が遭った後のことであり、自分の馬が宇佐川に「鞍下天棄候」といわれているのは、件の馬を高遠所従に譲与した後のことであるとして、結局、「末貞乍置先日証、以後日証天注中条、謂不候」といっているのは、たとい同一内容の「証験」であっても、それが出来した時間の前後によって、「証験」としての価値に差が生ずるものであることを意味している。しかし、より重要なことは末貞が兄時光の娘の死去につき、それが「本病」によるものであることの証拠に、夫成国の証言を公文所に申請していることであって、ここに当事者によって互に指摘された神判の「証験」の真偽をめぐる判定には、物証や人証による合理的な証拠法が用いられたのである。前述の「先日証」か「後日証」かの「証験」の時間的前後をめぐる判定においても、それは同様であったと思われる。神判の「証験」検出における、かかる合理的な証拠法の適用が律令法の影響によるものであることは、今更いうまでもないであろう。それのみならず、この第二文書に記されている宇佐宮公文所の問注そのものが、実は律令法の影響によって形成された重要なる裁判手続であった。即ち、獄令38条には、「凡問囚、辞定、訊司依口写、訖、対囚読示」とあって、刑部省の役人は囚禁された刑事被告人を尋問して、その自白するところを筆録し、それを「弁」又は「囚弁」と呼んでおり、この刑部省の例に倣って、後の検非違使庁においても、囚人を尋問してとった口供書は「白状」、又は「問注状」と呼ばれた。(9)この刑部省及び検非違使庁の刑事裁判手続は、その後、各本所の政所や公文所における民事裁判手続に影響を及ぼし、各地の本所裁判所は訴訟当事者を裁判所に召喚し、原告の訴状にもとづいて被告を尋問して陳状をとり、次にその陳状にもとづいて原告を尋問して、更にその陳状をとって交互に問答せしめ、結局、それらに依拠して事実の認定を行なったのである。

この問注なる裁判手続を前記宇佐宮公文所の裁判に照してみるならば、次の通りである。即ち、原告末貞が「請被殊任道理、裁下給古作田子細状」という訴状を公文所に提出した結果、公文所はそれを取上げて被告友成を召喚し、先ず末貞の訴状を友成に読みきかせた後、「依実子細弁申如何」といって、末貞の訴状に対する友成の答弁を促した。それに対して、友成は前述の如く答えているが、この友成の答弁を筆録したものが前記の「弁」又は「問注状」であって、公文所の役人はそれを本人に読示したものと思われる。友成の答弁の下に「花押」とあるのは、友成の花押であって、筆録されたものが自己の答弁に間違いないことを友成が確認した証明である。次に公文所の役人は、「友成陳状如此者、子細如何」といって、右の友成の答弁をもって末貞に尋問しているのであり、ここに又末貞の答弁が行なわれ、同様その筆録に末貞の花押がすえられた。このように両者の陳弁にもとづいて、交互に問答せしめて、これを筆録し、その各々の答弁の下に確認の花押をすえさせたのが、この問注日記であって、公文所の裁判官はこの問注日記を検討することにより事実を認定し、これに法律的判断を下して判決したものと思われる。右の宇佐宮公文所の審理が当初から原被両造の出頭を求めて、両者を問注しているのは、所謂三問三答の訴陳を番えるという書面審理を先ず行ない、なお理非決せざる場合に限り、両者を召喚して対決、問答せしめる、後の鎌倉幕府の訴訟制度とはやや異っている。これ即ち、「判召」、「判待」という期限を区切って、直ちに被告の召喚を求めた律令の民事訴訟手続の影響であろう。しかし、この問注が末貞、友成間において、奇しくも三問三答を行なっていることは、前記覆勘類似の制度、失検出の制度等と共に、後の鎌倉幕府訴訟制度の原型として注目さるべきであろう。

五　結　言

以上、我が上代末期における神判の実態について、宇佐八幡宮の一例から種々類推し、考察して来た。

大化前代の我が裁判制度について、先学はすでに次の如く指摘されている。即ち、純粋に神判のみが行なわれた時代は、記録の全くない遠い小氏族国家群立時代であって、記紀や魏志倭人伝等によって伝えられている氏族連合国家成立以降の時代は、俗に考えられているような原始時代ではなく、相当人智の進んでいた時代であって、そこには依然として、神判が行なわれたことは疑うべくもないが、しかし、それは少くとも氏族間の争訟にあっては、証拠を得ることが非常に困難である特殊な事件（例えば、氏姓の尊卑、嫡庶、長幼の順序等に関する所謂譜第の訴訟）に関してのみ行なわれたのであって、普通一般の事件にあっては、より合理的な俗法裁判が行なわれたのであると。(10) 右の指摘は神判が一度、姿を没して、合理的な証拠法にもとづく俗法裁判が行なわれた律令時代の後、再びその姿を現わした平安後期においてもなお妥当するのであって、それはすでに述べた処から明瞭であろう。

しかし、ここに復活した神判にあっては、もはや大化前代にみられる神判とは、その手続及び性格を異にしていた。本稿に取上げた宇佐八幡宮の神判は、前述の如く果して参籠神判と名付けらるべきものであるかどうか疑問であるが、確かに神判の一種であることには間違いない。しかし、原被両造が起請文を公文所に提出した後、両者が互に指摘した失の真偽をめぐる事実の認定は、問注という形式によって両者に尋問が為された際に提出された書証、人証等の合理的な証拠にもとづいてそれが行なわれた。従って、当代の神判においては、神意を制約する人間の理性の働く余地が多分に認められ、結局は神判といえども、裁判官の意思による処が大きいことが示唆されるのである(11)。このようにして当代の神判にあっては、神証という事実の認定が大化以前の神判にみる如き単純なものではなく、その為に当該事件の本来の争点が更に他の事件に転化、拡大されていく傾向を生ずるのである。右に述べたことは、上代末期の本所裁判の影響を濃厚にうけて成立した鎌倉時代以降の中世の神判についても、そのままいえるのであって、中世の神判も亦俗法を援用することなくして、それを行なうことは出来なかったのである。即ち、中世の神判は大化前代の純粋な神判とはその性質を異にし、いわば我が固有法たる神法と継受法たる律令法との融合の所産であったといえよう。

更に、宇佐宮公文所の裁判に認められるように、同一の訴訟当事者間において争われた別個の係争地をめぐる事件には、依然俗法による裁判が行なわれて、ここに神法と俗法とによる二つの裁判が同一の訴訟当事者に対して同時に行なわれ、両者が一応区別されているにも拘らず、同一内容の訴訟事件も、裁判官をとりまく政治的情勢が変れば数十年を経ずして、以前神判によって下された判決が廃されて、俗法による裁判が行なわれたこともあって、神判による判決の効力は極めて限られた期間しかその効力を発揮出来ず、むしろ俗法による判決の効力よりも弱いか、又は少くとも俗法による判決以上には出なかったのである。さればこそ、珍友成は神判によって得た件の土地を、神判による判決後、僅か五、六年にして早くも第三者に売却しているのであり、果せるかな件の土地は、その後二十年にして再び係争の地となり、判決は一転して、かつての敗訴者たる末貞の子、貞安の勝訴に帰しているのである。それというのも、神判の適用には前述の如く、俗的証拠を得るに困難なる場合という一応の規準はあったものの、その困難の程度は必ずしも明確ではなく、神判の適用は結局、裁判官の裁量に一任される結果となり、その手続の決定には政治的な要素の入りこむ余地が残されていたからに他ならない。

最後に、かかる神判が固有法として再び現われて来た時期は、前掲資料から大治三年（一一二八）、天承元年（一一三一）、嘉応二年（一一七〇）と何れも平安後期から末期にかけての時代であって、当時は院政政権の下、新しく源平武士が擡頭して来る時代であり、漸くにして藤原氏という公家政権が終熄を告げようとする時代でもあった。してみれば、神判の復活も亦、公家階級の没落と武士階級の登場という新しい時代の息吹と無関係ではなかったと思われる。神判とそれを生んだ時代的背景との関連については、更に考察が加えられねばならない。

註

（1）　神判の分布、種類、方法等については、中田薫「古代亜細亜諸邦に行はれたる神判」、同「古代亜細亜諸邦に行はれたる神判補考」『法制史論集』第三巻、九二二頁以下（岩波書店、昭和十八年）、又、起請（宣誓）の法的性質については、同「起請文雑考」前掲書九五八頁以下参照。

（2）　この小山田文書は、すでに利光三津夫氏によって、大化改新以後における神判の初見資料として指摘されている。利光三津夫『裁判の歴史』一九四頁（至文堂、昭和三十九年）。

（3）　第三文書によれば、向野郷は椋野郷とも書き、巫田は「カウナヽ田」と読んでいる。又、第二、第六文書によれば、小城垣は大木垣とあるから、「オオキカキ」、若しくは「オキカキ」と読んだものであろう。

（4）宇佐宮の神判に参籠義務がなかったとすれば、それには当該事件の原被両造が共に宇佐宮の神職であるという特殊的条件があったのかも知れない。

（5）佐藤進一・池内義資編『中世法制史料集第一巻鎌倉幕府法』九四頁（岩波書店、昭和三十年）。

（6）鎌倉幕府の訴訟制度は原則として一審制をとっていたが、判決不服の原告、又は被告は申状を提出することが許され、裁判所たる本の引付は重ねて先の判決について審議した。これを覆勘という。

（7）第二文書によれば、友成の母は先年、「御炊殿一御殿御階参天、刀を腹ニ中天自害せんと仕」った人物である。この事実は「放出子」たるに関係がありそうである。

（8）大治の相論において、末貞は康和の「御判」と「手次領作」とを証拠として提出しているが、保元の相論においては、貞安は「先祖相伝」と伯父小山田弘永の康和五年の譲状とを証拠として提出している。右の「手次領作」と「先祖相伝」とは同一の意味を有するものと考えてよいであろう。問題は康和の「御判」と弘永譲状とである。両者が同一のものであるかどうかは明かでない。両者が別個なものとした場合、弘永の譲状は保元の相論の際に提出された新しい証拠資料ということになり、神判による大治の判決の効力が消滅して、ここに新しく俗法による判決が行なわれたのも当然ということになろう。しかし、実情は恐らくそうではあるまい。大治五年以前に死亡した弘永の譲状が、その後三十年近くを経て新しく発見されたと考えるのは不自然であり、康和の「御判」とは、康和五年の弘永譲状を宇佐氏が承認した文書であって、両者は同じものであろう。

（9）検非違使庁の問注状については、瀧川政次郎「事発日記と問注状」『律令諸制及び令外官の研究』三四七頁以下（角川書店、昭和四十二年）参照。

（10）利光三津夫前掲書一七頁。

（11）失の検出の際にも、訴訟当事者の恣意の入りこむ余地が存する。例えば、友成は末貞の失として「兄時光子死去」なる事実を指摘しているが、件の人物がすでに死の床にあったことは、友成も神判をうける以前から熟知していたかも知れないのである。

〔附記〕

大治五年に友成が末貞の失として、新しく指摘した「末貞ハ水干装束ニ天御湯殿ニ参上天、清祓仕里」（第二文書）という事実の意味であるが、國學院大學文学部教授西田長男氏の御示教によれば、宇佐八幡宮には祭神の入り給う「御湯殿」があって、その場所は神聖なる場所とされていたそうである。さすれば、右の失は、その「御湯殿」を冒瀆したことに関係があるようである。西田教授の御示教に深謝したい。なお、中野幡能氏の『八幡信仰史の研究』（四八三頁、吉川弘文館、昭和四十二年）によれば、宇佐八幡宮においては、中世、御供所、又は御炊殿といわれる下宮を中心に潔斎が行なわれ、その中に御湯殿があったとされている。

附録

第一　歴史のなかのレトリックをたずねて

一

法律家は社会の変動や社会通念の変化という、いわば社会状況の推移にあわせて法律を様々に解釈し、正義や衡平にかない、人々をして納得せしめる法的決定を見出すように努めなければならないといわれている。今日では裁判が程度の差こそあれ、常に法創造的活動であることは、制定法主義のもとでも、判例法主義のもとでも、否定し難い事実として原則的に承認されている。それでは、上記の正義の要請ともう一方の法的安定性の確保という合法性の要請とは、どのように折り合いをつけ、調和点を見出したらよいのか。そもそも制定法や判例法の文章は、我々が日常用いる自然言語で書かれているから、それを事案に適用しようとすれば、どうしてもその文章を解釈しなければならない。解釈には、解釈者の価値判断を伴うことは、これを避けることができない。近年の欧米では、このような裁判における法創造の合理性や法解釈における価値判断の合理性を追及しようとする動きの中で、ある特定の主張に対し、賛成または反対の理由を明示して討論を展開する所謂「議論」の理論や蓋然的な命題を前提として、そこから結論を導き出す推論を積極的に是認しようとする法理論が次第に有力になりつつある。これ即ち、古代におけるレトリック理論の再発見に他ならない(1)。

西洋におけるレトリックは、古代ギリシァの法廷弁論に始まる。古代ギリシァのレトリック理論を集大成し、それを体系化したのはアリストテレスである。このアリストテレスの理論は、西欧レトリックの古典中の古典として高い権威を有し、それはローマのキケロやクインティリアヌス等によって受け継がれ、ここにレトリック理論の教授用テキストの祖型が生まれた。以後、それは広く西欧世界に普及して今日に至っている。

アリストテレス理論の特質は、師プラトンと異なって、精密でこの上なく厳密な知識をもっていたとしても、その知識を基にして語ったのでは説得することの容易でないような人々のいることを積極的に是認した点にある。即ち、この種の人々に対しては、むしろ人々に共通な常識を通して立証と弁論を行なわなければならないとしたのである。アリストテレスのレトリック理論は、このような認識の上に立って、体系化されたものである。今、アリストテレス『弁論術』の理論の概観図を簡略化して示せば、以下のようになろう。(2)

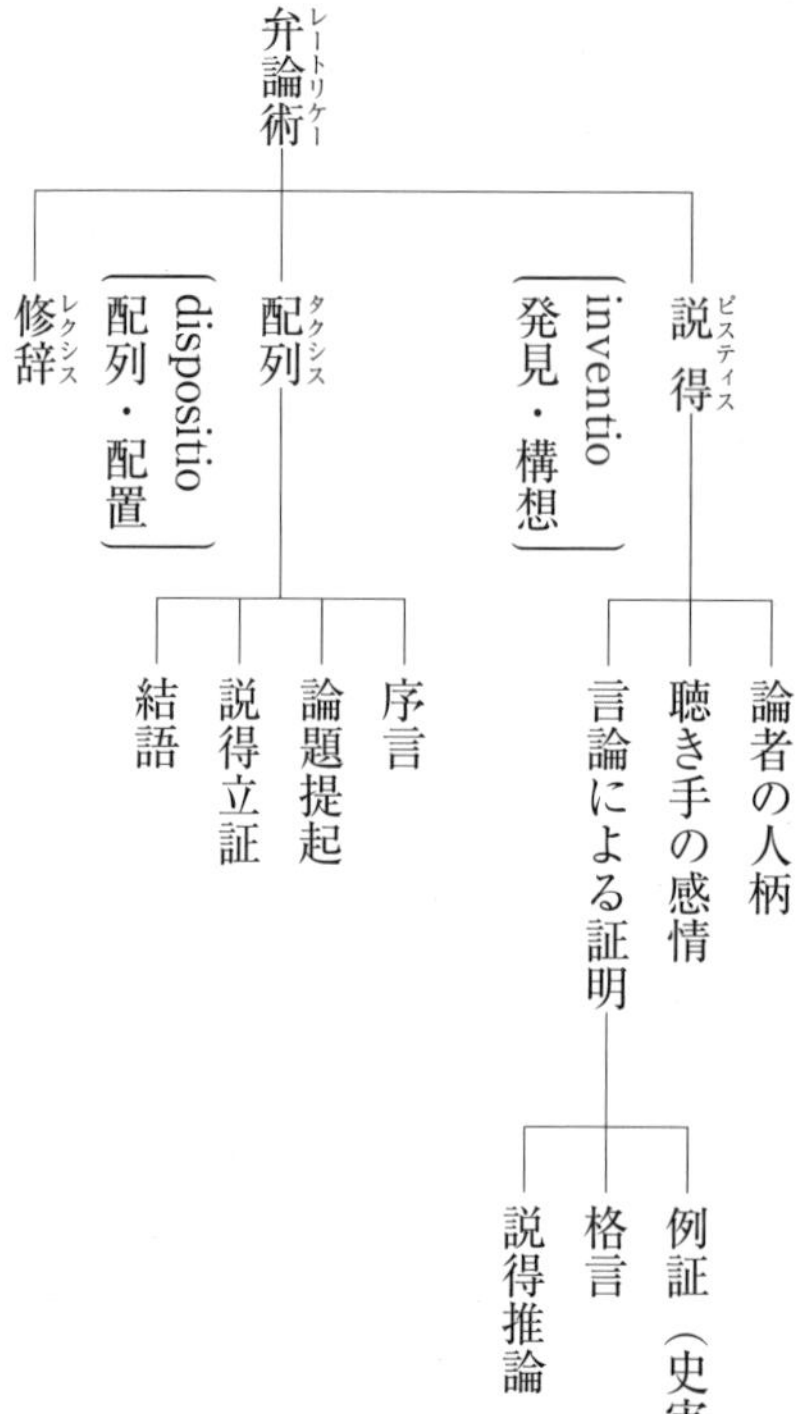

elocutio　表現
memoria　記憶
actio　発声・所作

（　）内はキケロによる弁論術部門の名称

二

それでは東洋におけるレトリック理論は、西洋と比較して、どうであろうか。そのようなものが果して東洋に存在したのであろうか。もし存在したとするならば、それは西洋と比べて、どのような点において共通し、どのような点において相違するのであろうか。甚だ興味ある問題であるが、未開拓の研究分野といわざるを得ない。ただ莫然とした見通しを述べるならば、東洋、即ち中国やインド、それに我が日本においても、レトリックは古代から、それなりに発達をみて来たのではないかと思われる。なぜなら人間が社会生活を営む以上、自分の考えを相手方に上手に伝える為の技術を磨かなければならないことは、生きて行く上での必須の条件であるからである。

上記のアリストテレス理論の概観図に即していえば、先ず修辞部門中の elocutio（表現）に関しては、とりわけ我が国においては、有史以来、頗る発達をみた。即ち歌文にみられる枕詞や掛詞等の修辞法をまつまでもなく、日本語には様々な言語表現の工夫が為されて来た。中国の漢詩文における表現法も亦然りである。これらについては、今更述べるまでもなかろう。修辞部門中の memoria（記憶）については、先ず唐代につくられた「蒙求」が注目される。この書は古代から南北朝期までの著名な人物の言行を二行四字句の韻語で記し、経・史・子類中の故事を記憶するに便ならしめた実用の書であり、はやく我が国にも伝来し、平安時代、藤原氏の大学別曹で子弟に教授され、「勧学院の雀は蒙求を囀る」とまでいわれた。その故事の記憶は、当時の貴族にとって王朝の政治や法廷の場で頗る役に立つものであったに違いない。

古代ゲルマン人は短い詩句を用いて法格言を伝え、十三世紀に成立した法書「ザクセンシュピーゲル」には、「序詩」という詩型の序文がつけられ、その本文中にも韻をふんだ個所が散見されるという。東洋においても、宋代の刑法典「宋刑統」に対し、理解と習熟とを兼ねて、その要点を巧みに詩賦の形式をもって表現した「刑統賦」という文学的法書が作られ、それは金・元朝において広く法学教育に用いられて盛行を極めた。我が日本においても室町時代、太政大臣や大納言等の令制百官の職掌を和歌によみ込んだ「詠百寮和歌」(『群書類従』官職部)が作られている。その表現上の技巧には、かなり優れたものがあると思われるが、この書が中国の「刑統賦」の如き法実務上の必要から作られたものか、単に教養的な意味から作られたものか、まだ殆ど研究がなされていない。

修辞部門中の actio (発声・所作) については、日本には輝かしき伝統がある。即ち仏教の説教にみられる話術である。[3] 発声、節まわし、語りの口調、身ぶり等は、多年の訓練と努力によって独特のものに練り上げられた。今日、説教にみるこれらの技術は、往時に比べて頗る衰微したといわれるが、なお落語・講談・浪花節等の大衆芸能の中に、現在も厳然として生きている。

次にアリストテレスのレトリック理論の中、dispositio (配列・配置) であるが、これは弁論の展開の順序を検討する部門である。序言、論題提起 (証明さるべき事柄の提示)、説得立証 (証明さるべき事柄の論証)、結言の四つの部分から成る。中でも重要なのは、論題提起と説得立証の部分であるといわれる。仏教の説教においても、配列は、(1)讃題 (経典や法語の一節を節をつけて読み上げる)、(2)法説 (讃題の法義を若干分り易く解説する)、(3)譬喩 (讃題・法説の内容を一層分り易く、譬え話を用いて話す）、(4)因縁（讃題・法説の内容を説明するための事例をあげる）、(5)結弁（説教の要諦をまとめる）の五部門から成るが、(3)と(4)とは結局、提起された論題の立証に他ならず、アリストテレス理論の「説得立証」の部分に相当するから、これを一つにまとめれば、アリストテレス理論と同一の構成となる。説教の actioでは、(1)と(2)を荘重に、(3)と(4)を平易に、(5)を再び荘重に話して終わる。「はじめシンミリ、なかオカシク、おわりトウトク」といわれる所以である。ちなみに(3)と(4)から後代、落語、講談、浪花節が発生した。

三

最後にレトリック理論の説得、すなわち inventio（発見・構想）の部門についてである。アリストテレスの『弁論術』三巻の中、修辞と配列の二部門には末尾の第三巻が当てられているに過ぎないが、この説得の部門には第一巻と第二巻とが当てられている。このことからも、アリストテレスがいかに説得立証を重視していたかが推測しうるのである。説得は更に三種に分けられる。即ち(1)論者の人柄、(2)聴き手の感情、(3)言論による証明である。

(1)においては、語り手は聴き手に対し、信頼に値する人物であると思われるように語らなければならないとされる。聴き手が信頼する語り手とは、知恵があって徳を備え、且つ聴き手に対して好意を持っていると思われるような人物である。幕末、越後長岡藩の家老となった河井継之助は、「誠を人の腹中に置く」ことを心がけ、また配下の諸役人にも、それを勧めている。この語の出典は後漢書の光武紀であるが、その意味は普通、「相手方に対し誠実に対処する」というように解されている。しかし、恐らくそうではあるまい。この語の真の意味は、「相手方に対し誠実に対処しているということを相手方に知らしめる」ことであろう。河井は郡奉行・町奉行として藩内の諸々の紛争や事件の処理に当ったが、上記の語を座右の銘として人心の掌握に努め、それらの解決を成功に導いたのである。

⑵については、人間は感情によって気持が変化し、異なる判断を下す習性があるから、語り手は聴き手に対し、自分の主張を受け入れるにふさわしい感情を抱くように語らなければならないということである。ここで想起されるのは北条政子である。後鳥羽上皇が討幕の兵を挙げ、承久の乱が起きたとき、尼将軍政子は、おじけついた御家人達に対し、雄弁を振って幕府の恩を説き、遂に都に攻め上らせて、戦に勝利を収めた。弁論によって人々の感情を動かした我が国の適例といえよう。

次に⑶であるが、この部分はアリストテレスの最も力を注いだ分野であり、レトリック法理論と深い関係を有する分野でもある。この部分は更に例証、格言、説得推論の三者に分れる。例証とは、すでによく知られているいくつかの個別的な事例に基づいて、それらと同じ種類のまだよく知られていない個別的な事柄を証明する方法であり、説得推論とは、蓋然的な命題を前提にして、それとは別の或ることを結論として導き出す方法である。格言とは、人々によって普遍的であると思われている命題を前提とする推論であって、その立証の方法は説得推論と異ならない。以上三者の証明方法の具体的事例は、アリストテレスの『弁論術』に詳しく述べられている。日本の新井白石も、この例証、格言、説得推論と同じ手法を駆使して、相手方の主張を論破し、自己の意見を正当化することに成功したのである。⑷

さて、この分野の⑶に相当する我が国の伝統的なレトリック法理論を探求するには、やはり律令法学に溯って考えなければならない。律令法学といえば、律令法曹である明法家の法解釈にみるレトリックが、さしあたり研究対象となるが、更に律令法典そのものの中に内在するレトリック理論に光をあてることも肝要であろう。律令法典そのものに内在するレトリック理論を端的に知り得るのは、唐の律疏を現在に伝えている「唐律疏議」である。この「唐律疏議」の中には、アリストテレスの例証・格言・説得推論に相当する事例を多く認めることができる。（「唐律疏議」に多く引用される礼経の文章は、アリストテレスの「格言」に相当しよう。）とりわけ「唐律疏議」中の「説得推論」に相当する証明の方法とアリストテレスの掲げる「共通のトポス」（説得推論の一般型が見出される場所）との比較は興味ある課題である。例えば名例律50条の疏には、本条文の「挙重明軽」「挙軽明重」の応用例として、夜間、無断で人家に侵入した者をその家の主人が即座に殺した場合には無罪とする賊盗律22条を前提として、主人が侵入した者を折傷した場合も無罪とする結論を導き出す推論や大功の尊長・小功の尊属を殴告した者は、その蔭を援用できないとする名例律15条を前提として、期親の尊長を殴告した者も、その蔭を援用できないとする結論を導き出す推論が挙げられている。これらの推論は、アリストテレスのいう「『より多い、より少ない』の比較に基づくトポス」とその論証の構造を同じくしているといえよう。

同様に「唐律疏議」の疏や問答には、アリストテレスの説得推論中の「相反するものに基づくトポス」「比例関係に基づくトポス」「定義に基づくトポス」「部分に基づくトポス」「分割に基づくトポス」「相関々係に基づくトポス」等に相当する推論が各所に散見される。これら両者の関係はなお詳しく検討されなければならないが、更に注目すべきことがある。それは上記の唐の律疏中にみえる説得推論の一般型のいくつかは、最近中国法史において古代法の再発見として脚光を浴びつつある紀元前三世紀の雲夢秦簡中の「法律答問」にすでに見出されるということである。そうであるとするならば、アリストテレスとほぼ同時代、中国においても、そのレトリック理論と共通するものが発達していたことになる。興味は尽きないが、その詳細も今後の検討にまたなければならない。

註

（1）最近の法律学におけるレトリック理論重視の動向については、以下の書を参照した。
テオドール・フィーヴェク著、植松秀雄訳『トピクと法律学』（木鐸社、一九八〇年）、
田中成明『現代法理論』第四編「法的思考と法律学」（有斐閣、昭和五十九年）、
亀本洋「法的思考の諸相」（田中成明編『現代理論法学入門』所収、法律文化社、一九九三年）等。

（2）アリストテレスのレトリック理論及びその概観図については、以下の書を参照した。
アリストテレス『弁論術』戸塚七郎訳（岩波文庫、一九九二年）、
浅野楢英『論証のレトリック――古代ギリシアの言論の技術――』（講談社現代新書、一九九六年）、
同上「レトリックと哲学――アリストテレスの場合――」（植松秀雄編『埋れていた術・レトリック』所収、木鐸社、一九九八年）等。

（3）仏教の説教におけるレトリックについては、関山和夫『説教の歴史的研究』（法蔵館、昭和四十八年）、同『説教の歴史――仏教と話芸――』（岩波新書、一九七八年）を参照した。

（4）拙稿「新井白石における法的弁証――正徳元年の疑獄事件を例として――」『國學院大學紀要』第三四巻（平成八年）（本書第二巻所収）参照。

続・歴史のなかのレトリックをたずねて

一　レトリックとは何か

人間が社会生活を営むようになってから、自分の考えを相手方に上手に伝えることが生きて行く上での必須の条件となった。その為、人間はそれに関する理論や技術をつくることに努力して来た。それらはレトリックと呼ばれる。とりわけ法律や政治の分野では、このレトリックが重要な機能を果している。

1、レトリックの技法

レトリックが最初に発達したのは、古代ギリシァであった。ペルシァ戦争が終った紀元前五世紀頃、アテナイでは民主政が確立し、青年たちは有能でありさえすれば、家柄や財産に拘りなくポリスの政治に参与する道が開かれた。しかし自己の才能を世に示す為には、豊かな表現力と巧みな説得力が必要となる。その為にレトリック（弁論術）が隆盛を極めたのである。

レトリックは、このようにすぐれて実用的な機能をもつ技術であるが、技術であるだけに、それは相対立する両者に対しても等しく効力を発揮する。そのことからレトリックには、やがて「黒を白と言いくるめる術」、「みせかけの知識を真実らしく粧う欺瞞の術」というような悪名が与えられることになる。レトリックを最も激しく批判した人物としてプラトンが有名であるが、彼の弟子アリストテレスは、師の考えを批判的に発展させ、レトリックの理論や技術を研究して『弁論術』（戸塚七郎訳、岩波文庫、一九九二年）を著わした。この著述は、古代ローマを経て、後のヨーロッパ弁論術・修辞学の基礎を作ったものといってよい。

2、レトリックの知

プラトン（前四二七—三四七）は、弁論家と違って、事柄の真実らしさではなくして事柄の真実を厳密な理論によって把握しようと努めた。正しいことについての知識を得たものは、正しい人として正しいことを実践すると考えたのである。彼の探求する知は理論知《エピステーメ》といわれ、その学園アカデメィアでは、とくに数学、幾何学、哲学的問答術等の学力が重んじられた。これに対し、イソクラテス（前四三六—三三八）は、言葉を練磨し、その能力を開発することが人間が最も人間らしく生きる道だと考え、厳密な知識によっては、諸々の好機を把えることはできないとした。彼は状況に応じて健全な判断をもち、日常生起する出来事を立派に処理する能力を「善き思慮」と考え、レトリックは、この「善き思慮」の育成に繋がるとしたのである。このようなイソクラテスの目指す知は、プラトンの理論知に対して実践知《フロネーシス》といわれ、彼の開設した修辞学校では、とくに弁論術、文学等の学習が重んじられた。

この古代ギリシァに見られる教養の二つの型は、ヨーロッパ世界に多くの影響を及ぼし、その後の教養理念の二大源流となった。イソクラテス流のレトリック的教養は、古代・中世においては大きな力を有していたとはいえ、やがて近代に至って衰退し、代ってプラトン流の数理的教養の理念がベーコンやデカルトによって強力に推し進められ、ここに近代文明が誕生した。（以上、広川洋一『イソクラテスの修辞学校』岩波書店、一九八四年、同『ギリシァ人の教育』岩波新書、一九九〇年等に拠る。)

しかし「近代化」の抱える様々な矛盾や「近代化」による人類のもつ貴重な財の喪失は、「近代化」によって安易に切り捨てられたレトリック的知をもう一度、見直そうという気運を生ぜしめた。今日、欧米においてレトリック的知の再評価が叫ばれ始めているのも、この「近代化」による歪みを少しでも克服したいという人々の願望の現われに他ならない。

二　法律学の学問性

1、法の解釈・適用にみるレトリック的知

物事を決定する場合、成り行きに任せたり、占によったり、或は実力者の意見に従ったりするのではなく、多くの人々によって支持されているルールや規準を求めて、それに従って決定するという方法がある。この方法は社会に秩序と安定をもたらすのに有効であり、法律が人間社会にとって必要なのは、その為である。

しかし法律の文章は自然言語によって出来ており、その内容はそれほど確固不動のものではなく、一義的なものでもない。しかも法律は、それを適用すべき事案が個別具体性を有しているのに対し、画一的につくられており、また社会の変動や社会通念の変化という要因からも、それをそのまま機械的に適用した場合、妥当性を欠くことがある。従って法律家は、法律の実際の適用に際しては、それを様々に解釈して正義・衡平にかない、且つ人々をして納得せしめる結論を見出すように努めなければならない。この作業は一般に法の解釈といわれる。

しかし法の解釈に客観的な規準を立てることは甚だ困難であり、所詮それは不可能といわざるを得ない。従って法律家が法を解釈・適用するに当っては、前後の具体的事情を総合的に勘案し、健全な常識をもって判断を下すより他はない。ここに状況的思考を重んずるレトリック的知が必要となる。

2、法の解釈・適用にみるレトリック的技法

このように法の解釈は、正義や衡平の実現の為には甚だ重要なものであるが、一方その内容が法律家によって必ずしも一致しないということになると、法的安定性を阻害する恐れが生ずる。そこで法律家は何故、自己の法解釈や法適用が正しいのか、その正当化や理由づけを行ない、人々を説得しなければならない。この正当化や理由づけは、法律家によるいわゆる法創造に対し、それを合理的にコントロールするという働きをするものである。

そうすると、ここでも説得の為のレトリック的技法が必要となる。現在、法律家によって屢々使われている拡張解釈、縮小解釈、勿論解釈、類推、例示的三段論法等の様々な技法は、実は古代ギリシァ・ローマ以来の例証、比喩、格言、説得推論等によるレトリックの説得の技法を用いたものである。

三　日本の法文化におけるレトリック

現在、再び脚光を浴び始めた欧米におけるレトリックの知や技法に相当するものが果して日本の伝統文化の中に存在するであろうか。

我々は先ず八世紀初頭に成立した古代律令法典の中に、それを見出すことができよう。例えば官吏の勤務評定の規

準とされた「景迹」(考課令2条)であるが、江戸時代の学者は、これを「ココロバセ」と訓じている。「ココロバセ」とは「事に対して適切に処しうる心の持ち方」であり、「教養や思慮の深さに対する賛嘆を込めていう場合が多い」とされている(『角川古語大辞典』)。この「景迹」を具体化した項目「四善」の中、最初の「徳義」(考課令3条)とは何かというと、古記や令釈は、「徳者得也、得事宜也」、「義者宜也、裁制事物、使合宜也」と注釈している。即ち、律令官人にとって最も大切なのは、問題状況に応じて物事を適正に判断し、処理する能力であった。これは前述のイソクラテスのいう「善き思慮」、「実践知」に相当するものであろう。

又、明法家の著わした「法曹至要抄」には、「以因准之文、可案折中之理」という語が見えている。「因准」とは法解釈・法適用の為の具体的な拠り所を求めることであり、「折中」とは人々の満足のいくような衡平にかなった法的決定を下すことをいう。当時の明法家は、様々な「因准」の技術を用いて「折中」の法理を考え出したのであり、そこには説得の為のレトリック的技法を多く見ることができる。ドイツ近代の法律家T・キップは、「ローマ人の法解釈は、法と衡平とを握手させる為の媒介者に他ならない」といったが、今この表現を借りるならば、「明法家の法解釈は、律令と折中とを握手させる為の媒介者に他ならない」といってもよいであろう。

(國學院大學日本文化研究所主催、第九回「日本文化を知る講座」の講演要旨、原題「日本の法文化とレトリック」)

第二　「唐律疏議」のなかのレトリック

――アリストテレスの『弁論術』を手懸りとして――

一

前稿「歴史のなかのレトリックをたずねて」（本書第一巻附録所収）においては、西欧レトリックの古典中の古典として、今なお高い権威をもつアリストテレスの『弁論術』を紹介し、それとの比較から東洋のレトリック法理論について若干ふれるところがあった。

東洋における伝統的なレトリック法理論を探求しようとする場合、律令法学はその最も有力な研究対象となり得るであろう。律令法学といえば、我が国の律令法曹ともいうべき明法家の法解釈にみるレトリックが先ず思い起されるが、それよりも律令法典そのものに内在するレトリック法理論を解明することが何よりも肝要であろう。律令法典そのものに内在するレトリックを端的に知り得るのは、唐の律疏を現在に伝えている「唐律疏議」である。即ち「唐律疏議」には、唐の高宗の勅命による唐律の公権的解釈として、その解釈を正当化する為に多くの法解釈技法が使用されていると思われるからである。

本稿ではアリストテレスが説得の部門として最も力を注いだ「言論による証明――例証、格言、説得推論」にみる研究方法を手懸りとして、「唐律疏議」の法解釈技法を検討し、その推論の方法や形式がどのようなものであるか考えてみたいと思う。何故アリストテレスによる説得の技法の分析が「唐律疏議」の法解釈技法の考察にとって有効かといえば、そもそも法律学における法解釈技法とは、多くの場合、いわば制定法をトポス（多くの人々が同意を与えている蓋然的命題で、議論の際の論拠となり得るもの）として、そこから自己の主張の正しさを導き出す為の一種の説得の技法に他ならないからである。「唐律疏議」の疏の中において、条文の立法やその解釈を正当化する為に屡々援用される礼経の文章は、これを「当時の人々がすでに同意を与えている権威ある命題」と解すれば、それはアリストテレスのいう前記「格言」と共通する性格を有するといえよう。また「唐律疏議」の法解釈技法として殊に著名なのは、「比附」と「挙重明軽」「挙軽明重」の二つである。前者は賊盗律13条疏や同30条疏等に、その語と説明が見えており、後者は法適用上の通則の一つとして名例律50条の本文に掲げられ、その疏には、いくつかの応用例が挙げられている。始めに「唐律疏議」のこの二つの解釈技法について、アリストテレスの研究を参照しながら見て行くことにしたい。(1)

二

先ず「比附」であるが、「比附」とは、法に明文のない事犯について、性質の類似する他の条項を量刑の尺度として借用する操作であるといわれる。(2)即ち唐律では当該事案甲について判断を下すに当って、直接依拠し得る法規定が見当たらない場合、当該事案甲と類似する事案乙への適用が本来予定されている法規定を律条の中から選び出し、それを当該事案甲に援用して処断することが広く認められていたのである。前記賊盗律13条の疏に見える問答を例にとれば、それは次の通りである。

又問、主被人殺、部曲奴婢、私和受財、不告官府、合得何罪、答曰、奴婢部曲、身繋於主、主被人殺、侵害極深、其有受財私和、知殺不告、金科雖無節制、亦須比附論刑、豈為在律無条、遂使独為僥倖、然奴婢部曲、法為主隠、其有私和不告、得罪並同子孫、

この問答の大意は、次の如くである。即ち主が殺されたときに、その部曲・奴婢が加害者から財物を受け取って私的に和解し、官府にその事実を告言しなかった場合、律には明文がないが、その部曲・奴婢の罪はどうなるかと問い、その場合には祖父母父母が殺されたにも拘らず、その子孫が加害者から財物を受け取って私的に和解し、官府に告言しなかった罪を部曲・奴婢に適用すると答えている。これが「比附」の適用であるが、この場合、何故部曲・奴婢の罪に子孫の罪を適用し得るかといえば、疏には「奴婢部曲、法為主隠」とあって、名例律46条により部曲・奴婢は主の為に片面的ではあるが、「容隠」(主が犯罪者であった場合、部曲・奴婢による蔵匿等の罪が免責されること)とされる関係にあり、一方、子孫も祖父母父母の為には「容隠」とされる関係にあって、この「容隠」という点に関しては、部曲・奴婢の主に対する関係は、子孫の祖父母父母に対する関係と同じ性質を有するからだというのである。

さて、アリストテレスの『弁論術』において、この「唐律疏議」の「比附」に相当するものを探せば、第二巻第二〇章「共通の説得手段――例証」を挙げることができよう。アリストテレスによれば、「例証」には「歴史的事実による例証」と「創られた例証」との二種があり、更に後者には「比喩」と「寓話」とがあるとするが、その「比喩」には、次のような事例が挙げられている。

籤で選ばれた者が行政の任に当たってはならない。なぜなら、それはちょうど、競技者の場合、競い合う能力のある者ではなく、籤に当たった者を競技者として選び出すとか、或いはまた、水夫の中から舵をとるべき者を選ぶ際に、まるで、舵をとるのはその知識を身につけている者ではなく、籤に当たった者でなければならないとでも思ってか、籤引きで選ぶのと同じことであるから。(3)

ここでは籤引きで行政官を選び出すことに反対する為に、行政官が競技者や舟の舵取りにたとえられている。何故ここで行政官が競技者や舟の舵取りにたとえられるのかといえば、競技者には「競い合う能力」が、舵取りには、「舵をとる知識」が必要であり、行政官にも、その専門分野に関する能力や知識が必要とされる点においては、競技者や舵取りと同じ性質を有するからであるというのである。このアリストテレスの「例証」の中で援用された、競技者や舵取りを籤引きで選ぶのはナンセンスだとする命題は当時の人々の常識であり、一方、「唐律疏議」の中で援用された、祖父母父母の殺害された子孫が加害者と私和することを禁じた命題は唐王朝によって制定された律条である。一方が世間の常識であり、他方が法規範であるという点では両者は異なるが、その推論の方法や形式は、両者同じであり、しかも類推の対象となっている両事項（「唐律疏議」では子孫と奴婢、アリストテレスの「例証」では競技者・舵取りと行政官）の類似性が理由づけられているという点においても、両者は一致しているといえよう。

三

次に「唐律疏議」のもう一つの著名な法解釈技法である「挙重明軽」「挙軽明重」について見て行くことにする。名例律50条の本文は以下の通りである。

諸断罪而無正条、其応出罪者、則挙重以明軽、其応入罪者、則挙軽以明重、

「挙重明軽」とは、程度の重い犯行について刑を減免する規定があれば、同じ類型に属する程度の軽い犯行については、明文がなくとも、同じ減免規定を適用するというものであり、「挙軽明重」とは、程度の軽い犯行について処罰が規定されているならば、同じ類型に属する程度の重い犯行については、明文がなくとも、同じ処罰規定を適用す

るというものである。[4] 本条の疏には、「挙重明軽」「挙軽明重」の応用例が数例記されているが、その中の一つをそれぞれ挙げれば、次の通りである。

(1)　依賊盗律、夜無故入人家、主人登時殺者勿論、仮有折傷、灼然不坐、

(2)　案賊盗律、謀殺期親尊長皆斬、無已殺已傷之文、如有殺傷者、挙始謀是軽、尚得死罪、殺及謀而已傷、是重、明従皆斬之坐、

上記(1)(2)の大意は、次の通りである。

(1)賊盗律22条によれば、夜間に正当な理由なくして人家に侵入したものは、その家の主人がそれを即座に殺しても無罪である。従ってその侵入者を傷害したとしても、主人は明らかに無罪である。

(2)賊盗律6条によれば、期親の尊長を殺そうと謀ったものは皆斬である。期親の尊長を殺傷した場合の規定はないが、殺そうと謀っただけで死罪を得るのであるから、それよりも重い殺害や傷害の場合は当然皆斬の罪となる。

さて、アリストテレスの『弁論術』の中から、以上の「挙重明軽」「挙軽明重」に相当するものを探せば、その第二三章「説得推論の論点」に掲げられている二八個の共通トポスの中の「『より多い、より少ない』に拠るトポス」といわれるものを挙げることができよう。以下にその実例とその実例が従っている説得推論の一般型を掲げる。[5] なお「説得推論」とは、形式論理学で扱う推論が必然命題をその前提とするのに対し、多くの場合、蓋然命題（大概の場合、真である事柄。通念）をその前提とする推論をいう。

(a)　神々(A)さえもすべてを知っている(C)のではない（前提）とすれば、ましてや人間ども(B)がすべてを知る(C)なんてほとんどない（結論）。

(b)　彼(C)は父親をさえ殴る(A)（前提）のだから、彼(C)は隣人をも殴るだろう(B)（結論）。

(a)　AにはCがより多く属し、BにはCがより少なく属する場合、「AにCが属していない」を前提とすれば、「BにCは属していない」が結論とされる。

(b)　CにはAがより少なく属し、Bがより多く属する場合、「CにAが属している」を前提とすれば、「CにBも属している」が結論とされる。

前掲名例律50条疏の事例について、このアリストテレスの説得推論の一般型に倣って、それを書き改めると次のようになろう。

(1)　夜間に無断で人家に侵入したものを即座に殺した家の主人(A)が罪になる(C)ことがない（前提）とすれば、そのものを傷害した家の主人(B)も、罪になる(C)ことはない（結論）。

(2)　期親の尊長を殺そうと謀ったもの(A)が皆斬に処せられる(C)（前提）とすれば、それを殺したり、傷つけたりしたもの(B)も皆斬に処せられる(C)（結論）。

即ち名例律50条疏の法解釈技法(1)、(2)はアリストテレスの説得推論(a)、(b)にそれぞれ相当するものであり、両者の従っている説得推論の一般型は同じものであることが明らかであろう。

四

次に上記以外の「唐律疏議」の法解釈技法を取り上げ、アリストテレスの説得推論と比較してみよう。名例律46条の本文は次の通りである。

諸同居、若大功以上親、及外祖父母外孫、若孫之婦、夫之兄弟、及兄弟妻、有罪相為隠、部曲奴婢為主隠、皆勿論、……

この文の前段は、親族関係に基づく犯人蔵匿の免責を規定したものである。処で上記の文にある「外祖父母」と「外孫」について、疏は「此等外祖不及曾高、外孫不及曾玄也」といって、この「外祖父母」は曾祖父母、高祖父母を含まず、また「外孫」は曾孫、玄孫に及ばないとしている。この疏の解釈は、名例律52条の「称祖父母者、曾高同、称孫者、曾玄同」を受けて、それをいわば反対解釈したものである。

さて、アリストテレスの前記「説得推論の論点」の章には、「反対のものどもに拠るトポス」といわれるものが挙げられている。今その実例とその実例が従っている説得推論の一般型を掲げよう。

節制(B)は善い(D)（結論）。なぜなら放埒(A)は有害(C)（前提）だからである。

AはBと反対の関係にあり、CはDと反対の関係にある場合、「AにCが属する」を前提とすれば、「BにDが属する」が結論とされる。

前掲名例律46条の疏の解釈は、上記アリストテレスの「反対のものどもに拠るトポス」に相当するであろう。即ち、疏の解釈を上記説得推論の一般型に倣って示せば、次のようになる。

祖父母(A)に曾祖父母・高祖父母が含まれる(C)（前提）とすれば、外祖父母(B)には曾祖父母・高祖父母は含まれない(D)（結論）。

孫(A)に曾孫・玄孫が含まれる(C)（前提）とすれば、外孫(B)には曾孫・玄孫は含まれない(D)（結論）。

この説得推論ではAとB、CとDとが反対の関係にあることが前提となって、結論が導き出されるから、AとB、CとDとがそのような関係にあることが、この結論を導く為の要件である。上記名例律疏において、CとDとが反対の関係にあるのは自明のことであるが、A（祖父母・孫）とB（外祖父母・外孫）とが反対の関係にあるというのは、必ずしも自明のことではない。それを疏が反対の関係として捉えたのは、Aは本族（男系血族親及びその妻）に属し、Bは外姻（本族以外の女系血族親）に属するものであって、両者は服制上、又は法制上、全く異なった扱いをうけていたことに拠るものであろう。（例えば、養子は同宗の昭穆相当の者に限るとする唐律令からすれば、同宗、即ち本族と外姻とは全く反対の地位にあることになる。）

「唐律疏議」において「反対のものどもに拠るトポス」に相当する説得推論の事例は、上記以外にも多く認めることができる。例えば、名例律33条の疏の問答、戸婚律29条の疏の問答等である。

名例律33条の本文には、「諸以贓入罪、正贓見在者、還官主」とあって、財物の奪取、もしくは授受が犯罪を構成するとき、その対象となった財物又はその評価額（「正贓」）が現存しておれば、それを犯人の手から徴収し、原所有者に返還せしめると規定している。(6)なお上記の本文には、「転易得他物、及生産蕃息、皆為見在」という本注がついており、その際、贓物の買替によって得た物、及び贓物から生じた自然果実（同条疏「生産蕃息者、謂婢産子、馬生駒之類」）は、これを贓物と見做すとしている。

処で、この本注の規定をめぐって、疏には次のような問答が記されている。

問曰、仮有盗得他人財物、即将興易及出挙、別有息利、得同蕃息以否、……

答曰、律注云、生産蕃息、本拠応産之類、而有蕃息、若是興生出挙、而得利潤、皆用後人之功、本無財主之力、既非孳生之物、不同蕃息之限、所得利物、合入後人、……

上記の問答の大意は、次の通りである。即ち他人の財物を盗んで、それを資金として商取引を行ない、又はそれを他人に貸し付けて利潤を挙げた場合、その利潤は「蕃息」（自然果実）と同様、「財主」（原所有者）に返還すべきかどうかと問うているのに対し、その利潤は「財主」に返還する必要はない、何故なら、それは「後人之功」（盗人の働き）

により得たものであって、「孳生之物」（自然果実）ではないからと答えている。この名例律33条の問答の内容を単純化して、前記アリストテレスの説得推論の一般型に倣って示せば、次の如くなろう。

原所有者(A)が正贓の自然果実を得る(C)（前提）とすれば、盗人(B)は正贓の人工果実を得る(D)ことが許される（結論）。

この問答の推論において、AとBとが反対の関係にあることは、今更説明する必要はないが、CとDとが反対の関係にあることは、必ずしも自明ではない。従って問答では、とくにDについて、この場合の盗贓の果実は、「後人之功」によるものであって、「財主之力」によるものではないとして、「後人之功」によらないCとの相違を強調している。

五

この類型に属する推論が成立する為には、前述の如くAとB、CとDとが反対の関係にあることが要件となるから、そのことを強調する事例は、戸婚律29条の疏の問答にも見ることができる。本条の本文は、以下の通りである。

諸以妻為妾、以婢為妻者、徒二年、以妾及客女為妻、以婢為妾者、徒一年半、各還正之、若婢有子、及経放為良者、聴為妾、

本条は妻・妾・婢という一人の男性をめぐる複数の女性伴侶の名分、秩序を乱すべからざることを規定した条文である。(7) 即ち妻として娶った女性を妾とした場合は徒二年、妾・客女・婢などのすでに家にある女性を格上げして妻とした場合、妾・客女の場合は徒一年半、婢の場合は徒二年に処せられ、それらの行為はすべて無効として原状回復が

命じられる。次に婢を妾とした場合は徒一年半とされ、やはり原状回復が命じられるが、もし婢が主の子を生んだ場合、又は婢を賤身分から解放した場合は、妾とすることが許される。ここで疏は次の如き問答を設けている。

問曰、婢経放為良、聴為妾、若用為妻、復有何罪、

答曰、妻者伝家事、承祭祀、既具六礼、取則二儀、婢雖経放為良、豈堪承嫡之重、律既止聴為妾、即是不許為妻、不可処以婢為妻之科、須従以妾為妻之坐、

上記の問答の大意は、次の通りである。即ち律は婢を解放して良民とし、妾とすることを許しているが、もし婢を解放して良民とし、妻とすれば、いかなる罪になるかを問うているのに対し、律はただ婢を解放して妾とすることを許しているに過ぎない、これは婢を解放して妻とすることは許されないということである、但し婢を解放して妻とした場合は、婢を妻とした罪ではなく、妾を妻とした罪に従うべきであると答えている。

この問答の中からも、前述したアリストテレスの説得推論と同じ型が見出される。即ち以下の通りである。

婢を解放して良民とし、それを妾とすること(A)が許される(C)（前提）とすれば、婢を解放して良民とし、それを妻とすること(B)は許されない(D)（結論）。

この問答でも、前記名例律33条の問答にみる推論と同様、AとBとが反対の関係にあることは自明ではない。従って問答は、AとBとが反対の関係にあることを証明する為、妻と妾との身分上の相違を殊更に強調している。即ち妻は婚姻成立に至るまでに礼経に規定された六段階の儀礼を経て夫の家に迎えられ、夫族の生命の維持やその祭祀の継承という重大な使命を有するのに対し、妾は本来女奴であって、そういった使命をもたないものであることが述べられている。このように妻と妾とが身分上、全く異なるものであることが強調されて、始めて上記の推論が成立するのであり、かって自家の婢であったものを妻とすることは絶対に許されないという唐律上の一つの原則が確立するので

ある。

このようにアリストテレスの説得推論にみる「反対のものどもに拠るトポス」の型に属する推論の様式は、「唐律疏議」の中に多く認められ、重要な法解釈技法の一つと考えられるが、それにも拘らず、「比附」や「挙重明軽」「挙軽明重」のように、その解釈技法を明示する特別な名称がつけられていないのは何故であろうか。その理由は未だ臆測の域を出ないが、恐らく中国では古くから「対の思想」、即ち物事を相対的に両面からみるという思考方法があって、[8] それがここにも影響しているのではなかろうか。もしそうであるとすれば、この解釈技法は日常化しており、あえて「唐律疏議」の中で、特別な技法として取り立てて扱うほどのものではなかったのかも知れない。この推論の型が古くから存することは、近年出土した「睡虎地秦簡」の中の「法律答問」によっても確認することができる。[9]

「法律答問」には贓物の評価は犯罪時に行なうべきであるにも拘らず、吏が裁判時に評価を行なって判決を下した二つの事案がみえている。その一つは吏が盗人甲に対し、犯罪時に六六〇銭以上であった贓物を裁判時に評価して一一〇銭とし、耐隷臣の刑を科した事例と、もう一つは吏が盗人甲に対し、犯罪時に一一〇銭であった贓物を裁判時に評価して六六〇銭以上とし、黥城旦の刑を科した事例とを挙げ、それぞれ甲と吏との罪を問うている。上記の質問に対し、その解答では甲に対する判決は、これを更正して前者は黥城旦に、後者は耐隷臣に変更し、吏に対しては失刑罪、故意ならば不直罪を科すべきであるとしている。この解答の中にも、すでに前記アリストテレスの「反対のものどもに拠るトポス」と同じ類型の解釈技法が認められよう。推論の構造を理解し易くする為、上記問答の内容を単純化して示せば、次の通りである。

吏が誤って本来黥城旦の刑を科すべき盗人に対し、それよりも軽い耐隷臣の刑を科した場合(A)、耐隷臣の判決を更正して黥城旦の刑を科すべきである(C)（前提）とすれば、吏が誤って本来耐隷臣の刑を科すべき盗人に対し、それよりも重い黥城旦の刑を科した場合(B)は、黥城旦の判決を更正して耐隷臣の刑を科すべきである(D)（結論）。なお上記の推論は、その前提と結論を逆にした場合も成立する。

六

中国の伝統的な法解釈技法の中には、上記以外にも、アリストテレスの説得推論と同型のものを挙げることができる。例えばアリストテレスの説得推論の一般型には、「比例関係に拠って結論が導かれるトポス」や「定義に拠るトポス」がある。次に前者の実例とその一般型を示そう。

（子供でも）身体の大きい者(A)が成人(C)であると見なされる（前提）とすれば、（成人でも）身体の小さい者(B)は子供(D)であると票決されるべきであろう（結論）。

AがBに対する在り方は、CがDに対する在り方と同様であるとした場合、「AにCが属する」を前提とすれば、「BにDが属する」が結論とされる。

処で唐律においては、違法性の軽重に応じて、犯人の行為は五刑二十等（それに加役流が加えられる）の刑罰体系の何れかに位置づけられて判決が下される。即ち犯罪と刑罰とは、その軽重の程度に応じて互に比例関係にあり、それは、例えば窃盗罪において贓物の評価額とそれに対する量刑とが細かく段階的に規定されていることによく示されている。そこでは、すでに「軽（重）い罪を犯したものが軽（重）く罰せられるとすれば、重（軽）い罪を犯したものは重（軽）く罰せらるべきである」という推論が成立しているのである。また、唐律の刑種の一つである「贖」は、犯人の身分や事案の性質（過失・疑罪）によって五刑二十等のそれぞれに付された所定の額の財貨を官に収めることによって実刑が免除される制であるが、ここでも実刑の量定と代替される贖銅の額とは、その軽重に応じて段階的に規定されて、両者は比例関係にある。

そうすると唐律という法典そのものの基本構造は、前述のアリストテレスの「比例関係によって結論が導かれるトポス」と同じ型の思考様式の上に成り立っているといえよう。そもそも「違法の重大さの程度を刑罰の尺度を以て測定・表現することが中国人の法的思惟の基本的形式をなしていた(10)」といわれている。そのことは「睡虎地秦簡」にみる秦の法制にも或る程度妥当するようであり、やはり窃盗罪の量刑と贓物の評価額とは比例関係にあることが窺われる。また興味深いことに、次のような事案が「法律答問」に認められる。即ち身長六尺未満の甲の所有する馬一頭が逃亡し、他家の穀物一石を食べた場合、甲の刑事責任と賠償責任とを問うているのに対し、その解答では甲にはその両方の責任はないとしている。恐らく当時の秦の法制では、係争中の当事者の法的責任を問う規準はその身長の大小に置いていたのであり、この事案の解答では、六尺以上の身長をもつものを成人とみなして法的責任があるとする規定を前提として、そこから六尺未満のものを未成年とみなして法的責任がないとする結論を導き出しているのであろう。そうすると、この推論は前掲アリストテレスの示す実例とその内容がほぼ一致することになる。

次に前記アリストテレスの「定義に拠るトポス」について、今その実例を挙げることは省略するが、その一般型は、次に示す通りである。

Bが A の定義である場合、「CにA（またはB）が属する」を前提とすれば、「CにB（またはA）もまた属する」が結論とされる。

「唐律疏議」には、律本文、本注、及び疏に屢々律用語の定義が規定され、その定義を前提として法解釈が為されている。例えば名例律32条では、「彼此倶罪之贓」は没官すると規定するが、その疏には「彼此倶罪之贓」を定義して、次のようにいっている。

受財枉法、不枉法、及受所監臨財物、幷坐贓、依法与財者、亦各得罪、此名彼此倶罪之贓、謂計贓為罪、即ち「彼此倶罪」とは贓の受領者、授与者ともに処罰される犯罪をいうとし、受財枉法、不枉法、受所監臨財物、坐贓の四種を挙げている。そうすると、以下のような前掲アリストテレスの「定義に拠るトポス」と同じ型の推論の形式が成立することになる。

(1)　坐贓の罪(C)は「彼此倶罪」である(A)（前提）から、坐贓の罪(C)は贓の受領者、授与者ともに処罰される(B)（結論）。

(2)　坐贓の罪(C)は贓の受領者、授与者ともに処罰される(B)（前提）から、坐贓の罪(C)は「彼此倶罪」である(A)（結論）。

雑律1坐贓致罪条の疏には、「仮如被人侵損、備償之外、因而受財之類、両和取与、於法並違、故与者減取人五等、即是彼此倶罪、其贓没官」とあり、坐贓の罪の具体例として他者から財産もしくは身体に損害を受けたものが、法定の賠償額の外に更に財物を受領した場合を挙げているが、この場合は受領者、授与者ともに処罰されるから、この坐贓の罪は「彼此倶罪」であって、その贓は没官されるとしている。そこには、上記推論(2)の形式の存することが看取されよう。「睡虎地秦簡」の「法律答問」にも、法律用語の具体的な定義が多くみられるから、当時、その定義を用いた説得推論も多く為されたに違いない。

七

以上、「唐律疏議」の中にみえる「比附」や「挙重明軽」「挙軽明重」を始めとするいくつかの法解釈技法について、アリストテレスの『弁論術』に現われる説得の技法を手懸りとしながら検討して来た。その結果、推論の型や形式については、両者はほぼ一致するものがかなりあり、殊にアリストテレスの説得手段の一種である「例証」や説得推論の一般型にみる「『より多い、より少ない』に拠るトポス」「反対のものどもに拠るトポス」「比例関係に拠って結論が導かれるトポス」「定義に拠るトポス」等は何れも「唐律疏議」の中にも、それらと類似するものの存することが明らかとなった。恐らく、上記の技法が「唐律疏議」の法解釈技法の基本を成すものであったと思われるが、考えてみれば、それらは今日の法律学でいわれる法解釈の技法、即ち類推、勿論解釈、反対解釈、論理的解釈、体系的解釈等に相当するものに他ならない。

「唐律疏議」には、上記以外にも「相関関係に拠るトポス」「分割に拠るトポス」「部分に拠るトポス」等、アリストテレスの説得推論の型に類似する法解釈技法も存するようであり、更に前述の「睡虎地秦簡」の例から推して、「唐律疏議」にみられる法解釈技法のいくつかは、遠く紀元前三世紀にも溯るのではないかと推測される。[11] もしそうであるとすれば、アリストテレスとほぼ同時代、中国においても、そのレトリック理論と共通するものが存在したことになるが、その詳細も今後の検討に俟たなければならない。

註

（1）アリストテレスのレトリック理論については、次の書を参照した。
アリストテレス『弁論術』戸塚七郎訳（岩波文庫、一九九二年）、
浅野楢英『論証のレトリック――古代ギリシアの言論の技術――』（講談社現代新書、一九九六年）、
同上「レトリックと哲学――アリストテレスの場合」（植松秀雄編『埋れていた術・レトリック』所収、木鐸社、一九九八年）等。

（2）律令研究会編『譯註日本律令　五　唐律疏議譯註篇一』（滋賀秀三執筆、三〇四頁、東京堂出版、昭和五十四年）。

（3）アリストテレス・戸塚訳前掲書二四七頁以下。

（4）律令研究会編前掲書三〇二頁。

（5）アリストテレスによって挙げられている説得推論の実例とその実例が従っている説得推論の一般型については、浅野前掲書一三四頁以下の「説得推論の共通トポス」から引用した。

（6）律令研究会編前掲書一九六頁参照。

（7）律令研究会編『譯註日本律令　六　唐律疏議譯註篇二』（滋賀秀三執筆、二七三頁以下、東京堂出版、昭和五十九年）。

（8）金谷治『中国思想を考える――未来を開く伝統』中公新書、九三頁以下、一九九三年。

（9）「睡虎地秦簡」の「法律答問」については、松崎つね子『睡虎地秦簡』（中国古典新書続編、明徳出版社、平成十二年）、早稲田大学秦簡研究会「雲夢睡虎地秦墓竹簡『法律答問』訳注初稿」㈠㈡（『史滴』二〇・二一所収、一九九七、一九九八年）等を参照した。

（10）律令研究会編前掲『譯註日本律令　五』三三九頁。

（11）なお「睡虎地秦簡」の「法律答問」には、「臣強与主奸、可論、比殴主、闘折脊項骨、可論、比折支」というように、「唐律疏議」の「比附」の原型とも考えられる解釈技法も認められる。

第三　日本の律法典における形式性と実用性

一

「粉飾」という言葉がある。今、手許にある『広辞苑』をひくと、「よそおいかざること。立派にみせかけること」とある。同書には「粉飾決算」という語も載せられており、その意味は「会社の資産内容、収支状況をよく見せるために、貸借対照表や損益計算書の数字をごまかすこと」と記されている。そうすると「粉飾」という言葉には、実際の内容よりも、それをよく見せる為に外見を飾るとか、人の目をごまかすとかというような余り良くない意味が籠められているようである。

唐の長安の都は壮大、堅固な羅城に囲まれていたが、それを模した我が古代の都城は、朱雀大路や羅城門周辺の人目につく所だけ殊更に華美に仕立て上げ、その他は殆どそのような工事は為されなかったといわれている。また外国使節の往来のある山陽道の駅館だけが「瓦葺粉壁」に改められ、その他の駅館はそうではなかったともいわれている。そうすると日本古代の都城や駅館にも、「粉飾」が施されていたといえそうである。しかしよく考えてみると、このような我が古代国家における「粉飾」は、当時の日本の国力からすれば蓋しやむを得ないことであり、またそれなりの日本人の知恵の所産でもあったといえよう。

二

さて日本の律令法典を構成する諸条文を読んでいると、一見しただけでは唐の律令条文と殆ど変らないが、よく読んでみると、その内容は唐のそれとはかなり異なっているという場面に遭遇することがある。これを日本の律令条文の「粉飾」的立法と呼んでよいかどうかは暫く措くとして、その典型的な事例の一つが養老名例律12婦人有官位条であり、この条文は我々が日本の律令法典における立法の仕掛けやそのメカニズムを解明しようとするとき、好個の資料を提供するように思われる。この条文に関しては高塩博氏の研究があって、(1)すでに委曲が尽くされている。ここでは高塩氏の研究に拠りながら若干視点を変えて、もう一度、この条文を眺めてみたい。

我が国には従来、夫や子の官位に応じて、その妻や母に一定の官位を授けるという制は存在せず、日本の婦人に与えられる官位は、すべてその婦人の一身上の功によって独自に授けられるものであった。しかし唐においては、婦人の有品者には夫や子の蔭によって官品が授けられる場合があった。唐律同条は、そのような婦人の犯罪に対する処罰規定であって、日本では、それをそのまま受容することはできなかった。そこで養老律撰者は、唐律の「不得蔭親属」を削ることによって、一方では日本の婦人のもつ官位がその親属に蔭を及ぼすことを認めて、唐律同条を一身上の功によって独自に官位が授けられた婦人の犯罪という日本の律にふさわしい内容に改めると共に、他方では「各依其品、従議請減贖当免之律」という官品を有する婦人に対する唐律の処罰方式を採用して、本条全体を唐律の形式に合わせることとしたのである。しかも立案された養老律には、ただ「婦人有官位犯罪者」とのみあって、夫や子の蔭によらずに独自に官位を得た婦人の犯罪であることは一言も記されていない。また本条には疏に当る文も付されていないから、その内容上の特異性を直接窺うこともできない。

かくして本条は、その法的内容は唐律とは異なるが、外見上は極めて唐律に類似する規定となった。我々が長い間、本条を唐律同条とほぼ同じ内容をもつ条文であるかの如く思いこんで来たのは、養老律撰者が本条を唐律同条に対応し得るように立法上の工夫をこらし、同じく官品、官位を取得した婦人の犯罪という共通の性質を利用して、唐律に倣ってそれと同じ位置に本条を配したからであろう。

三

外見上は唐律に酷似するが、その内容は唐律と異なる条文は他にも存する。養老戸婚律9立嫡違法条がそれである。本条と唐律同条とを比べると、その本文は両者全く同一である。ただ本文を解釈した唐律の疏の文、「立嫡者、本擬承襲、嫡妻之長子為嫡子、不依此立、是名違法」の「襲」一字が養老律逸文では「家」に変えられているに過ぎない。我が立法者が家の相続をいかに規定するかを考えたとき、中国では家を継ぐという観念が存しない為、唐の封爵の相続人選定法（嫡子による単独相続）を我が継嗣法に持ちこんだのであるが、本条はその法定順位違犯の人選をした場合の処罰規定である。従って上記の「襲」字から「家」字への変更は、日本の国情により本条の内容を唐の封爵の相続法違犯の処罰規定から家の相続法違犯の処罰規定に作り変えたものであるが、同時にこの一字の変更により唐のその処罰規定の方式を、そのまま我が養老律に借用することができたのである。

このように両者の立法上の目的は全く異なるにも拘らず、養老律撰者は唐律の形式に忠実に従って前記の一字以外の改訂は施していない。しかも日本律の原本では、唐律の疏に相当する注文は小字双行に記されたと思われるから、右一字の相違は目立ちにくく、その本文をみる限り両者は同文である。

養老賊盗律47売二等卑幼条も、唐律同条が妻と妾との刑事法上の扱いを異にしているにも拘らず、養老律がそれを同等に扱っていることを示す重要な条文であるが(2)、養老律の本文をみる限り、それは明瞭ではない。右の事実は唐律同条の問答を論述体に改めた養老律の小字双行の注文の中に、唐律問答中の「妻」の後に「妾」が追記されていることから知り得るに過ぎない。また養老律では、唐律問答中にある「為百代之始、敦両族之好」を削除しているが、養老律撰者がこの文を削除したのは、儒教倫理的な章句を省いて律文全体を簡潔なものにすると共に、この文を削除することによって「妾」を追記したこととの整合性を図ろうとしたからであろう。そうであるとすれば、この「妾」の追記と前掲文の削除は、やはり国情によって妻を売って婢とする罪と妾を売って婢とする罪とを同じく論ずると共に、他方では妻を売った場合、これを「余親」として扱い、その罪は「凡人和略法」に従って処罰するという唐律問答の解釈を我が妾を売った場合にも、そのまま適用する為の作業であったといえよう。

四

日本律撰者が唐律の形式（条文の用語、文章、構成、配置等を含む法規定立の方式やその類型）に倣って新しい律法典の諸条文を立法しようとするとき、大雑把にいえば、その法的内容を殆どそのまま受容してもよい場合とそうではない場合との両者があったと思われる。前者の場合は唐律の条文のままか、もしくは唐律に存する事物の名称や量刑を単に改めるだけで容易に日本律の条文を立案することができたであろう。問題は後者の場合である。その際、その条文や条項は削除するか、もしくはその内容を日本の国情に従って変更するか、その何れかの方法をとるが、内容を変更する場合にあっても、変更したその内容は、できるだけ唐律の形式に倣って処理するように努めた。しかしそうはいっても、その作業は決して容易ではない。何故なら唐律の各条文は、唐律全体に通ずる一貫した論理の上に立って構築されているからである。従って日本的に改変された律の内容を唐律の形式に沿って立法した場合、その条文の内容は唐律に内在する論理構成を歪めて、その条文の他の部分と矛盾・齟齬したり、また他の日本律令の諸条文と矛盾、重複したりする事象を惹起することになって[3]、その作業は或る程度、成功する場合もあるが、そうではない場合も屢々あったのである。

このように考えると養老律冒頭の八虐・六議の制も、唐律の十悪・八議の制を継受するに当って、日本の国情からする現実上の要請と唐律の形式の継受からする理念上の要請と、この両者の矛盾、葛藤の所産ではなかったかと思われる[4]。極言すれば日本律諸条文の立法とは、すべてこの両者の折合いをどのようにつけ、両者の調和をどのように図るかという鬩ぎ合いの作業であった。しかも、それは日本の律法典の編纂そのものにおいて、すでに認められるものである。即ち唐の律と唐の律疏との両者から日本の律法典を編纂すべきであるとする当時の現実的要請を踏まえて、日本律撰者は唐の律疏の機能の中でも、律文の解釈の統一という最も基本的な機能を唐律の本注の形式に倣って最小限、取り入れることによって、一方では当面の律運用に必要にして簡便な内容をもつ律法典を制定すると共に、他方では従来の中国の法典編纂の規範からも大きく外れない日本独自の新しい律法典を創り出したのである[5]。

五

従来、日本律の編纂については、単に唐律の「直写」「直輸入」などといわれて来た。しかし、そこには日本律撰者が立法に当り、唐律の形式を重視して、むしろ唐律の「直写」「直輸入」に心掛け、また国情に従って唐律の法文の一部分に対し削除、変更、追加、合併などの作業を施しながら、なおその条文全体を「直写」「直輸入」にみえるように仕立て上げた努力も存在したように思われる。それでは何故、日本律撰者はこれほどまでに唐律の形式に固執するのであろうか。それは恐らく当時の為政者にとって唐の律令法典は、その理想の国家像の骨組みを支える為の最もよく整備された合理的な法典であって、それに倣うことが適法性、合法性を得る為の不可欠の作業であると考えられていたからであろう。当時の明法官人は唐の律令を指して「本律」「本令」と呼んでいるが、この言葉の中には、そのような意味合いが籠められていたとみることができよう。唐の律令法典は、日本の為政者にとって、それほどまでに高い権威を有していたのである。

しかし唐の律令法典の形式に倣うとはいっても、律法典と令法典とでは若干、その程度を異にする。確かに律法典は令法典よりも、より「直写」「直輸入」的傾向があった。それは何故か。もとより両者には日本への受容の歴史上の違いがあるが、一般的にいえば令法典は行政組織や官人の執務準則を定めたものであり、律法典はそれに違犯したときの処罰法規である。この処罰法規は中国的な刑法理論の上に立って構築されており、そこには国家的規模や歴史的経緯等によりその行政組織や官僚組織に関する諸規定を大幅に異にせざるを得ない令法典に比べて、一定程度の普遍性や自己完結性があった。従って律法典の継受は、令法典のそれに比べて唐の法条の形式に倣うことが比較的容易であったと思われる。しかし令法典と雖も、唐令はもとより更にその格式礼等の形式に倣うことを原則としたであろう。但しそれが不可能なときは、日本において新しく条文の形式を創造したであろう。憶測を逞しくすれば、その場合にあっても、唐の律令法典の淵源である中国歴代王朝の諸法典の形式や唐の律令法典の基本的な原理にできるだけ依拠して立法しようとしたのではなかろうか。

もしそうであるとすると、日本の立法者が倣おうとした律令法典の形式は、決して厳格に一定したものではなく、中国律令法体系上の形式ともいうべきものであって、その枠は緩やかで大きなものであった。日本律令の撰者は、その大枠を守りながらも、その中で日本の独自色を出すように心掛けたであろう。日本律令編纂の本領は、このようにしてその形式性と実用性とのバランスをとろうと苦心したことにあり、その技術はかなり巧妙であったといえよう。右のような形式を備えた律令法典を編纂することが当時の日本にとって国の内外に対し、律令という共通の価値基盤を獲得することとなり、それはまた新しい国づくりを正当化することにも繫ったと思われる。

最後に律令法典の立法における形式性と実用性との関係についてであるが、一応、次のように考えられよう。即ち立法の作用が実用性に乏しく形式性のみに終始すると、立法された規範の内容は実生活から遊離したものとなり、その法典は実効性を欠くものとなる。逆に立法の作用が形式性に乏しく実用性のみに終始すると、立法された規範の内容は恣意的なものとなり、その法典は首尾一貫性や体系性を欠くものとなる。上記の意味で実用性はその法典に現実的生命を吹きこみ、形式性はその法典を正当化し、権威づける。しかも両者は互に関連し、互に他を補完する関係にあるといえよう。

註

（1）　高塩博「名例律婦人有官位条について」『日本律の基礎的研究』所収（汲古書院、昭和六十二年）。

（2）　拙稿「日本律における妾の地位——唐律との比較から——」『法史学研究会会報』（明治大学法学部法史学研究会）第八号（平成十五年）一三頁以下（本書第一巻所収、二五〇頁以下）参照。

（3）　養老名例律12条が他の名例律諸条と重複する規定であることについては、前掲高塩論文参照。また養老賊盗律47条の唐律問答に相当する注文には、「本犯非応義絶、或准二等之幼」とあって、この個所は「妾」が「義絶」の対象にはならないとする養老律令の他の規定（戸令31条、戸婚律40・41条逸文）と矛盾する。

（4）　拙稿「「因循」について――日本律令制定の正当化に関する考察――」『國學院法學』第二八巻第三号（平成三年）二三頁以下（本書第一巻所収、八一頁以下）参照。

（5）　拙稿「日本律編纂の意義について」小林宏編『律令論纂』（汲古書院、平成十五年）（本書第一巻所収）参照。

第四　日本律逸文三題

一　戸婚律8養子捨去条

文永四年（一二六七）、明法博士中原章澄が著わした「明法条々勘録」3条には、次の如き文が見えている。[1]

一雖違法養子、無子者可聴否事

正条雖制之、先達或聴之、以何可謂叶時宜哉云々、

右戸婚律云、養子所養父母無子而捨去、徒一年、其遺棄小児三歳以下、雖異姓聴収養、即従其姓、

戸令云、無子者、聴養四等以上親於昭穆合者、即経本属除附者、

違法養子事、節制之条、令典已明、雖須改正、性命将絶故、為令継家業、令収養之条、雖異姓有何事哉、然而許否可在時宜歟、執憲履縄、務従折中之故也、

律令の養子法では、男子なき場合、養子は四等以上の親族の中から昭穆にかなうもの（養子が養父にとって子の世代に属するもの）を選ぶ必要があったが、ただ三歳以下の小児の遺棄されたものは、異姓であっても養子とすることが許されている。右の「勘録」の文は、これらの律令条文を明示した上で、なお家業を継がせる為に迎えた養子は、たとえ律令の禁ずる異姓のものであっても、違法であるとして養親子関係を解消させる必要はないとするものである。[2]

ここで中原章澄の論法を検証すると、彼は、先ず違法養子についての律令の規定が明白であり、それが発覚した場

合には原状回復が義務づけられていることを述べ、それにも拘らず、律令養子法の原意を否定する論拠として、「性命将絶故」と「為令継家業」との二つをあげているように思われる。即ち、章澄は養子になろうとするものの生命に危険があり、且つ家業を継ぐべき実子のいないときに限って異姓養子を許すという、いわば律令養子法の例外を認めようとするのである。前掲「勘録」の文をそのように解することができるとするならば、右の「性命」とは遺棄された小児の「性命」を指すことになり、章澄は遺棄された三歳以下の小児の生命がまさに危機に瀕している場合には異姓であっても、これを養子として迎えることは律令も禁じていないことを指摘しているのであって、この規定を論拠にして、更に律令の禁ずる異姓養子を一定の要件が満たされている場合（ここでは家業を継ぐべき実子のいない場合）に限って、これを認めようとするのである。

さて唐戸婚律本条の疏文には、次の如き文が見えている。

其小児年三歳以下、本生父母遺棄、若不聴収養、即性命将絶、故雖異姓、仍聴収養、即従其姓、

右の文に「性命将絶」等の語が見えていることは、養老戸婚律本条にも、「性命将絶」等の語や右の唐律本条の疏文に相当する文が存し、章澄はそれに拠って、前述の学説を展開したということになろう。

二　擅興律1擅発兵条

養老公式令19計会式条は、太政官が一年間に諸国・諸司に下した詔勅・官符等を各国・各司別に集計し、計会に備えるために作成される帳簿の様式を定めたものであるが(3)、同条には次の如き規定が見えている。

若非官処分、而国司応送人物、向京及他国者、送処領処、亦准此為会、

右の文は、太政官が直接関与しない諸司相互間の人・物等の授受に関して、本条に準ずべきことを定めたものである。(4) 処で右の規定に関する令集解の文には、次の如き明法家の学説が見えている（国史大系本八三〇頁）。

額云、非官処分、国司可送人物向他国者、擅興律云、雖非所属、比国郡司得調発給与是也者、

右の額説では、太政官が直接関与しない諸司相互間の人・物の授受の例として擅興律1擅発兵条を挙げているが、この擅興律1条は、唐律では次の如きものとなっている。

諸擅発兵、十人以上徒一年、百人徒一年半、百人加一等、千人絞、………其寇賊卒来、欲有攻襲、即城屯反叛、若賊有内応、急須兵者、得便調発、雖非所属、比部官司、亦得調発給与、並即言上、………

右の唐律の傍線部に相当する養老律は、現在では次の如く復原されている。

其寇賊卒来、欲有攻襲、即反叛、若賊有内応、急須兵者、得便調発、雖非所属、比国郡司、得調発給与、

前掲傍線部以下の解釈は凡そ次の通りであろう。即ち敵方が国境を越えて我が方に急襲せんとしたり、或は国内に叛乱が生じて敵方に内応せんとしたりして緊急に兵を用いる必要が生じた場合は、その旨を言上して報せを待つという正式な手続きをとらずに直ちに発兵・給兵することが許される。しかもその場合は所在の兵を管掌する官司でなく、その隣接する官司であっても、右のことが許される。但し、このように正式な手続きをとらずに兵を動かした場合は、事後直ちにその事情を言上しなければならないと。即ち当該規定は、緊急事態発生の場合における臨機の措置を定めたものである。

さて、前掲令集解の文には、続いて次の如き問の文が見えている。

未知、此後則言上者、若殊乎何、

右の文は難解であるが、恐らく次の如き意味であろう。即ち額説は太政官が直接関与しない諸司相互間の人・物授

受の例として、右の擅興律1条の緊急事態発生の際の発兵・給兵がこれに当るとしているが、所在の国郡司が事後に太政官に言上する場合には、果してそれは太政官の処分と異なるといえるであろうかと。

もし右の如く前掲令集解の問の文を解することができるとするならば、この集解の文は、前掲唐律本条に見える事後直ちに発兵・給兵の事情を「言上」するを要するとした文とほぼ同一の文が養老律本条にも存して、それを踏まえて作られているといえよう。以上から養老擅興律1条の「則《(即)》言上」の三文字が復原可能であろう。

三　闘訟律47子孫違反教令条

前記「明法条々勘録」1条には、次の如き文が見えている。

闘訟律又云、子孫違反教令及供養有闕者、徒二年、

説者云、(1)誣告子孫之時、尚得勿論、(2)故合宜者、順行而無罪皆是、(3)何者、行即有愆等、不可罪故、

右の「闘訟律」は、養老闘訟律47条であって、次の「説者」は、この闘訟律を解釈した明法家の学説である。闘訟律47条は、子孫が祖父母父母の教令に違反したり、又子孫が資産あるにも拘らず、祖父母父母に対して十分に飲食を供給しなかったりした場合、徒二年の刑に処すという規定であるが、次に見える「説者云」の文の意味するところは頗る難解である。

今、唐律本条の疏文を参照しながら、その意味をとっていくと、凡そ次の如く解釈することができそうである。先ず傍線部(1)であるが、それは「祖父母父母が子孫を教令違反の罪によって誣告しても、なお祖父母父母は無罪である」という意味であって、これは闘訟律前条、即ち46条の「即誣告子孫外孫子孫之婦者、各勿論」をうけて書かれた文章で

ある。傍線部⑵は、「故に祖父母父母の告言が教令違反の誣告ではなく、正しいものであるとするならば、その場合の教令とは、子孫がそれを実行しても有罪とはならないものがみなそれに相当する」というように、又傍線部⑶は、「何故なら、祖父母父母の教令は、それを実行すると子孫が有罪となるようなものであるならば、子孫はその教令に違反しても、本条でいう祖父母父母の教令に違反した罪（徒二年）にはならないからである」というように一応解することができる。

傍線部⑴⑵⑶の三者間の文脈についてもなお定かではないが、ただ右の「説者云」の文は、唐律本条の疏文に相当する文が養老律にも存して、それを踏まえて作られていることは、ほぼ誤りないように思われる。何故ならば、唐律本条の疏文は、次に示す通りであって、そこには「説者云」の文と同一の用語、即ち「合宜」、「行即有愆」、「不合(可)（有）罪」等が認められるからである。

祖父母父母有所教令、於事合宜、即須奉以周旋、子孫不得違反、……若教令違法、行即有愆、家実貧窶、無由取給、如此之類不合有罪、……（祖父母父母の教令の内容が適正なものであるならば、子孫はその実行に努めて教令に違反してはならない。……もし教令が法に違反し、それを行えば有罪となるようなものであり、また家が貧しく祖父母父母に十分な供養ができない場合は、子孫は本条の罪には該当しない。）

以上から、ここでは右の唐闘訟律47条の疏文に相当する文が養老闘訟律本条にも存在した可能性を指摘しておきたい。

註

（1）「明法条々勘録」の文は、笠松宏至他編『日本思想大系22　中世政治社会思想 下』（岩波書店、一九八一年）所収のものに拠る。

（2）佐藤進一「公家法の特質とその背景」前掲書四〇〇頁以下参照。

（3）井上光貞他編『日本思想大系3　律令』（岩波書店、一九七六年）三八四頁の頭注に拠る。

（4）井上他編前掲書三八五頁の頭注に拠る。

第五　令集解引載の「或釈」について

令集解には「或釈云」という令私記が選叙令、考課令、禄令に計十一例みえている。この「或釈云」について、瀧川政次郎氏は「或る解釈書に云ふの意なるか、又令釈に数種ありて、或る令釈に云ふの意なるか、詳かならず」と述べられている（三浦周行・瀧川政次郎共編『令集解釋義』四七三頁の標註、復刻版、国書刊行会、昭和五十七年）。この「或釈云」が「或る解釈書に云ふ」の意ではなく、「或釈」が令釈とは別個の令私記でありながらも、また令釈と極めて密接な関係を有する書であることは、それが何れも「釈云」の直下に「或釈云」として続けて引用されていることによって容易に推測することができよう。本稿では、この上記「或釈」の内容を令釈等と比較することによって、「或釈」のもつ令注釈書としての性格の一端を窺いたいと思う。

令集解にみえる「或釈」十一例を考察するに当っては、叙述の都合上、これを令の篇次によらず、「或釈」の性格を最もよく示していると思われる考課令1内外官条の二例から逐次検討して行くこととする。

(1)　考課令1内外官条（国史大系本『令集解』五三二頁、五行左、以下の頁数、行数も同上）令文「毎年当司長官」の下、「或釈云、省内寮司、各録其行能功過、送所管省、々長官定等第、申送太政官也、当司本司、文異義同也、」

(2)　考課令同条（五三二頁、八行右）令文「考其属官」の下、「或釈云、唐令釈云、属官謂所管局署等、大和山田説亦同此義、」

(1)に関する令釈は、「釈云、省内寮司、各当司長官考其次官以下、但寮司長官考者、省長官考、又押監耳」として、省内の寮・司は各その官司（寮・司）の長官が次官以下を考（勤務評定）し、寮・司の長官のみ所管の省の長官が考すると解するのに対し、「或釈」は、省の被管である寮・司は、すべて所管の省の長官が考すると解する。(2)に関する令釈は、「釈云、当司次官以下、謂之属官」として、令文の「属官」は所管、被管にかかわらず、その各の官司の属官と解するのに対し、「或釈」は、唐令釈に拠って被管の官司の属官と解する。

集解編者がここで「或釈」を引用したのは、本条の当該個所の解釈が「或釈」と令釈とで対立していたからであろう。なお(1)の「或釈」の文に続く「讃案」は、令釈と同じ説を採り、(1)の「或釈」の文を「旧説云」として引き、「此説時人思非」と注記する。またそれに続く「興大夫云」も「依古令意所陳、於今不合也」と述べて、この「或釈」の説は、大宝令の意によって解釈したものであり、養老令には適合しないとする。次に(2)の「或釈」についても、讃説は、「讃云、属官、謂当司次官以下、唐令釈云、属官謂所管局署等也、大和山田等同此説者非也」として令釈の説を採り、「或釈」の説を否定する。なお古記は、「或釈」とその解釈の内容はほぼ同じである。（但し、古記は「所管寮司等」と共に「本司内人」も、「属官」に含むとする。）

以上から我々は以下のことを推測することができよう。先ず讃説が令釈と「或釈」との二つの対立する学説を引用して、その一方を否定していることは、集解引載の「或釈」が何れも令釈の文の直下に配されていることと併せて、もともとこの二つの私記がセットのものとして極めて密接な関係にあったことを窺わせる。次に「或釈」は、新令の私記であるが（新令の私記でなければ、「興大夫」は「依古令意所陳、於今不合也」とはいわなかったであろう）、それは大宝令の注釈の影響を濃厚に受けた書であったということである。

(3)　選叙令19帳内労満条（四九四頁、六行右）　令文「才堪理務」の下、「或釈云、不至貢挙之科、資人不合、」本条は本主が帳内の「才堪理務」の者を内位に叙することを願った場合、それもゆるすという規定であるが、令文の「才堪理務」について、「或釈」は上記の如く解している。その意味は、「或釈」の文に続く古記が「古記云、才堪理務、謂工書算、幷知法令、唯不至貢挙之科也」と記すように、書写や算術に巧みであり、且つ法令に明るい才能を有することであるが、官人の候補者として本主が推挙するに足る才能を有することまでは必要としないということであろう。令釈は、この「或釈」や古記の説に対し、「釈云、才堪理務、不至貢挙之科者非也」としてこれを否定し、この場合、本主が官人の候補者として推挙するに足る才能を帳内が有することを叙位出願の要件と解している。

ここでは、令釈の文から「或釈」が令釈に先行する私記であることが明らかであり、且つ古記と「或釈」が同説であって、令釈がそれを否定している図式も、(1)(2)の例と同じであるといえよう。

(4)　禄令6初任官条（六五九頁、一行右）令文「凡初任官者、雖不満日、皆給初任之禄、」の下、「或釈云、其遭喪解官之徒、周期之内復遷任者、不在初任之例、通計前任日給耳、何者、為未付散位考帳故、余同上釈、但无和銅三年以下、入初任之例耳以上文也、」

右の「或釈」の文は、「何者、為未付散位考帳故」までであり、「余同上釈」以下は集解編者の文である。令釈の文は、「釈云、初任、謂无禄入有禄也、和銅三年二月四日太政官処分偁、初任者、无禄人遷任有禄者、其有禄人転任他司者、不入初任之例、案以理解任之徒復任者、依此処分、皆入初任之例耳、……」とあるから、集解編者は「或釈」なる令私記一本を所持して、令釈の文と比較しながら、「或釈」の令釈相当個所をここに引用した可能性が大である。何故、集解編者が、ここに「或釈」を引用したかといえば、それは令文「初任」の解釈が令釈と「或釈」とで対立していたからであろう。即ち令釈は、「初任」を解釈するに当って和銅三年二月四日の太政官処分を引用し、喪に遭って解任するなど、いわゆる理をもって解任した者が復任した場合も、この太政官処分によって初任の例に入るとした。これに対し、「或釈」は、喪によって解任した者が一年以内で復任・遷任した場合は、初任の例には入らないとしている。因みにこの個所の古記の解釈は不明。

(5)　選叙令23癲狂酗酒条（五〇〇頁、二行左）　令文「凡経癲狂酗酒」の下、「或釈云、倒仆為癲、音徒賢反、妄触為狂、音渠王反、余同上釈、」

本条は「癲狂酗酒」（癲癇、精神異常、酒乱）のあった者、及びその父祖子孫が死刑に処せられた者は侍衛の官に補任されないという規定である。右の令文「癲狂」について、令釈は「釈云、癲狂之釈、具於戸令、則葛氏方云、凡癲疾発、則仆地吐涎沫无知也、……」として、「癲狂」の解釈はすでに戸令において具陳したと述べている。今、戸令7目盲条の令文「癲狂」の下の令釈をみると、前掲「或釈」とほぼ同じ文が存する（二六七頁、二行左）。本条に「或釈」の文が引かれたのは、令釈が戸令7条に存する「癲狂」の解釈を省略した為であって、それを集解編者が「或釈」の文によって補ったものであろう。なお「癲狂」に関する古記の文も、その内容は令釈や「或釈」とそれほど大きな違いはない。

(6)　選叙令29秀才進士条（五〇五頁、三行右）　令文「明法、取通達律令者、皆須方正清循、」の下、「或釈云、循、宜也、方、則也、始也、義也、且也、余与上釈无別也、」

右の「或釈」は、令文「循」「方」の訓詁的注釈のみを述べており、一方、令釈には「釈云、……方、法術也、方正也、……循、自也、従也、……」とあって、集解編者も「余与上釈无別也」と注しているところからすれば、令釈には存しない令文の文字の注釈を補う為、「或釈」がここに引用されたのであろう。なお古記は不詳。

(7)　考課令13最条、式部（五六二頁、六行左）　令文「銓衡人物」の下、「或釈云、銓衡也、所以称量軽重也、人物、美士之称也、猶劉邵人物志也、謂銓衡文官之内人物、知其識度、随事差充耳、仮如明法之吏、遣覆囚使、清廉之人、使勘財物之類、是謂銓衡人物、」

右の「或釈」は令釈の文と比べて、その内容は殆ど変っていない。ただし、「或釈」の「人物、美士之称也、猶劉邵人物志也」を令釈では、「人物者、士人之称也、諸子記伝、称有知人之鑑、以為長於人物、不可具挙」とする。なお古記には、「古記云、問、銓衡人物、擢尽才能、其別若為、答、爾雅云、好人謂之人物、猶劉邵人物志是、……」とあるから、「或釈」は古記の説を受けたものであろう。令文の「人物」について、古記や「或釈」は、これを「好人」「美士」（すぐれた人物）とするが、令釈は「士人」という一般的な意に解したのであろう。

⑻　考課令29最条、兵庫（五七〇頁、三行左）令文「慎於曝涼」の下、「或釈云、曝、乾日也、涼、当風也、」

右の「或釈」は、令釈の文、「釈云、案、曝、陽乾、音蒲木反、涼、風涼也、音呂張反」と比べて、令文の「曝」「涼」の文字の解釈は殆ど変らない。令釈の「涼、風涼也」を更に分り易くする為に「或釈」が引かれたものか。古記は不詳。

⑼　考課令40最条、博士（五七三頁、九行右）令文「訓導有方、生徒充業、」の下、「或釈云、方、道也、義也、」

右の「或釈」は、令文「方」の訓詁的注釈を示すのみである。令釈は「釈云、訓導有方、孔安国注論語曰、方、道也、……」とするが、「義也」という解釈がない為、「或釈」がここに引かれたものか。なお古記には、「古記云、……問、有方、答、孔安国論語注云、方、道也、訓以義方」とあるから、「或釈」の解釈は、それを受けたものか。

⑽　考課令44最条、解部（五七六頁、二行右）令文「推鞫得情、申辨明了、」の下、「或釈云、鞫、罪窮也、音挙竹反、申辨、録罪人辨辞、於判事幷大少輔所、自読申也、」

右の「或釈」は、令釈の文に令文「申辨」の解釈がない為、集解編者によって、ここに引かれたものであろう。「申辨」について、「或釈」はこれを解部が罪人の「辨辞」（供述）を記録して、判事及び大少輔の前で読み上げることと解するが、古記は「古記云、……問、申辨、答、辨謂訴人之辨也」として訴人の「辨」とする。

⑾　考課令49最条、関司（五七七頁、七行左）　令文「譏察有方、行人无擁、為関司之最、」の下、「或釈云、擁壅同音、所以相渉耳、壅、障也、」

右の「或釈」は、令釈の令文「擁」字の説明に「釈云、……擁与壅音相渉、並音於瀧反、……」とあって、「壅、障也」という解釈がない為、集解編者がそれを補ったものか。なお古記には、右に相当する文はない。

以上、令集解に引載された「或釈」十一例の内容について、主として令釈と比較しながら検討を加えて来た。その結果、凡そ次のことが指摘し得るであろう。

一、「或釈」とは、その実体は「令に関する或る注釈書」というような不特定な私記ではなく、令釈に先行する、或る特定撰者による新令の私記である〈⑴⑵⑶〉。

二、「或釈」の引用文には、集解編者によって「余同上釈」〈⑷⑸〉、「余与上釈无別也」〈⑹〉と注記されており、またその引用文には令釈の文章と酷似するものもあるから〈⑸⑺〉、「或釈」の内容は令釈と殆ど変らない部分が多かったと推測される。

三、しかし一方、「或釈」は、令釈に比べて大宝令の注釈の影響を濃厚に受けているという特色を有し、前記十一例中にも、令釈の説とは異なり、古記の説にほぼ一致するものが五例みえる〈⑴⑵⑶⑺⑼〉。但し古記の説と異なるものも一例存する〈⑽〉。また大宝令施行期の代表的な明法家、大和長岡、山田白金の学説とも密接な関係にあったことを窺わせる〈⑵〉。

四、「或釈」の文は、集解編者によって令釈の直下に令釈に続けて配されており、しかもその内容には令釈と対立する説〈⑴⑵⑶⑷⑺〉、及び令釈には記されていない注釈〈⑸⑹⑻⑼⑽⑾〉が見えるから、集解には令釈を補充する為に引載されたと思われる。

このように考えて来ると、「或釈」は新令施行後、恐らく天平宝字元年（七五七）九月の新令講書後、まもなく撰述された可能性が大であり、また「或釈」という呼称から令釈に先行するもう一つの令釈のあった可能性も捨て切れないが、少なくとも古記と令釈との中間に位置する権威ある令私記であったことは疑いない。早川庄八氏は、新令講書後に成立した令注釈書として新令私記、新令説、新令問答、新令釈の四者を挙げられ、右の中、「新令釈」は「新令ノ釈」の意であって、戸令集解32鰥寡条に引かれるものは山田白金自身の解釈を示し、それは古記と同説であるが、令釈説とは異なること、また職員令集解37縫部司条に引かれるものは、「依旧」、即ち大宝令の注釈に従って解釈しており、古記も同説なること等を明らかにされた（「新令私記・新令説・新令問答・新令釈――天平宝字元年新令講書についての覚えがき――」『日本古代の文書と典籍』所収、吉川弘文館、一九九七年）。そうすると新令釈と「或釈」とは、その令注釈書としての性格において甚だ類似するものがあるということになる。但し「或釈」が令集解巻第十七、十八、十九、二十三の選叙、考課、禄の三令にしか見えないことなど、まだ不明な点も多い。

第六　明法家の法解釈にみるフィクションの特徴

一

私が大学にはじめて就職したのは、今から三十五年も前のことである。その際、瀧川政次郎先生からいわれた言葉がある。「君も、これから大学に奉職して給料を貰う身分になったのだから、授業や会議などを些細なことで休んだらいけない。しかし、人間には他人にいえないような理由で、どうしても職場を休まなければならないときもある。そういうときは病気だといって休みなさい。」それから一呼吸おいて、「仮病《けびょう》も立派な病気の一つだヨ」といわれた。この「仮病も立派な病気の一つだ」という言葉は、今も私の脳裏に印象深く焼きついている。

仮病が病気でないことくらい、子供でも承知している。それにも拘らず、先生はあえて「仮病も立派な病気の一つだ」といわれた。それは何故か。何故、「仮病も立派な病気の一つ」なのか。それについての説明はなかったが、先生のいわれる「仮病」とは、いわゆるズル休みをいうのではない。先生にとって、それは「他人にいえないような理由で、どうしても職場を休まなければならない場合のこと」であり、人間の行為規範上、それは真正の病気と同じ効果をもつものであったに違いない。だから先生は、「仮病も立派な病気の一つだ」といわれたのである。つまり先生は「職場を休まなければならないような、やむを得ない事故」を病気の一種と見做されたのである。

さて、法実務上の擬制（フィクション）は大きな意味をもち、とりわけ法解釈の説得力と深く関わる問題である。

この法解釈上の擬制は、既存の法規を従来通りに適用したのでは不都合な結果を生ぜしめると考えられる場合に、妥当な結果を求めて法を創造し、法を発展させる為に行なわれるとされる。(1)

明法家の法解釈（学説）において、法源（主として制定法である律令格式）とその解釈の結果である結論（案文）との間に、従来の解釈によれば矛盾があるとされるにも拘らず、両者があたかも一致するかのように推論するテクニックが擬制であるとすれば、明法家の法解釈には、この種の擬制が多く行なわれていることに気づくのである。

それでは、明法家の法解釈技術としての擬制とは、具体的にどのような方法によって行なわれるのであろうか。その方法にはいくつかあるが、最も多く行なわれるのは法文からの案出の方法による擬制である。次にその一例を示そう。即ち、「明法条々勘録」３条にみえる「違法養子」に関する明法家の解釈である。

一雖違法養子、無子者可聴否事、

正条雖制之、先達或聴之、以何可謂叶時宜哉云々、

右戸婚律云、養子所養父母無子而捨去、徒一年、其遺棄小児年三歳以下、雖異姓聴収養、即従其姓、

戸令云、無子者、聴養四等以上親於昭穆合者、即経本属除附者、

違法養子事、設制之条、令典已明、雖須改正、性命将絶故、為令継家業、令収養之条、雖異姓有何事哉、然而

許否可在時宜歟、執憲履縄、務従折中之故也、

律令の養子法によれば、養家が養子を迎えるに当っては、一定の条件が必要であった。戸令12条（以下、引用の律令条文は何れも養老律令）によれば、男子なき場合、四等以上の親にして昭穆相当のものに限って収養を許し、それに違反するものは、名例律36条によって、その縁組を解消して原状回復することが命じられ、又戸婚律８条によれば、異姓の男子を収養したものには徒一年、それを与えたものには笞五十の刑を科すことが規定されている。処が「明法条々

勘録」にみえる明法家の解釈は、収養すべき人物の生命に危険があり、且つ養家の家業を継承する為の養子であるならば、前記律令法の要件に拘らず、異姓の男子を収養してもよいとするものである。この解釈は、前掲戸婚律8条の「其遺棄小児年三歳以下、雖異姓聴収養」（遺棄された三歳以下の小児の生命がまさに危険に瀕している場合には、異姓であっても、それを収養することがゆるされる）という規定からの一種の拡張解釈の方法によって導き出されたものである。(2)

上記の明法家の解釈において、「違法養子事、設制之条、令典已明、雖須改正云々」とあることからすると、この場合、明法家は律令法によれば違法養子が禁止されていること、及びその縁組を解消して原状回復すべきことを十分承知していることが明白である。それにも拘らず、明法家は違法養子が特別の条件の下で、例外的に認めらるべきことを前掲戸婚律の法文から導き出している。従ってこの明法家の解釈は、違法養子の事実を認めながら、しかも解釈によってそれが特別な場合、適法な事実であるかのように装い、その事実に養子としての効果を認めようとするものである。このようにして明法家は、当時の社会生活に適合した新しい法を律令法規の解釈によって創造するのである。

この法解釈のみえる「明法条々勘録」は、鎌倉時代の明法博士中原章澄の撰になる法書であるが、前掲文に「正条雖制之、先達或聴之」とあることからすると、この解釈は章澄によって創り出されたものではなく、「先達」、即ち恐らく平安時代の明法家の学説に起源するものであろう。

二

上記の例は、明法家が律令法規を従来通りに適用したのでは、現実の社会生活に適合した効果が得られない場合、妥当な結果を求めて律令法規に関する一種の拡張解釈を行なったものであるが、明法家は更に立法者の予定した律令法規の文理解釈や論理解釈を全く無視するような独自の解釈を行なうことによって新しい法理を創出することもある。この法規相互の体系的連関を無視するような明法家の解釈は、上記の例に比べると詭弁に近いものであるが、しかし、この場合とても明法家は依然として律令法規を法源として掲げ、外観上、その法文の解釈という方法によって結論を導き出しているから、やはり法解釈上の一種の擬制であるといえよう。

その代表的な例が「和与」である。即ち、明法家は名例律32条の注文を明法家独自の訓み方をすることによって、「和与」なる用語を創り出すと共に、律意とは異なる新しい解釈を導き出し、他人に譲与した財物は、原主が再びこれを取り戻すことはできないとする「和与物不悔還」の法理を新しく創造した。その具体的な推論の過程は、すでに論及されているので、(3)ここでは詳述しないが、その概略は以下の通りである。名例律32条の「取与不和、雖和、与者無罪」の注文、「不応取財而取、与者無罪」の意は、受領者は財物を取るべきではないのに取ったのであるから有罪であるが、授与者は無罪であるというのが立法者の予定したこの文の解釈である。処が「法曹至要抄」(中)41条の「和与物不悔還事」の撰者は、上記の注文を「不応取財、而取与者無罪」と訓むことにより、律文の「雖和、与者無罪」に対し、受領者、授与者双方ともに無罪であって何ら違法性を伴わないという独自の解釈を施し、そこから「和与」という用語を創り出すと共に、「和与」、即ち私人間の贈与は、適法な授受行為であるから贈与者は贈与した財物を受贈者から取り戻すことはできないとする、いわゆる「和与物不悔還」の新しい法理を導き出した。いわば、この場合は明法家の法文の「誤読」によって新しい法理を創出した事例であるが、明法家は名例律32条の受領者有罪、授与者無罪という注文の訓み方を変えることによって、あたかもそれが受領者、授与者ともに無罪という注文であるかのように装い、それに一定の法律的効果を与えたのである。

上記に類似した解釈の例をもう一つあげよう。即ち「法曹至要抄」(下)13条の「一養子承分事」にみえる明法家の解釈である。

一養子承分事

戸令応分条云、女子半分、養子亦同、

案之、養子之法、無子之人為継家業所収養也、然者其養子可摠領養父之遺財也、若有嫡庶子之時、収養子者、分財之日、同于女子、可与庶子之半分也矣、

上記の案文の意は次の通りである。即ち養子の制は、実子のない人が、その家業を継承する為に作られたものである。従って養子は養父の遺財をすべて相続すべきである。但し養父に実子である嫡庶子（男子）[4]があって、なお養子を迎える場合、養子に分与される財産は女子に同じく庶子の半分とすべきであると。

処で前掲「法曹至要抄」が法源として掲げる「戸令応分条」の文は、同（下）1条の「一処分任財主意事」にも、「戸令云、応分者、家人奴婢田宅資財、物計作法、嫡母継母及嫡子各二分、庶子一分、女子減男子之半、若亡人存日処分証拠灼然者、不用此令」として引用されている。それでは「法曹至要抄」の引用する養老戸令23応分条とは、どのような法規であろうか。次にその原文を掲げることにする。

凡応分者、家人、奴婢（注略）、田宅、資財（注略）、摠計作法、嫡母、継母、及嫡子、各二分（注略）、庶子一分、妻子所得、不在分限、兄弟亡者、子承父分、養子亦同、兄弟倶亡、則諸子均分、其姑姉妹在室者、各減男子之半（注略）、寡妻妾無男者、承夫分（注略）、若欲同財共居、及亡人存日処分、証拠灼然者、不用此令、

この戸令23条の原文と前掲法曹至要抄の二つの引用文とを比較すると、先ず原文の「其姑姉妹在室者、各減男子之半」が「法曹至要抄」（下）1条では「女子減男子之半」、同（下）13条では「女子半分」となっており、次に原文の「兄弟亡者、子承父分」の本注「養子亦同」が「法曹至要抄」（下）13条では、前掲「女子半分」の直下に置かれている。

さて前掲原文の「其姑姉妹在室者」とは相続人である男子の姑（即ち被相続人である父の姉妹）と相続人である男子の姉妹（即ち被相続人である父の女子）で未婚のものとするのが立法者の予定した解釈であろう。従って、この文は女子の分法の一般原則を規定したものとすることができる。もしそうであるとすれば、「法曹至要抄」（下）1条が原文を「女子減男子之半」と書き変えていることは、同書の撰者がこの部分を一種の取意文として引用したことになろう。

しかし、問題は同（下）13条の「女子半分、養子亦同」という文である。前掲戸令23条の原文では、この「養子亦同」は「兄弟亡者、子承父分」の直下に本注として置かれている。「兄弟亡者、子承父分」とは、義解に「嫡子之子、承嫡子分、庶子之子、承庶子分也」とあるように、「兄弟」、即ち被相続人の嫡庶子のあるものが、すでに死亡しているときは、その子が父の相続分を代襲相続することをいうのである。従って、その本注「養子亦同」の「養子」とは、上記の「兄弟」の養子、即ち被相続人の嫡庶子の養子のことであるから、この本注は「兄弟」が死亡しているときは、その養子も亦、その実子と同様、死亡した養父の相続分を継承できることをいったものである。

然るに「法曹至要抄」では、前掲戸令23条の原文を「女子半分、養子亦同」と書き変え、しかも案文では養子は養父の遺財をすべて相続すべきであるとしながらも、実子である嫡庶子が存するときは、養子は女子に同じく庶子の半分を相続すべきであるとしている。立法者の予定した戸令23条の意味からすれば、そもそも律令法の養子は男子である嫡庶子がいない場合に、前述の要件にかなった親族の男子を収養する制であるから「法曹至要抄」の案文のような解釈が生じる筈はないのである。恐らく「法曹至要抄」の案文を作成した明法家は、実子がありながら、なお養子を迎える当時の社会状況に適合するように、戸令23条の「養子亦同」を被相続人の男子にかかる本注とせず、それを被相続人の女子にかかる本注と解することによって、そこから上記のような養子の財産分与に関する法理を案出したのであろう。即ち明法家は戸令23条の本注「養子亦同」の位置を書きかえることによって、被相続人の男子にかかる前掲本注をあたかも被相続人の女子にかかる本注であるかの如く装って、それに上記のような法律的効果を与えたのである。

三

それでは、このような律令法規の「誤読」や「改竄」は、当時の明法家によって意図的に行なわれたものか、それとも明法家の学力の低下に伴って自然に起きたものか、その何れであろうか。「法曹至要抄」（下）13条の例では、「法曹至要抄」の撰者が戸令23条の正文を知らない筈はなく、現に同（下）1条では、前述のように取意文をまじえた若干の書きかえはあるにせよ、ほぼ正しく戸令23条の文が引用されている。そうすると、やはり同（下）13条の前掲引用文は、案文を導き出す為に明法家が意図的に戸令の原文を書きかえ、本注の位置を移したと解してもよいであろう。なお「裁判至要抄」18条の「一養子分法事」では、「戸令云、女子半分、注云、養子亦同」として「注云」の二字が存するが、この「注云」は、文脈上、「女子半分」につけられた「注云」と解されるから、やはり令文の「改竄」であることに変りはない。

次に「和与」の場合は、どうであろうか。明法家は名例律32条の律文を恣意的に訓み下して「和与」なる用語を作り、「和与物不悔還」の法理を創出した。その過程において、明法家はそれを意図的に行なったのか、それとも明法家の学力低下によって、そのように読み誤ったのか、その何れであるか判然としないが、恐らくその双方に原因があり、明法家の学識の低下に伴って社会状況に適合するような牽強付会な解釈が、それほど抵抗もなく意図的に行なわれるようになったのであろう。その間の事情は、前記「法曹至要抄」の「改竄」の場合も同様であったと思われる。

さて法解釈上のフィクションとは何かということであるが、それは法規や事実に対する新しい解釈Tが従来の解釈T′ではないことを認めながらも、なお一定の状況がある場合には、TがT′に反しないかのように装い、その法規や事実にT′に基づく一定の法律的効果を認める操作であるといえよう。[5] これを一にあげた「明法条々勘録」所載の例でいえば、Tが「異姓の男子も収養することをゆるす」、T′が「四等以上の親にして昭穆相当のものは収養することをゆるす」、「一定の状況がある場合」が「異姓の男子の生命に危険があり、しかも養家の家業を継承する場合」にそれぞれ相当する。但しそのフィクションの効果を大ならしめる為には、TがT′に反しないという理由づけが当時の多くの人々をして納得せしめるに足ることが必要となる。二にあげた「法曹至要抄」の事例は、これを律令法解釈技術上の擬制としてみるとき、その解釈が律令法の論理的体系を無視したものであるだけに、一にあげた「明法条々勘録」の事例に比べて理由づけが弱く、やはりその説得力に劣るといわなければならない。それにも拘らず、その擬制が有効であり得たのは、当時の社会がそのような擬制を強く必要としていたからであろう。

現代の裁判所が法をつくらないという原則の下で法を発展させる場合、裁判所は法をつくっている事実を覆い、法をつくっていないという外観を維持しようとする。この裁判所が法を創造しないという擬制は、裁判所は既存の法規を適用するという法解釈上の擬制の多用を生み、それはまた裁判官の恣意を抑制し、その法的安定性に資し、当事者の裁判に対する信頼をかち得ることにも繋るとされている。[6]

鎌倉時代の法書、「裁判至要抄」は、当時公家方の裁判機関であった記録所の職員の法実務に資する為、後鳥羽上皇の命を受けて明法博士坂上明基によって撰進されたものであるが、[7] その奥書には、「恭奉　院宣、粗勒憲章、悉載本文、無加新意、于時建永二年（一二〇七）八月廿六日矣」と記されている。ここには律令の「本文」を掲げ、敢えて「新意」（新しい解釈）を加えることはしなかったと述べられている。しかし「裁判至要抄」にみる法解釈が律令の立法者の意図とは異なるものの多いことは「法曹至要抄」の場合と同様である。従って上記の明基の奥書も一種の擬制といえようが、それが果して擬制として有効であったかどうかは、明基による法解釈の一々を検証し、それが当時の人々にとって説得力に足るものであったかどうかにかかっているといえよう。

註

（1）来栖三郎『法とフィクション』九五頁（東京大学出版会、一九九九年）。
（2）詳細は拙稿「因准ノ文ヲ以テ折中ノ理ヲ案ズベシ――明法家の法解釈理論――」『國學院法學』第二八巻第四号（平成三年）二一頁以下（本書第一巻所収、一一八頁以下）参照。
（3）長又高夫「「和与」概念成立の歴史的意義――『法曹至要抄』にみる法創造の一断面――」『日本中世法書の研究』一五七頁以下（汲古書院、平成十二年）。
（4）「法曹至要抄」同条の案文「嫡庶子」は、群書類従本及び「裁判至要抄」は、これを「嫡庶女子」に作るが、陽明文庫本に従って「嫡庶子」とした。
（5）来栖三郎前掲書二一一頁によれば、裁判上のフィクションについて、次のようにいう。即ち「裁判上のフィクションは、事実はTでTでないと認定しながらも、「一定の状況がある場合には」、あたかもTの事実があるかのように、一定の効果をみとめることで、またその一定の効果をみとめる限りにおいてのみTの事実があるかのように取り扱うのである」と。
（6）来栖三郎前掲書九九頁以下。
（7）長又高夫「『裁判至要抄』の成立をめぐって――『法曹至要抄』との関係を中心にして――」前掲書六七頁以下。

第七　縄文人の法的思考
――小林達雄『縄文人の世界』を読む――

一

一昨年（平成八年）のことになるが、縄文考古学の分野で活躍されている小林達雄教授から、『縄文人の世界』という「朝日選書」の一冊（一九九六年、七月刊）を贈られた。早速、興味深く全篇拝読したが、とりわけ第五章「集落と社会」は示唆に富むものであった。そこには我々法律学や法史学を専攻するものにとって、看過することのできない重要な問題が提示されていたからである。以下、教授の言を借りながら、それを述べることにしよう。

縄文人は家（竪穴住居）を造るが、家を造っても、そこに永久に住み続ける訳にはいかない。環境の汚染や採集食物の欠乏等、色々な理由から、一旦住みついた家を捨てて村を移動することがある。処が村をそこに定めたということは、それだけ住むのに良い条件があった訳だから、暫くすると又もとの村に舞い戻ってくる。縄文時代の村の趾というのは、何回も何回も、そうやって住み続けていては或る程度の期間がたつとそこを捨てて、どこかへ行き、再び舞い戻ってくるという、その繰り返しなのである。

縄文人が再びもとの場所に舞い戻って来て、もう一度家をたてるとき、どこに家をたてるかといえば、それはきまって、その村を捨てる前に自分の家のあった場所にたてる。それは古い竪穴住居の窪みの上に重ねて新しい竪穴住居を造るのであるが、教授によれば、その場合、A、B二つの型があるという。Aの型は前に自分達の住んでいた住居と殆どずれることなく、しかし若干はずれているが、大体そこに造る場合である。これに反してBの型は、前の竪穴住居の趾にちょっと引っかけただけで、大部分新しい場所に家を造る場合である。このことについて、教授は次のようにいわれる。

これは実は私有意識といいましょうか、私有財産としての自分の家の土地というものと関係しているのではないかというふうにいま考えております。つまり、もともと住んでいた竪穴住居にそのまま重ねて造るのは、あまり力がないやつなんです。だからそこに押し込められて出ることができない。ところが、ちょっとずる賢くて、そして力があって威張ってるやつは、おれの場所からは離れていませんよといって、ちゃんと引っ掛けて、引っ掛けているんだけど、ちょっと大きく外へ食み出している。そうすると、例えばアメリカ・インディアンの例なんかでもそうなんですが、自分の所有地はかつてそこが竪穴住居であったという、そういう窪みが残っているかぎりは、みんなが認めてくれるのです(1)。

以上の教授の言は、縄文人の法的思考を考える場合、極めて重要な指摘である。

二

さて、ここで法的思考とは何かという問題に移ろう。法的なものの考え方というのは、普通次のようにいわれている(2)。物事を判断したり、処理したりするとき、それを或は成り行きに任せ、或は恣意的に行ない、或は思いつきによるというのではなくして、その当時、その場にある人々によって支持されているルールや規準を求めて、それに依拠して事を行なうという考え方である。そういった考え方は、その社会の混乱を避け、秩序と安定をその場にもたらす上に甚だ有効な方法である。

処が、その当時その場にある人々によって支持されているルールや規準といっても、その内容は決して一義的に明確なものとして存在している訳ではない。従って、そのルールや規準を社会の変化や状況の推移に合わせて様々に解釈し、そのルールや規準の内容を新しく作り出して行くのも法的思考の特質である。このように法的思考のもつルールや規準への準拠という作用は、立法や法適用において必要とされる安定性や予測可能性を実現する為のものであり、一方、法的思考のもつルールや規準の内容の創造という作用も、やはり立法や法適用において必要とされる柔軟性や具体的妥当性を実現する為のものである。しかも、この法的思考における二つの相反する側面をいかにしてバランスよく統合して行くかということが今日においても、なお問われ続けている問題なのである。

そうすると、縄文人が再びもとの住居趾に戻って家を造る場合、以前住みついていた住居と殆どずれることなく、そこに再び家を造るというA型の事例は、縄文人が再びもとの住居趾に戻って家を造る場合のルールや規準に依拠している場合ということができよう。更に興味深いのはB型の事例である。以前住居していた時期と再び戻って来た時期との間には、すでにかなりの時間の隔りがある。その間に家族の成長や増加等、生活の条件の変化が生じていることも当然考えられよう。また教授のいわれる縄文人の村社会における個人やその家族のもつ力関係の変化もあるかも知れない。その際、ルールや規準を守りながらも、一方、状況の変化に対応して行く為にはどのようにしたらよいか縄文人も悩んだに違いない。即ち上記の法的思考における安定性・予測可能性と柔軟性・具体的妥当性とをどのようにしてバランスよく統合して行くかという問題は、社会生活を営む以上、縄文人にとっても切実な問題であった筈である。Bの事例は、まさにその解決方法を示すものであろう。古い竪穴住居の窪みに新しい住居の領域の一部を引っかけながら、一方、手つかずの新鮮な土地に進出するというやり方には、縄文人の知恵というものを感じさせる。縄文人が新しい地域に進出しながらも、なお若干でも以前住居した土地と重なる部分を残しているということが、この場合、とくに重要なのである。

三

私は以前、平安・鎌倉時代の明法家（律令法曹）の法解釈の技術について論じたことがある。(3) 今、鎌倉時代の法書、「明法条々勘録」の中から、その一例を挙げよう。それは僧尼の婚姻は破戒違法な行為としながらも、その僧尼が死亡した場合に限って生前の婚姻を法的に有効とする令義解の説に准じて、僧が還俗した場合も、還俗以前の婚姻を法的に有効とする明法家の学説である。この場合の明法家の論理は、それを推測すれば恐らく次のようなものであろう。妻帯した僧甲の死亡を事実関係Aとし、妻帯した僧乙の還俗を事実関係Bとする。次に事実関係Aから「(僧甲が死亡すれば) もはや僧としての甲は、この世に存在しない」、事実関係Bから「(僧乙が還俗すれば) もはや僧としての乙は、この世に存在しない」という命題をそれぞれ抽出する。更に令義解が死亡した僧甲にその婚姻の事実を法的に有効として認めているのは、「もはや僧としての甲は、この世に存在しない」という理由によるものであるとし、そうであるとすれば、妻帯した僧乙が還俗した場合も、「もはや僧としての乙は、この世に存在しない」のであるから、その婚姻の事実は、法的に有効として認めなければならないと。即ち、この場合の明法家の論理は、A、B二つの異なった事実関係の中から共通の要素を抽出し、それを根拠として両者に同一の法的効果を認めようとするものである。

以上は、明法家が屢々用いる「因准」という法解釈上の技法の一つであって、今日でいえば、拡張解釈を一定程度混えた類推に近いものであろう。縄文人が新しく住居を造る場合、以前住んだ場所から離れてはならないという社会的な規制の下にありながら、状況の変化に応じて自らの新住居の領域を拡張し、移動させるという問題を新旧住居趾の共通の空間を根拠に上記のように解決していたとすれば、その思考の構造には明法家のそれに類似するものがあるといえよう。しかも古代・中世の明法家たちが「因准」という技法を用いて、一つの法解釈がもたらした法的決定を根拠に、それを再び新しく解釈して、次から次へと時代に相応したルールや規準を創り出して行ったように、縄文人もまた上記の方法で新しく進出した土地を足懸りに、次から次へと更に新しい領域を拡張して、状況に相応した生活の場を作り上げて行ったとすれば、そこには日本人のもつ法的思考の原点や法解釈の源流を見る思いがするのである。

註

（1）　小林達雄「縄文世界における空間認識――祭祀儀礼空間の形成と展開――」『國學院大學日本文化研究所紀要』第七八輯（平成八年）六八・六九頁。

（2）　田中成明『法的思考とはどのようなものか』五頁以下（有斐閣、一九八九年）。

（3）　拙稿「因准ノ文ヲ以テ折中ノ理ヲ案ズベシ――明法家の法解釈理論――」『國學院法學』第二八巻第四号（平成三年）（本書第一巻所収）参照。

第八　上野利三氏の書評を読む

――『日本律復原の研究』をめぐって――

さきに私は上野利三氏に対し、國學院大學日本文化研究所編『日本律復原の研究』（国書刊行会、昭和五十九年）の紹介及び批評を願った処、即刻それを快諾され、この度本誌『古代文化』第三七巻第一〇号（昭和六十年）に、その書評が掲載されるに至った。また、右とほぼ時を同じくして、氏は「中華民国国立中央図書館所蔵（天一閣旧蔵）明鈔本宋刑統とその刊本――小林宏博士の所説に寄せて――」と題する論攷を『松阪政経研究』第三巻（昭和六十年）に公表された。この論攷は、『日本律復原の研究』の第一篇に収めた拙稿「唐律疏議の原文について」の批判を主とするものであって、前記書評において、紙幅の関係から十分意を尽くせなかった処を氏が改めて論じられたというものである。氏が前掲書を細部にわたって閲読され、その所説に検討を加えつつ、それを紹介された労に対しては、ここに深謝の意を表しておかねばならない。ただ氏の批評の中には納得し難い点があり、殊に右の論攷については、拙稿を正面から批判されたものであるから、これに答えることは研究者としての義務であると考え、再び本誌（『古代文化』第三八巻第三号、昭和六十一年）の紙上を借りて、前記書評と併せてその感想を述べることとした。

一

上野氏は、前掲拙稿に対する批判として、右の書評において四点をあげられている（四三〜四四頁）。その第一は、私が唐律疏議鈔本について殆ど留意していないということである。確かに唐律疏議鈔本については、今後の課題であろうが、現存の唐律疏議鈔本にして、いわゆる泰定本系統以外のものがあることは聞いていないから、鈔本と刊本とで問題の個所が大きく異なることはないと思われる。現段階では一応それらを除いて考察を進めることも許されるのではなかろうか。

批判の第二は、私の宋刑統に対する扱い方についてである。氏は次のように言われる。「著者は明鈔本宋刑統に、余程の信頼を寄せておられる如くであるが、これがどの程度原本に忠実かは甚だ疑わしい。」（前掲書評四三頁）、「小林博士のいわれる宋刑統は、いうまでもなく天一閣本明鈔宋刑統のことであろうが、これには誤字、脱字、缺損、錯簡等が少なからず存し、その史料価値に全面的信頼を寄せることは、極めて危険であるといわざるをえない。（中略）史料価値の定まらない書を基礎に論を立てることは、ひとしく史家の忌避すべきところである、と筆者は考える。」（前掲論攷の二）

右については、ここにやや詳しく述べておかねばならない。そもそも私は、明鈔本宋刑統の文に「余程の信頼」や「全面的信頼」など寄せていないのである。同鈔本には誤字や缺損がかなりあり、テキストとして全面的な信頼がおけないことは、それを一見すれば誰もが容易に気付くことであり、氏の指摘をまつまでもない。私はすでに拙稿において、「宋刑統の場合と同様、日本律、（敦煌出土）断簡も亦必ずしも良本ではなく、両者にはまま誤脱があるから、偶々両者が一致したからといって、それが直ちに唐律疏議の原文であると考えることは、早計のそしりを免れない。」（一二二頁）とか、或いは「しかしながら、他の或る部分に関しては、宋刑統よりも現存唐律疏議諸本の方が原本の面影をよく伝えている場合があることは、これを認めておかなければならない。（中略）又、用字用語に関しても、宋刑統より現存唐律疏議の方が原文に近いと思われる箇所がかなり存するのである。」（二九頁）と言っているのである。これらの文を今、傍点を付した個所に注意してよく読めば、私が明鈔本宋刑統の文に全面的信頼など寄せていないのは明瞭ではないか。

しかしながら、このように明鈔本宋刑統に誤脱の個所が多く、それが良本ではないとしても、現存唐律疏議諸本には見られない体裁や用字用語のあることは確かである。そしてそのことがまさに重要なのである。誤脱や缺損の多い鈔本であるからといって、これを全面的に捨て去ってしまう訳にはいかないのである。日本律や敦煌出土の断簡にしても然りである。私がこの論文を草した動機は、学生諸君と共に唐律疏議を講読している中、現存唐律疏議諸本では、どうしても解釈できない個所や、また解釈しにくい個所にまま遭遇したからである。このように解釈し難い個所については、現存唐律疏議諸本以外に、唐の律疏の原文を伝えている可能性のある日本律や宋刑統、或いは敦煌出土の断簡等を利用して再度考えてみる必要があるのは当然のことである。しかも、このようなことは何も今回、私が初めて行なったものではなく、すでに拙稿において述べた如く、仁井田陞、内藤乾吉、滋賀秀三等、諸先学のとられた方法であり、私はそれを多少まとめてやってみたに過ぎない。事実、日本律や鈔本宋刑統を利用して初めて唐律疏議の文が解釈できる個所、或いはより容易に解釈できる個所は少なからず存するのである。例えば、私が表1の整理番号5で示した唐律疏議の名例律16条「事発勾問未断便即去職」の「勾問未断」は、日本律や宋刑統の如く「未断勾問」としなければ、正しく解釈することはできない（拙稿一二一頁以下参照）。氏は、鈔本宋刑統には誤脱や缺損部分が多いから、それを唐律疏議の原文の研究に用いてはならないといわれるのであろうか。まことに理解に苦しむところである。

二

上野氏の批判の第三は、史料の引用、表記に関するものである。氏は「前記の72箇所を掲げられた表1中、唐律疏議に対応する宋刑統の語句、及び唐律疏議・宋刑統に相当する養老律の字句の表記が、正確を欠く箇所は、各々8例存在する。」として、私が表中に示した唐律疏議の文と宋刑統の文とを、また同じく唐律疏議の文と養老律の文とを夫々校勘して、その異同をあげられる。次に「宋刑統に欠損部分があり、そこが実際には唐律疏議の用語と対照不能な箇所が2例存在する。」として、「以上の如く、論証に支障を来たす恐れの存する箇所がない訳ではない。」（前掲書評四三頁）と結論される。

ところで、私が拙稿八頁以下に掲げた表1において、上段に唐律疏議の文を挙げたのは、養老律、宋刑統の用字用語で両者がほぼ等しく、しかも唐律疏議諸本とはそれが異なる個所の位置を示す為である。養老律はその大半を亡佚し、宋刑統また信頼できる刊本がないから、養老律や宋刑統の当該個所を示すには、先にそれに相当する巷本唐律疏議の文を掲げた方が検索に便利だからである。私がこの表で問題にしているのは、養老律、宋刑統の両者でその用字用語がほぼ等しく、しかも現存唐律疏議諸本とはそれが異なる個所を明示することである。唐律疏議の文の当該個所に傍点（○印はその個所に異同あること、●印はその個所に欠脱あることを示す）を付したのはその為である。この表は、唐律疏議と宋刑統、或いは唐律疏議・宋刑統と養老律との異同を示す為に作ったものではない。繰り返していうが、私がこの表を作った意図は、養老律の用字用語が宋刑統と大体一致するにも拘わらず、現存唐律疏議諸本とは一致しない個所を一目瞭然たらしむることにある。氏は、私が便宜的に掲げたこの唐律疏議の文と宋刑統を、また同じく唐律疏議の文と養老律を比較して、その異同を逐一あげておられるが、そのようなことをしてみたところで何の意味もないことであり、それらをこの表に書き入れてみたところで、私の論旨を分りにくくするばかりである。

次に氏のいわれる鈔本宋刑統の缺損部分、即ち表1の整理番号3と9の文についてであるが、9で示した唐律疏議の文の中、「於監臨外盗絹五匹科徒一年」に相当する宋刑統の文は、鈔本では缺損部分にかかっておらず、鈔本宋刑統で「科」字が存しないのは明白である。また3で示した唐律疏議の文、即ち「有蔭之人本法不合流配」の「配」字であるが、確かに「配」字の上部は、鈔本宋刑統では缺損しているけれども、字体の下部の残存から容易に「配」と判読できることにより、前掲唐律疏議の「流配」が宋刑統では「配流」となっていたことも明瞭である。従って、氏のいわれる「唐律疏議の用法と対照不能な箇所」という表現は適切ではない。

このように氏は、私がこの論文を作成した意図や私の示した表の意味を十分理解されていないのであって、氏が「論証に支障を来たす恐れの存する箇所」としてあげられたものは、拙稿にとって殆ど意味をもたないものである。ただ私が「宋刑統「未至給時而出者給」に作る」（拙稿一七頁）としたのは、氏の指摘された通り（前掲論攷の二）、「未給至時而出者給」が正確であって、これは私の引用の誤りである。（『國學院法學』第一二巻第二号〔昭和四十九年〕に原載せる拙稿には、引用の誤りが数個所あり、この度、単行書に収載するに当って、それを訂正した。この個所も訂正する予定であったにも拘らず、それを脱漏したことを遺憾とする。）しかし、私が問題としたのは、日本律や宋刑統には存して、現存唐律疏議には見えない「出」字が唐の律疏原文に存在した可能性を探ることであって、この場合、宋刑統の文が「未給至時」となっていたとしても、右に述べた私の論旨には聊も変りはない。

氏は前掲論攷の「二　小林説の検討」の結びの部分において、「以上見てきたごとく、小林博士の所説には、宋刑統の取扱い方についての認識に、謬見があって、従いがたいといわざるをえないのである。（中略）博士によって示された宋刑統からの語句の引用部分には、原鈔本に必ずしも忠実とはいえない法制局本のものと覚しき用語が用いられた形跡が、多々見られる。」といわれる。氏のいわれる「謬見」の具体的内容がいかなるものであるか私には全く理解できないのであるが、更に私の宋刑統からの語句の引用部分に法制局本のものと覚しき用語が用いられた形跡が「多々」見られるとは、一体どういうことであろうか。前述の宋刑統「未給至時」の個所について、法制局本が私の引用と同じであったのは、全くの偶然によることである。また氏が、拙稿では「鈔本とともに法制局本を併用されたふしがある」（前掲論攷一の註8、傍点上野氏）といわれるのは、拙稿の一三頁において、私が表1の整理番号5の当該個所の説明に、括弧して「法制局本宋刑統も亦、「未断勾問」とある」と記したことを指すのであろうが、これは原文の「未断勾間」が後世「未断勾問」と書き誤まる可能性のあることを示す為の一例として、いわば法制局本の杜撰さを示す為に、ここにその文を引用したものである。また、氏のいわれる前記宋刑統の缺損部分についても、私は法制局本からではなく、鈔本の写真版からそのように判断したのである。そもそも法制局本が原鈔本に多く加筆されたものであることは、私が大学院在学中、八年間にわたる故森鹿三教授の唐律疏議演習において、教授から親しく教えを受けた処である。天一閣旧蔵鈔本の写真版が容易に入手できる今日、私が加筆された法制局本を用いなければならない理由などないではないか（因みに拙稿原載の『國學院法學』第一二巻第二号の一二八頁には、「附記」として、私は島田正郎氏の厚意により、故宮博物院所蔵の天一閣旧蔵明鈔本宋刑統を校勘に利用し得たことに対する謝辞を述べている）。

上野氏の批判の第四は、私が表1の整理番号61にあげた文に関するものであり、氏は次のように言われる。「著者は、宋刑統と日本律に比べて、「傷」字のある現存唐律疏議の方が原文と断じておられながら、その直後に「日宋共に「傷」字の存しないのは、元来唐律原文に「傷」字を欠いていた為か」（傍点は筆者）云々、という推論を導かれるのは、論理的に不可解といわざるをえない。」（前掲書評四四頁）、「右記の文中、博士は、「傷」字の存する現存唐律疏議の用字の方が是、すなわちそれが「原文」とされながら、その直後に、「元来唐律原文に「傷」字を欠いていた為か」云々といわれる。これは明らかに論理の矛盾といわざるをえない。」（前掲論攷の二の註9）。

今、問題の個所を私の論文から引用してみよう。即ち次の通りである。「次に、前掲表中で日本律、宋刑統の用字が文意からして適当ではなく、現存唐律疏議の用字の方を是とする箇所を探すならば、61の一例を挙げることが出来る。（中略）日宋共に「傷」字の存しないのは、元来唐律原文に「傷」字を欠いていた為か、或は日宋共に偶々伝写の過程でそれを脱落したものか、その何れかであろう。」（一七頁）。

私のいう意味は次の通りである。私の示した唐律疏議の当該個所に「傷」字が存して、日本律・宋刑統の両者にこの文字の存しない理由についていては、次の二つが考えられる。その第一は元来、唐の律疏原文に「傷」字がなかったとする考え方である。原本そのものにも誤脱の存することは、よくあることであって、さして不思議ではない。まして大部なる唐の律疏のことである。このように唐の律疏原文に脱字があったと考えた場合、後の伝写の過程で「傷」字が補われ、それが現存の唐律疏議の文となったとするのである。その第二は唐の律疏原文には誤りなく「傷」字が存し、現存唐律疏議諸本もそれをうけたものであるが、一方、日本律・宋刑統は伝写の過程で、たまたま両者共に「傷」字を脱落してしまったとする考え方である。上野氏は「「傷」字の存する現存唐律疏議の用字の方が是」とする私の文を「すなわちそれが「原文」」であると置き換えて、私がそのように断じているように述べられているが、私は、

「傷」字の存する現存唐律疏議の方が文意からして適当であるということをいっているだけあって、「傷」字の存する現存唐律疏議の文が原文であるなどと断じているのではない。そのことは、前掲拙稿からの引用文を少し注意して読まれるならば、容易に理解することができよう。

以上述べたところから明らかなように、遺憾ながら上野氏の拙稿に対する批評は、氏の誤解によるところが多く、正鵠を射ていないようである。拙稿を十分熟読された上で、私の意図するところを汲み取って頂きたかったと思うのである。

四

最後に上野氏が書評において触れておられる他の部分について、ここでは紙幅の関係から一個所だけ感ずるところを述べておきたい。第一篇収録の高塩博氏との共同執筆になる「律集解と唐律疏議」、「律疏考」、「律附釈考」において、我々が「本朝法家文書目録」所見の「律疏」・「律附釈」を唐における著作とすることについて、氏はいくつかの理由をあげて反対されている。確かに異朝で撰述された書を「本朝法家文書目録」に載せるということは、現代人の常識からするならば不自然と思われるかも知れない。しかし外国法の継受という事象を考えた場合、そのようなことはあり得るのであり、むしろそのように考えた方が自然なのではなかろうか。すでに述べた如く、律の「付」として「律附釈」、「律集解」、「律疏」が記され、令の「付」として「令釈」、「令義解」が記されている。「付」として目録に記された書は、何れも律令の注釈書として明法家にとって必須のものであり、且つ唐の律令やその注釈書が我が律令の補充法となっていたことは、「令集解」に見える諸家の学説を一見すれば明瞭である。氏は、「同目録では、当代の目録法・分類法に則って書籍群を登載しており、しかも両書が、日本律注釈書たる律集解を間に置いて連記されている以上、史料原文通りに読んで、両書もまた日本律注釈書と解すのが自然であろう。」（前掲書評四四頁）といわれる。氏のいわれる「当代の目録法・分類法」の具体的な内容はよく分らぬが、「律集解」は唐の律疏の編成に倣っており、逸文から推測されるその内容は、唐の注釈家の学説を多く引用し、しかも注意すべきは「令集解」のように我が明法家の学説を通じて間接的にそれを記載するのではなく、我が明法家の学説と並べて、直接それを掲げていることである。即ち、「律集解」という書は、唐の「律疏」やその注釈を重んじており、「令集解」に比べて中国的色彩の濃い注釈書である。従って、それは日本律の注釈書とはいっても、唐撰述の「律疏」、「律附釈」と著しく異なる性格を有するものではない。上野氏のいわれる三者の配列の順序は、それ程大きな意味をもたないであろう。

周知の如く、「律疏」、「律附釈」は「日本国現在書目録」に記載されており、少なくとも中国で撰述された「律疏」、「律附釈」が日本に伝来していたことは間違いない。これ先学の認める処でもある。「本朝法家文書目録」所見の「律疏」、「律附釈」が日本で成立した書であるとするならば、両書に関しては中国伝来のものと日本成立のものとの二種類が存したことになる。もし氏が両書を日本律注釈書とされるならば、両書には、この二種類が存したことを積極的に立証される必要があろう。

さて、九州大学法学部には「熊本藩刑律和解及御裁例」と称する資料が所蔵されている。この書は盗賊、詐偽、犯姦、闘殴、人命、雑犯というように概ね「御刑法草書」の編次に倣って、最初にその条文を掲げ、次にその判例を載せ、更に右に相当する明律及び条例の和訳を記している。熊本藩では罪を断ずるに当って、「御刑法草書」や例の中に、その行為に該当する条文が見られない場合は、明清律及びその条例にその行為を引き当てて判決を下していたのである。即ち明清律は、「御刑法草書」や例と並んで等しく同藩の重要なる法源として通用していたのであり、その効力は熊本藩法と中国法とで相違はなかったのである。右は江戸時代の例ではあるが、先の「本朝法家文書目録」所見の「律疏」、「律附釈」の性格を考える場合にも有益なる示唆をうけるのであって、かかる事例は日本のみならずヨーロッパにおいても、恐らく存在するところであろう。我々が提起した前述の問題も、単に文献学的な視点からのみではなく、今後は外国法の継受という法学的な視点から考察されねばならないと思われる。

第一巻収載論文成稿一覧

第一　日本律の成立に関する一考察
牧健二博士米寿記念日本法制史論集刊行会編『牧健二博士米寿記念　日本法制史論集』思文閣出版　昭和五十五年十一月

第二　折中の法について
『國學院雑誌』第八六巻第一一号　昭和六十年十一月

第三　「因循」について——日本律令制定の正当化に関する考察——
『國學院法學』第二八巻第三号　平成三年一月

第四　因准ノ文ヲ以テ折中ノ理ヲ案ズベシ——明法家の法解釈理論——
『國學院法學』第二八巻第四号　平成三年三月

第五　古記と令釈——その法解釈の手法について——
『國學院法學』第四二巻第四号　平成十七年三月

第六　日本律の枘鑿——その立法上の不備について——
『古代文化』第五一巻第二号　平成十一年二月

第七　日本律編纂の意義について
小林宏編『律令論纂』汲古書院　平成十五年二月

第八　日本律における礼の法的機能

『儀礼文化』第三五号　平成十六年十月、同第三六号　平成十七年三月

第九　日本律における妾の地位――唐律との比較から――

『法史学研究会会報』（明治大学法学部法史学研究会）第八号　平成十五年九月

第十　我が中世における神判の一考察

『國學院法學』第七巻第一号　昭和四十四年六月

附録

第一　歴史のなかのレトリックをたずねて

『法史学研究会会報』第四号　平成十一年五月

続・歴史のなかのレトリックをたずねて

『國學院大學日本文化研究所報』第三一巻第六号（原題「日本の法文化とレトリック」）平成七年三月

第二　「唐律疏議」のなかのレトリック――アリストテレスの『弁論術』を手懸りとして――

『法史学研究会会報』第七号　平成十四年九月

第三　日本の律法典における形式性と実用性

『國學院大學日本文化研究所報』第四〇巻第四号　平成十五年十一月（再録　國學院大學日本文化研究所編『律令法とその周辺』汲古書院　平成十六年三月）

第四　日本律逸文三題

『國學院法政論叢』（國學院大學大学院法学研究科）第一六輯　平成七年三月

第五　令集解引載の「或釈」について
『國學院大學日本文化研究所報』第四一巻第六号　平成十七年三月
第六　明法家の法解釈にみるフィクションの特徴
『法史学研究会会報』第六号　平成十三年八月
第七　縄文人の法的思考――小林達雄『縄文人の世界』を読む――
『法史学研究会会報』第三号　平成十年三月
第八　上野利三氏の書評を読む――『日本律復原の研究』をめぐって――
『古代文化』第三八巻第三号　昭和六十一年三月

あとがき

本書全三巻に収録した論考は、冒頭の「例言」にも記したように、第三巻の新稿一篇を除いて、他はすべて既発表のものである（各巻末の「成稿一覧」参照）。これら主要論考の基底にある問題関心は、立法及び法解釈の際における正当化という課題に対し、我々の祖先がどのように立ち向い、どのように解決しようと努めたか、それを探ることであった。

本書は編集の便宜上、第一巻を古代・中世、第二巻を近世、第三巻を近代とする三分冊としたが、右に述べた筆者の問題関心からすれば、その論考は互に関連性を有するから、全三巻をもって一部としたいと考えるものである。従って本書所収の主要論文執筆の動機や執筆の意図、筆者の研究生活をめぐる回顧や所懐等については、第三巻末尾の跋文にまとめて記載することとした。本書作成に至るまでの経緯についても、その詳細は第三巻の跋文を参看されたい。

近時、日本の古代史学界にあっては、北宋天聖令発見による唐令篇目や唐令条文に関する考証、復原が鋭意進められ、それに伴って日唐律令の比較研究が従来以上に活況を呈している。本書所収の旧稿も、その成果を取り入れて修訂すべき個所もあるが、現在の筆者にはその余裕なく、今後の課題としたい。

本書刊行に当って終始、細やかな配慮を頂いた高塩博教授、教授の下にあって共に校正、索引作成に労かれた長又高夫、宮部香織の両氏、筆者の著作目録を作成して下さった吉原丈司氏に対し、ここに深甚なる謝意を表するものである。また本書出版に尽力された汲古書院社長石坂叡志氏、同編集部小林詔子氏に対しても心より御礼申し上げる。

平成二十一年　初夏

小林　宏

第三巻　近　代

（平成二十一年五月現在の予定）

第二巻　近　世

『日本における立法と法解釈の史的研究』全三巻　総目次

第一巻　古代・中世

著者紹介

小　林　　宏（こばやし・ひろし）

昭和６年　新潟県長岡市に出生

昭和32年　京都大学文学部史学科国史学専攻卒業

昭和41年　京都大学大学院法学研究科博士課程修了、法学博士

現　　在　國學院大學名誉教授

専　　攻　日本法制史

〔主要著書〕

『伊達家塵芥集の研究』（創文社、昭和45年）

『日本庶民生活資料集成』第14巻　部落（共編、三一書房、昭和46年）

『譯註 日本律令』二・三　律本文篇上下巻（共編、東京堂出版、昭和50年）

『日本律復原の研究』（共編、国書刊行会、昭和59年）

『神道大系』古典編九　律令（神道大系編纂会、昭和62年）

『高瀬喜朴著　大明律例譯義』（共編、創文社、平成元年）

『熊本藩法制史料集』（共編、創文社、平成８年）

『明治皇室典範〔明治二十二年〕』上下、日本立法資料全集16・17（共編、信山社、平成８年・９年）

『城泉太郎著作集』長岡市史双書№37（共編、長岡市発行、平成10年）

『律令論纂』（編著、汲古書院、平成15年）

『渡邊廉吉日記』（共編、行人社、平成16年）

日本における立法と法解釈の史的研究

第一巻　古代・中世

平成二十一年五月七日　発行

著　者　小　林　　宏

発行者　石　坂　叡　志

整版印刷　富士リプロ㈱

発行所　汲　古　書　院

〒102-0072 東京都千代田区飯田橋二-五-四

電　話　〇三（三二六五）九七六四

ＦＡＸ　〇三（三二二二）一八四五

（全三巻・第一回配本）

ISBN978 - 4 - 7629 - 4202 - 0　C3321

索　　引

人名索引

ア行

カ行

サ行

タ行

事項索引

ア行

カ行

サ行

タ行

ナ行

ハ行

マ行

ヤ行

ラ行

ワ

条文索引（日唐律，日本令）

＊律の条文番号は『譯註日本律令　律本文篇』（東京堂出版）に、
令の条文番号は『日本思想大系　律令』（岩波書店）に拠る。

日唐律条文索引

篇目名・条文番号	大宝律	養老律	唐　律
名例 1		221，238	227，231
名例 2		221	
名例 3		221，238	226，227
名例 4		221	
名例 5		221	227
名例 6	220，221，236	20～22，34，81～84，172，200，204，235～239，241，247，248，329	20～22，28，34，81～84，200，227，231，235，236，239，241，242，247，248，329
名例 7	220	81～84，239，329	25，81～84，228，231，239，241，329
名例 8		172	67
名例 9		172，176，178，248	67，174，176，177，248
名例10		172，248	67，175，248
名例11		172，177，178，248	67，175，248
名例12		34，38，65～68，73，172，326，331	34，65～68，73，228，231，326
名例13		248	248
名例15		134，172	
名例16			201，365
名例17		172	23，67，201
名例18		90，172，189，194，204，210，213，214，223，254	11，28，67，90，189，208，210，212，213，223
名例19		172，186～188，223	23，24，67，186～188

職制 4		210	210
職制 8		240, 242	229, 240, 242
職制11			229, 240
職制13		238	229, 231
職制15		238	229, 231
職制20		202	202
職制25			229, 231, 239
職制30		121, 122, 172, 189, 202, 207, 209, 237, 241, 259, 263	202, 206, 229, 232, 233, 241, 262, 263
職制31		239	239
職制38		70, 71	70, 71
職制52			224
職制53		189	
職制56		186	186

戸婚 8		118, 333, 348	334
戸婚 9		60, 61, 119, 327	60, 61, 76, 327
戸婚14			229, 231
戸婚26		238	229, 231
戸婚28			229
戸婚29		249	247, 249, 317, 318
戸婚30		249	249
戸婚33			22
戸婚38		249	249
戸婚40		332	
戸婚41		332	
戸婚45			43
戸婚46		189	

廏庫 1	153, 156, 157, 159, 162, 164, 169	156, 158, 160, 168	
廏庫 4		189	
廏庫15			25

日本令条文索引

選叙38（選任）	63	63

継嗣 2	62～65，119	62～65
継嗣 3	75	75～77

考課 1	165～339	
考課 2	307	
考課 3	307	
考課13	342	
考課29	343	
考課40	343	
考課44	343	
考課49	344	
考課73	217	

禄 6	341	

宮衛24	78，91	

軍防67	78，91	

儀制 1	81	
儀制 3	81	
儀制 7	78	
儀制23	78	
儀制25	122，123，241，245，256，258，263	

公式19	334	
公式33	81	
公式49	220	

廏牧 4	162	
廏牧 5	151	
廏牧 6	151，163	
廏牧 7	151～164	151～164